DUMONT

Sie haben ein Unternehmen mit problematischem Portfolio? Genmais? Produktion in asiatischen Sweatshops? Kein Problem: Mars & Jung kümmert sich darum. Die Agentur bietet eine ganzheitliche Betreuung, von viralen Imagekampagnen über die Beschaffung von Fairtrade-Zertifikaten bis zum Krisenmanagement vor Ort. Falls es irgendwo mal brennt. In einer Textilfabrik zum Beispiel. In der es keine Fluchtwege gibt.
Thomas Hessel ist in dieser Greenwash-Welt zu Hause. Und er verfügt über die perfekten Eigenschaften, um hier Karriere zu machen: Kreativität, Empathie, Aufopferungsbereitschaft – und totale Skrupellosigkeit. Für PR-Storys reist er nach Brasilien, Indien oder Ghana und geht für den Erfolg seiner Projekte über Leichen. Er liefert dabei, was von ihm verlangt wird: die Lügen, die wir alle glauben wollen. Bis er selbst zum Opfer der eigenen Ambitionen wird. Karl Wolfgang Flender erzählt mit schmerzhafter Präzision die Geschichte eines steilen Aufstiegs – und eines rasanten charakterlichen Zerfalls. Ein erbarmungsloses Debüt: hochintelligent, schamlos und zynisch.

Karl Wolfgang Flender

GREENWASH, INC.

Roman

DUMONT

Weder Tiere, Pflanzen noch Personen wurden bei der Herstellung dieses Buches wissentlich verletzt.

MIX
Papier aus verantwortungsvollen Quellen
FSC® C083411

November 2016
DuMont Buchverlag, Köln

Umschlaggestaltung: Nurten Zeren, zerendesign.com
Logo / Mars & Jung: Thomas Mader, Köln
Satz: Fagot, Ffm
Gesetzt aus der DTL Documenta
Druck und Verarbeitung: CPI books GmbH, Leck
Gedruckt auf säurefreiem und chlorfrei gebleichtem Papier
Printed in Germany
ISBN 978-3-8321-6399-0

www.dumont-buchverlag.de

Um ein Freund der Erde zu sein, muss man
zum Feind des Menschen werden.

T. C. Boyle

EINS

1

»Sei nett zu den Eingeborenen. Und vergiss mich nicht«, steht auf meinem Smartphone, als ich durch die automatischen Schiebetüren des Flughafengebäudes auf den Parkplatz trete. Die gleißende Sonne macht es unmöglich, noch etwas auf dem Display zu erkennen, also stecke ich das Handy in die Hosentasche und ziehe meine Ray-Ban hervor. Ich betrachte mich kurz in den Gläsern, korrigiere eine widerspenstige Haarsträhne und setze die Brille auf.

Der Reisebus wartet bereits mit laufendem Motor. Die Türen sind geöffnet, eine Servicekraft steht rauchend davor. Hinter dem Bus erhebt sich der Regenwald in einem saftigen Krombachergrün. Beim Landeanflug habe ich gesehen, dass das Flughafengelände und die angeschlossene kommerzielle Zone wie ein betoniertes Quadrat aus ihm herausgeschnitten wurden.

Ich reiße den Aufkleber mit dem Barcode vom Griff meines Trolleys und werfe ihn in einen Abfallkorb. Ich vermute, die Koffer der Journalisten drehen immer noch ihre Kreise auf dem Band, weil die komplette Gruppe noch vor der Gepäckausgabe einkassiert wurde. Mich wundert das nicht sonderlich, denn wer hat schon gern eine ganze Horde von denen im Land? Christoph hat sich netterweise bereit erklärt, in der Halle auf sie zu warten. Er wollte sowieso noch bei den Hautpflegeprodukten im Duty Free Shop vorbeischauen. Ich öffne den obersten Knopf meines Hemdes und gehe zum Bus.

Da die Servicekraft keine Anstalten macht, ihre Zigarette auszudrücken, stelle ich meinen Rollkoffer demonstrativ vor die Ladeklappe und lege die Tasche mit meinen Anzügen vorsichtig darüber. Ich steige durch den vorderen Eingang in den Bus, nehme die Sonnenbrille ab und warte, bis meine Augen sich an das schummrige Licht gewöhnt haben, das durch die getönten Scheiben fällt. Der Fahrersitz ist leer. Ich drehe den Zündschlüssel nach links, und der Motor verstummt. Dann schalte ich auch noch den rot leuchtenden AC-Knopf aus, denn bei geöffneten Türen ist eine laufende Klimaanlage wirklich leichtsinnige Verschwendung.

Ich wähle eine Gruppe aus cremefarbenen Ledersitzen im vorderen Teil und verstaue meinen Duffle Bag in der Ablage. Durch das Fenster sehe ich, wie der Busfahrer in einen kleinen Bachlauf pisst. Das Wasser ist braun und fließt in einer Biegung auf den Wald zu, wo es zwischen den Bäumen im Unterholz verschwindet.

Ich hole den Zettel hervor, auf den meine Sprechtrainerin ein paar Übungen notiert hat, die ich täglich machen soll. »P!« Mit möglichst viel Luft stoße ich den Konsonanten hervor, wie ein Grundschüler, der nur den Mitlaut ausspricht, bevor er richtig buchstabieren lernt. »T!« Ich achte darauf, dass mein Bauch dabei hervorspringt, denn das Zwerchfell ist laut meiner Trainerin das zweitwichtigste Sprechorgan und sollte beim Sprechen den Bauch ständig mitbewegen – auch wenn ich mir das im Alltag kaum erlauben kann. »K!« Ich wiederhole die Übung zehn Mal, dann erhöhe ich die Geschwindigkeit und schieße die Buchstaben hervor wie ein Maschinengewehr: »PTK PTK PTK!«

Irgendwas bewegt sich in meinem Augenwinkel. Ich blicke durch den Gang nach hinten. Ein grüner Vogel flattert nervös gegen die Heckscheibe. Sein Schnabel klackt gegen das Glas. Auf dem Boden unter ihm ist eine Schale Erdnüsse verstreut. Ich stehe auf und versuche, ihn mit lautem Klatschen in Richtung der Türen zu scheuchen, aber er bewegt seine Flügel nur noch schneller, stößt schrille Schreie aus und knallt mit voller Wucht gegen ein Fenster.

Dort, wo er gegen die Scheibe geflogen ist, ist ein fettiger Abdruck zurückgeblieben. Ich muss an die ganzen Vögel denken, die Sommer für Sommer gegen die Fenster unseres Wintergartens geprallt sind. Vergeblich habe ich meinen Vater gedrängt, schwarze Vogelsilhouetten auf die Fenster zu kleben, aber er weigerte sich. Unser Wintergarten sollte schließlich nicht aussehen wie eine Berufsschule. Also verbuddelte ich jede Woche eine Amsel, einen Spatz oder ein Rotkehlchen hinter der Tanne im Garten. Auf der Scheibe blieben noch tagelang die Abdrücke der ausgebreiteten Flügel zurück, bis die Haushälterin sie schließlich wegputzte.

Für einen Moment stelle ich mir vor, wie es wäre, den Vogel einfach hier im Bus zu lassen, bis er vor Angst zu scheißen beginnt und Christophs feinen Anzug und all die Polyester-Jacketts der Journalisten mit weißen Klecksen garniert. Aber dann sehe ich, wie müde der Vogel gegen die Fensterscheibe anflattert und schließlich auf der Sitzbank landet, wo er sich ganz hinten in die Ecke drängt. Seine Federn glänzen dunkelgrün und sind mit weißen Flecken besprenkelt. Der schwarze Kopf, den er ruckartig hin und her bewegt, ist durch einen hellen Strich vom restlichen Körper abgegrenzt. Ab und zu öffnet er seinen ungewöhnlich langen und geraden Schnabel und stößt schrille Laute aus.

Ich öffne die Voices of Birds-App und drücke auf den Button, der die Form eines Schnabels hat. Während das Programm den Gesang analysiert und mit der Datenbank abgleicht, wird Werbung für Nahrungsergänzungsmittel angezeigt. Dann erscheint auf dem Display ein Foto des Vogels und der Name: Grünfischer (Chloroceryle americana). Auf dem Bild hat er allerdings einen braunroten Fleck auf der Brust. Da für gewöhnlich die farbenprächtigeren Männchen fotografiert werden, nehme ich an, dass dies hier ein Weibchen sein muss, weil ihre Brust grün ist wie der Rest der Federn. Ich überfliege den Text: »Normalerweise hält sich diese Art hauptsächlich an Flüssen und im Unterholz auf. Der Grünfischer ist weit verbreitet und wird in der Roten Liste der IUCN als ›Least Concern‹ eingestuft.« Ich frage mich, wie er hierhergekommen ist. Klimatisierte Busse in Flughafennähe sind nicht gerade sein Habitat. Das Gleiche könnte er aber auch mich fragen.

Ich rede beruhigend auf den Vogel ein, während ich mich ihm nähere. Ich imitiere das Zwitschern einer Meise. Obwohl ich das bestimmt seit zehn Jahren nicht mehr gemacht habe, gelingt es mir ganz gut. Der Vogel wendet zwar seinen Kopf, fällt aber nicht darauf herein. Als Kind habe ich mich immer gefragt, ob das Singen der Vögel eine allgemeine Sprache ist oder ob jede Art ihre eigene hat, die die anderen nicht verstehen. Ich berühre den Button, der das Singen des Grünfischers abspielt. Das helle Rufen erklingt aus meinem Smartphone. Ruckartig wendet der Vogel den Kopf und fängt an, Klickgeräusche zu machen, die sich anhören, als würde man nasse Kiesel aufeinanderschlagen. Er tapst einen Schritt aus seiner Ecke heraus. Ich frage mich, ob wir gerade flirten. Da ich aber immer nur den gleichen Ton abspielen kann, wird es ihm leider bald langweilig mit mir werden.

Ich löse die Druckknöpfe, mit denen das Gepäcknetz an der Ablage unter der Decke befestigt ist, und knie mich auf den

Sitz. Als ich das Netz aufspanne, habe ich kurz das Gefühl, wir schauen uns an. Vorsichtig lege ich das Netz über ihn. Der Vogel schlägt panisch mit seinen Flügeln und verheddert sich in den Maschen. Als er nach einer Minute merkt, dass es zwecklos ist, zieht er die Flügel ein und kauert sich zusammen.

Ich versuche, ihm eine Erdnuss durch das Netz zu reichen. Wild pickt er auf meine Hand ein, und die Nuss fällt runter. Damit er mich beim Raustragen nicht verletzt, ziehe ich mein Jackett aus und lege es vorsichtig über das Netz. Ich spüre die Zuckungen des Tiers durch den Stoff, als ich es nach draußen ins Sonnenlicht trage.

In der Nähe des Bachs lege ich das Bündel auf den Asphalt, ziehe mein Jackett zur Seite und öffne das Netz. Der Vogel scheint im ersten Moment überrascht, denn er fliegt nicht sofort los. Er tapst ein paar Schritte auf dem Asphalt und blinzelt ins Sonnenlicht. Dann schwingt er sich mit seinem hellen Ruf in die Luft, ohne mich noch eines Blickes zu würdigen. Ich kneife die Augen zusammen und schaue ihm nach, bis er im Wald verschwunden ist, dann hebe ich das Netz und mein Jackett vom Boden auf. Am Innenfutter ist ein weißer Fleck zu sehen. Ich wische ihn mit einem Taschentuch ab.

Die Servicekraft ist gerade dabei, meinen Koffer in den Gepäckraum zu laden. Christoph tritt aus dem Flughafengebäude. Er setzt seine verspiegelte Sonnenbrille auf, die Tasche mit den Anzügen hat er lässig über die Schulter geworfen, am Teleskopgriff seines Trolleys baumelt eine Plastiktüte aus dem Duty Free. Ein paar Meter hinter ihm folgen die Journalisten. Die abgenutzten Plastikräder ihrer Rollkoffer holpern über den Asphalt. Schneider winkt mir mit einer gefalteten Zeitung ironisch zu. Der Motor läuft schon wieder. Ich atme noch einmal tief durch und steige in den Bus.

Als Kind stand ich dem Sterben der Vögel ohnmächtig gegenüber. Heute kann ich als Teil eines weltweiten Netzwerkes von Unternehmen, Einzelpersonen und NGOs aktiv die Umwelt schützen. Für die Rettung bedrohter Tierarten tun wir alles. Zur Not packen wir auch persönlich an. Wir sprechen nicht alle die gleiche Sprache, aber wir verstehen uns – das haben wir mit den Vögeln gemeinsam. Denn uns eint ein gemeinsames Ziel.

Mars & Jung – We care for nature.

2

Ich sitze in einem cremefarbenen Ledersitz und beobachte, wie die Blasen in meinem Champagnerglas von den Erschütterungen des Busses aus der Bahn gelenkt werden. Die meisten steigen senkrecht nach oben und zerplatzen sanft an der Kontaktfläche zur klimatisierten Luft. Ab und zu löst eine Unebenheit der Straße eine Kettenreaktion aus. Dann sprudeln die Perlen plötzlich durcheinander, verschmelzen zu einer großen Blase und reißen ein Loch in die ruhende Oberfläche.

Hinter den getönten Scheiben zieht brachliegendes Land vorbei. Der hellbraune Boden ist von tiefen Rissen durchzogen. Ein paar verkohlte Baumstümpfe ragen noch zwischen den Erdschollen heraus. Ich checke die Fakten mit meinem Smartphone. Fünfzig Jahre braucht die Natur, um einen Millimeter ausgelaugten Boden wieder fruchtbar zu machen. Ich speichere den Artikel im Ordner *Argumente* und schieße ein Foto. Darauf wirkt die Landschaft wegen der Tönung der Scheiben besonders trist.

Am Straßenrand drängen sich ein paar Hütten zusammen. Ein verrottetes Reklameschild zeigt ein weißes Mädchen, das Coca-Cola trinkt. Neben dem Schild verbrennen zwei Männer Plastikmüll und grillen etwas, das sie auf Holzstöcke gespießt haben, vermutlich irgendeinen von der Schnellstraße gekratzten Köter. Guten Appetit, Jungs. Ich stecke mir eine pikant gewürzte Erdnuss in den Mund. Sie ist perfekt geröstet. Die beiden Hälften teilen sich, wenn ich sie sanft mit der Zunge gegen meine obere Zahnreihe drücke. Ich blicke noch einmal kurz nach draußen und atme durch. Die Straße macht eine Kurve, und ich kann die schwarze Rauchsäule noch für eine Weile in der Ferne erkennen, dann verflüchtigt sie sich am diesigen Horizont.

Ich nehme einen Schluck Champagner und überlege, ob ich einen der Wirtschaftsjournalisten aus unserer Entourage fragen soll, welche Auswirkungen tektonische Erschütterungen auf die Blasenbildung haben. Doch dafür müsste ich zu ihnen in den Fond des Busses gehen, aus dem es schon jetzt, noch keine halbe Stunde nach Abfahrt, unangenehm lärmt. Die blondierte Servicekraft geht gerade mit einer neuen Flasche Champagner nach hinten. Außerdem möchte ich den Journalisten ungern das Gefühl geben, dass ich mich an sie ranschmeiße. Im letzten Briefing vor dem Abflug hat mir der Kommunikationscoach noch einmal eingeschärft, dass im persönlichen Umgang mit Embedded Journalists unbedingt Distanz zu wahren ist. Journalisten sind empfindliche Tiere. Wittern sie, dass jemand Einfluss auf ihre Inhalte nehmen könnte, werden sie sofort scheu. Ich weiß, wovon ich spreche. Schließlich war ich selber mal einer.

Das Brachland ist jetzt von einem vitalen Grün abgelöst worden. Ein großformatiges Schild am Straßenrand zeigt einen Maiskolben und das Logo unseres Klienten. Die Pflanzenreihen sind rechtwinklig entlang der Straße ausgerichtet, sodass sich beim Fahren der Blick in die schmalen Korridore öffnet. Hier und da untersuchen Arbeiter die riesigen Pflanzen auf Schädlingsbefall. In regelmäßigen Abständen führen Stichstraßen in die Felder, auf denen antiquiert wirkende

Landwirtschaftsfahrzeuge entlangschleichen und in rhythmisierten Fontänen Wasser, Nährflüssigkeit oder was auch immer in die angrenzenden Reihen spritzen. Die Sonnenstrahlen brechen sich in den Tropfen zu lauter kleinen Regenbögen.

Ich hoffe, die Journalisten sind nicht zu sehr mit ihren Getränken beschäftigt, sondern schauen ab und zu auch mal aus dem Fenster. Denn schon der Weg vom Flughafen zum Hotel ist das optimale narrative Setting für eine Reportage über die Potenziale von biotechnologisch optimiertem Mais. Ich mache mir eine Notiz in meinem Smartphone. Ich werde die Journalisten bei Gelegenheit dezent auf diese wundersame Metamorphose der Einöde zu blühenden Landschaften hinweisen.

Christoph lässt sich mir gegenüber in einen Sitz fallen. Er macht eine Bemerkung über den anschwellenden Lärm der Journalisten und versucht, seine feucht glänzenden Hände unbemerkt an seiner Anzughose trocken zu reiben. Ich halte ihm ein extraweiches Papiertaschentuch hin. Er zögert minimal zu lange, bevor er es nimmt. Seit ich Christoph darauf aufmerksam gemacht habe, dass elektrische Handtrockner die letzten Keimschleudern sind, sieht man ihn ständig, wie er seine Hände trocken wedelt oder heimlich an seiner Hose abwischt. Er ist so ein typisches Beispiel für einen Mann, der als Jugendlicher unter heftiger Neurodermitis und völliger Missachtung der Mädchen litt, sich aber dank hormoneller Veränderungen, Fitnessstudio und gelegentlichen Solariumsbesuchen beeindruckend gemausert hat. Jetzt ist es so, als habe er Superkräfte. Frauen und Erfolg fliegen ihm zu, seine ganze Erscheinung strotzt vor Selbstbewusstsein. Ein Rest Unsicherheit bleibt aber immer. Man muss nur wissen, wo man ihn findet.

Christoph fängt sich schnell wieder und stößt mit mir an. Auf den vielversprechenden Auftrag und die betrunkene Reisegruppe, die uns und unserem Klienten dabei helfen wird, die globale Nahrungsmittelkrise in den Griff zu bekommen. Noch einen Moment hängt das Klirren der Gläser in der Luft, dann leert Christoph seinen Champagner und lässt sich von der lächelnden Servicekraft nachschenken. Ich nehme einen großen, aber kontrollierten Schluck.

Hinter den getönten Scheiben erkenne ich Ansammlungen von Wellblechhütten, die am Steilhang eines Berges kleben. In der Regenzeit gehen dort garantiert Schlammlawinen ab und reißen alles mit sich. Ein paar Monate später werden die Behausungen von neuen Bewohnern wieder aufgebaut. Man könnte das Zuversicht nennen, aber es ist vermutlich der gleiche menschliche Grundirrtum, gegen den die Versicherer in unseren Breiten mit viel PR-Aufwand zu kämpfen haben. *Dass es einen selbst trifft, glaubt man nie.*

Regentropfen rinnen die Scheiben des Busses herab. Christoph ist eingenickt. Seine muskulöse Brust hebt und senkt sich regelmäßig unter seinem marinefarbenen Maßhemd aus Organic Cotton. Ich schätze, dass er einen Trainingsvorsprung von etwa sechs Monaten hat, denn sein Oberkörper ist bereits perfekt ausdefiniert. Aber ich hole auf. Und fünf Jahre Altersunterschied sind beim Muskelaufbau pures Kapital.

Christophs Kopf kippt etwas nach hinten und der Kehlkopf ragt frei aus dem Haifischkragen. Verhaltenspsychologen sehen in der Bloßstellung des Halses eine Demonstration von Stärke, doch ich denke, ich sollte diese Geste nicht voreilig überinterpretieren. Sein Mund ist geöffnet, und man hört leises Schnarchen. Ich schätze, ich habe noch nicht das Standing in der Agentur, um ihm ungestraft eine Nuss in den Rachen werfen zu können, denn zurzeit ist er dort der unangefochtene Star und Jens Mars' Liebling. Sie gehen abends sogar regelmäßig zusammen Squash spielen.

Christoph hat die Agentur mit seinen herzzerreißenden und authentischen Geschichten aus der Dritten Welt auf ein ganz neues Level gebracht. Deshalb hat er ein Vorkaufsrecht auf unsere weiblichen Trainees, das er auch großzügig in Anspruch nimmt. Auf seine aktuelle Flamme – eine brünette Junior-PR-Beraterin namens Christina mit Background in der Umweltbewegung, den man ihr aber nullkommanull ansieht – habe ich auch ein bisschen ein Auge geworfen. Sie lässt mich aber immer eiskalt abblitzen, denn ich stehe nur eine mickrige Gehaltsstufe über ihr.

Ich lasse mich etwas tiefer in den Sessel sinken und schreibe Marina eine Nachricht, dass wir gut angekommen sind und bisher alles super läuft, dann füge ich noch etwas Intimes, Floskelhaftes hinzu, von dem ich sicher weiß, dass sie darüber lächeln muss. Dazu knipse ich ein Selbstporträt. Ich mit Champagner im Shuttlebus, dahinter kann sie durch den Regen die vorbeiziehenden Elendsviertel erahnen. Eine durch und durch ironische Geste also, denn normalerweise lachen Marina und ich über Leute, die so was in Sozialen Netzwerken posten: ich und meine Liebste vor dem Eiffelturm, ich vor dem Machu Picchu, ich mit einem süßen Schokobaby in einer Aidsstation.

Wenn Mars & Jung mich zur Inszenierung von Hope Stories um die Welt schickt, sende ich Marina Selfies statt Postkarten, als kleine Entschädigung fürs Zuhausebleiben. Anfangs hat sie die Bilder noch ausgedruckt und mit Magneten am Kühlschrank befestigt, gleich neben den Babyfotos, die sie immer häufiger von ihren Freundinnen bekommt. Irgendwann hat sie damit aufgehört, warum, weiß ich nicht. Ich habe ihr mehrmals vorgeschlagen, mich zu begleiten – für die Agentur gar kein Problem, Jens Mars legt Wert auf enge Mitarbeiterbindung –, aber Marina lehnt solche »geldwerten Vorteilsnahmen« kategorisch ab. Schließlich ist sie so etwas wie eine unabhängige Wissenschaftlerin. Ich glaube allerdings, dass sie bald schwach wird, denn in Bewerbungsgesprächen machen die Professoren trotz aller postkolonialen Tourismus-Kritik immer ein fettes Minus auf den Bewerbungsbogen, wenn sie hören, dass die junge Nachwuchsethnologin noch nie außerhalb Europas war.

Ich nehme noch einen Schluck Champagner und stelle mir vor, wie Marina in Jogginghose in unserer lichtdurchfluteten Wohnung sitzt und ihre Bücher über Kulturanthropologie und Konstruktivismus auf dem Esstisch neu ordnet. Dabei fallen ihr ständig blonde Strähnen ins Gesicht, die sie mit gekonnter Handbewegung hinter ihre Ohren streift. Auf der Stupsnase liegt die Brille mit Hornfassung, die sie neuerdings trägt. Angeblich sieht sie in der Ferne immer schlechter. Doch der Sehtest beim Optiker hat lediglich 0,3 Dioptrien ergeben. Ich vermute ja, es geht ihr nur um einen Seriositätsmarker, denn bei Charity-Events setzt sie neuerdings immer dieses Teil auf, um bloß nicht mein blondes Häschen zu sein. Wenn sie dann mitten im angenehmsten Small Talk anfängt, über genderbezogene Fremdzuschreibungen in den europäischen Erinnerungskulturen zu dozieren, denke ich manchmal, dass sie etwas zu verbissen ist. Zwar nicken unsere Gegenüber zunächst pseudointeressiert, müssen dann aber rasch ihre leeren Gläser nachfüllen. Immerhin habe ich Marina abgerungen, ihre spitzen Kommentare über die Finanzierung dieser Veranstaltungen und der Agentur im Allgemeinen nicht mehr in hörbarer Lautstärke zu formulieren. Schließlich bezahle ich mit dem Geld, das ich hier verdiene, das Projekt ihrer wissenschaftlichen Selbstverwirklichung.

Als wir die Stadt erreichen und die mautpflichtige Straße endet, hat gerade die kurze Äquator-Dämmerung eingesetzt. Alles ist vollgestopft mit abgeranzten Autos des vorletzten Jahrzehnts, die hupen und Wolken von Abgasen in die Luft blasen. Ich sehe auf meine Hublot, die ich bei einem Online-Uhrenverleih geleast habe. Dann schreibe ich eine knappe Nachricht an den Typen vom Außenbüro, dass wir uns auf unbestimmte Zeit verspäten. Ich öffne noch einmal das Skript für die Hope Story und gehe die Details durch.

Juana, eine junge Bäuerin, deren Familie bei einer außer Kontrolle geratenen Brandrodung ums Leben gekommen ist, schlägt sich mit ihrem kleinen Sohn ganz alleine durch (je nach Besetzung mit Option auf Prostitution). Sie ist ganz unten. Doch durch das großzügige Sozialprogramm unseres Klienten erhält sie kostenlos Saatgut für ihr Land und kann sich und ihren Sohn wieder ernähren. Nach den ersten Ernten kann sie sogar zwei Arbeiter einstellen und führt jetzt ein kleines Unternehmen.

Eigentlich müsste ich nervös sein bei meinem ersten federführenden Storytisement, aber vermutlich wirken die Tranquilizer, die ich vor Abflug geschluckt habe, immer noch. Meine Sorge, die Sache könnte zu wenig faktenbasiert sein, ist jedenfalls verflogen. Das waren wohl nur alte journalistische Reflexe. Und außerdem fußt die Sache ja auf gründlicher Recherche von Christophs Praktikantin. Dauernd sterben irgendwo Familien bei Brandrodungen, die Lokalzeitungen hier sind voll davon.

Als der Bus vor dem Hotel anhält, stehe ich auf und beuge mich über Christoph. Sein Atem geht ruhig, doch unter seinen Lidern bewegen sich die Augäpfel schnell hin und her. Ich nehme eine Nuss aus der Schale und drehe sie langsam zwischen den Fingern. Dann lasse ich sie in Christophs Schoß fallen. Er fühlt sich zu sicher.

Um ihn zu wecken, lege ich meine Hand sanft auf seine Schulter. Vor Schreck zuckt er zusammen und schaut blinzelnd zu mir hoch. Ich lächle und sage: »Zeit, aufzuwachen.«

3

Ein paar Stunden später nehmen Christoph und ich ein Taxi zu einem Rodízio, wo wir unsere Kontaktperson und die Schauspielerin treffen wollen. Draußen ziehen die kalt angestrahlten Glasbauten des Neuen Distrikts vorbei. Die anonymen Klötze unterscheiden sich von denen in Frankfurt, Schanghai oder L.A. höchstens durch die Sprache auf den epileptisch blinkenden Neontafeln, also konzentriere ich mich lieber auf ein besonders schwieriges Level in einer neuen App. Ich bin ein lustiges Eichhörnchen und schieße mit bunten Blasen auf andere bunte Blasen. Immer wenn drei gleichfarbige aufeinandertreffen, platzen sie mit einem saftigen *Plopp.* Der Sound verbindet sich angenehm mit der sanften elektronischen Musik aus meinen In-Ear-Kopfhörern, die mich vom Verkehrslärm und von Gesprächen mit Christoph abschirmen. Aber der ist sowieso schon wieder eingeschlafen. Ich glaube, er nimmt die falschen Beruhigungsmittel. Oder zu viele.

Mein Daumen gleitet hektisch über das Display. Je mehr Blasen ich zerschieße, desto schneller füllt sich die Spielfläche mit neuen. Ich treffe schlecht, und die Blasenwand droht das Eichhörnchen zu erdrücken. Es blickt panisch nach oben, seine Augen werden zu X-en, und es legt eine rote Blase in die Abschussrampe. Ein Tropfen Schweiß rinnt aus meiner Achsel. Ich gebe noch ein paar Verzweiflungsschüsse ab, dann wird das Eichhörnchen von den Blasen vaporisiert. *Plopp*, Game Over. Ich fluche leise und lehne meinen Kopf an die angenehm kühle Scheibe. Dann starte ich das Level neu. Diesmal läuft es besser. Irgendwie gelingt es mir, die grünen Blasen zu einer Monsterblase zu verschmelzen, die alle anderen in einer riesigen Explosion mitreißt. Der Combo-Bonus fällt golden vom Himmel. Ich, beziehungsweise das Eichhörnchen, mache einen Salto vor Freude.

Eine Faust schlägt wenige Zentimeter von meinem Gesicht entfernt gegen die Fensterscheibe, und ein stumpfer Schmerz fährt in meine Schläfe. Für eine Millisekunde sehe ich mich von Kopf bis Fuß mit blutigen Schnitten übersät, doch das Glas splittert nicht. Schnell rutsche ich in die Mitte der Sitzbank, bis ich fast auf Christophs Schoß hocke. Unsere Oberschenkel berühren sich auf ganzer Länge. Durch den dünnen Stoff spüre ich die Wärme seines Körpers. So nah waren wir uns noch nie. Langsam schlägt er die Augen auf und gähnt demonstrativ. Das Smartphone ist in den Fußraum gefallen. Die Stöpsel stecken noch in meinen Ohren, aber das Kabel ist aus der Buchse gerissen. Basslos dringt die Musik aus den Lautsprechern des Handys zu uns beiden herauf. Ich rutsche wieder ein Stück in Richtung Fenster.

Erst sehe ich nur den Schatten, dann presst sich ein Gesicht an die Scheibe. Nikotingelbe Barthaare feudeln das verdreckte Glas. Eine heftige Spastik in seiner rechten Augenbraue lässt den Mann permanent zwinkern. Wenn sein Auge zwischen zwei Zuckungen kurz zu sehen ist, kommen geplatzte Äderchen und eine trübe Linse zum Vorschein. Er erinnert mich an irgendeinen trinkenden Schauspieler, Jack Nicholson vielleicht. Aber dafür fehlt ihm das Raubtiergebiss, es fehlt ihm überhaupt eins, glaube ich. Seine aufgesprungenen Lippen bewegen sich hinter der Scheibe lautlos hin und her, wie bei einem Saugfisch im Aquarium.

Ich würde gerne das Fenster herunterfahren und ihm etwas Geld geben, aber ich fürchte, dass er sofort ein Messer durch den Spalt stecken würde. Außerdem habe ich nur 100-Dollar-Scheine, für die wiederum der Penner ein Messer zwischen die abgemagerten Rippen bekommen würde, sobald er später versucht, sie zu wechseln. Ich zucke mit den Schultern und zeige ihm meine leeren Hände, was natürlich eine Frechheit ist, aber mir fällt nichts Besseres ein. Christoph lacht und zeigt dem Penner den Mittelfinger. Dann holt er sein Smartphone heraus und macht ein Foto von mir und dem Kerl. Ich hebe den Daumen und zwinge mich zu einem Grinsen.

Der Mann malt etwas auf die schmutzige Scheibe. Zuerst denke ich, er will eine Münze zeichnen, aber als er den geschwungenen Bogen unter den Strich setzt, den ich für eine Eins gehalten habe, wird mir klar: Er malt ein Smiley. Komplett mit zwinkerndem rechten Auge. Er tritt einen Schritt zurück und blickt mich aufmunternd an. Seine Aufforderung, die Welt da draußen doch mit einem Augenzwinkern zu betrachten, macht mich nachdenklich. Wahrscheinlich steht der Penner den ganzen Tag an dieser Ampel in der Sonne und ist dabei doch irgendwie glücklich. Fast beneide ich ihn. Als ich gerade in meine Hosentasche greife und ihm doch einen Schein geben will, fährt das Taxi wieder an. Im Rückspiegel sehe ich, wie er zurück unter eine Palme trottet.

Ich habe das Gefühl, das Smiley wabert nun wie eine obszöne Fratze unkenntlich über allem. Ich reibe meine feuchten Handflächen an der Hose ab. Vom abrupten Anfahren und Abbremsen des Taxifahrers wird mir ganz schwindelig. Das silberne Kreuz, das mit einem Bindfaden am Rückspiegel befestigt ist, pendelt wild hin und her. Zur Ablenkung scrolle ich durch meine Musikbibliothek, höre ein paar Sekunden in die Tracks hinein, finde aber keinen Song, der meine Stimmung unterstreicht. Etwas Düsteres, Pulsierendes schwebt mir vor, doch mir werden immer nur die schnellen Workout-Hits vorgeschlagen.

Das Taxi hält vor einer Villa im Kolonialstil. Ein paar Ölfackeln flackern das morsch aussehende Holz und die typischen Ziersäulen an. Es würde mich nicht überraschen, irgendwo noch die portugiesische Flagge und eine Büste des ehemaligen Gouverneurs zu erblicken. Christoph wirft dem Taxifahrer einen zusammengeknüllten Schein nach vorne, der von der Windschutzscheibe abprallt und im Fußraum landet. Der Fahrer hebt ihn vom Boden auf. Er ist dermaßen fett, dass ich gut noch ein paar Münzen Trinkgeld in seine seitlichen Speckfalten stecken könnte. Doch so ungläubig, wie er den jetzt entfalteten Schein beäugt, hat Christoph ihm schon mehr als genug gegeben.

Die Glastür des Rodízios gleitet zur Seite, und uns schlägt ein fleischiger Geruch entgegen. Mir wird ein bisschen übel. Seit wir vor ein paar Monaten in einem Lebensmittelskandal die Krisenkommunikation für einen Fleischproduzenten übernommen haben, bin ich Vegetarier, doch die Agentur empfiehlt, sich den landestypischen Gebräuchen anzupassen und die lokale Küche mit Interesse aufzunehmen. Das sollte aber kein Problem sein, denn hier kann ich mir sicher sein, dass kein Antibiotika-Schwein auf den Tisch kommt, das von Rumänen-Sklaven im kotverseuchten Niedersachsen zerlegt wurde. Außerdem fehlen mir die hochwertigen Proteine schon ein wenig für ein effektives Training.

Dutzende Kellner laufen mit Fleischspießen durch den Saal, der von Lüstern in ein schummriges Licht getaucht wird. Ab und zu werden sie von Gästen an ihre Tische gewinkt und schneiden dann mit langen Messern und schnellen Bewegungen Fleischstücke auf die Teller. Wir werden von einem Ober begrüßt, den ich sofort um seinen schwarzen Anzug aus reiner Schurwolle beneide, der den saftigen, schweren Geruch schneller wieder abgibt als mein Baumwollanzug. Nachdem wir unsere Namen genannt haben, schnipst der Ober einen indigenen Kellner herbei, der eine rote Uniform mit Messingknöpfen trägt. Er deutet eine Verbeugung an und führt uns an die Rückseite des Saals. Ich frage mich, ob er weiß, dass seine Dienstkleidung den Uniformen der portugiesischen Armee nachempfunden ist und er seine eigene Unterwerfung in diesem Restaurant jeden Tag aufs Neue aufführt. Leider hat er von solchen Paradoxien wahrscheinlich keine Kenntnis. Genauso wie die hier servierten Tiere niemals wussten, dass sie ein verhältnismäßig gutes Leben gelebt haben, denke ich und drücke ihm die 100 Dollar in die Hand, die ich dem Penner nicht geben konnte.

Der Mann vom Außenbüro – Gonzalez oder so ähnlich – kommt uns mit weit ausgestreckten Armen entgegen. Anstatt ihn zu umarmen, strecke ich ihm die Hand hin, denn mir sind kleine Schweißflecken unter seinen Achseln aufgefallen. Sein Jackett hat er betont lässig über die Stuhllehne gehängt, die Flasche Rotwein auf dem Tisch ist bereits halb leer. Auch unsere Schauspielerin sitzt schon am Tisch, ich ignoriere sie aber vorerst. Wir tauschen ein paar Floskeln mit Gonzalez aus, und ich schaue auf seinen Mund. Einzelne Barthaare stehen von seiner Oberlippe ab, an den eingerissenen Mundwinkeln ist ein leichter Vitaminmangel abzulesen. Ich bekomme nicht mit, ob Gonzalez seinen Namen noch einmal erwähnt. Er macht auch keine Anstalten, irgendwas über sich zu erzählen. Muss er auch nicht, schließlich haben wir das interne Datasheet zu seiner Person bekommen (42 Jahre, VWL-Studium, dann zehn Jahre Arbeit für eine konservative Partei; seit einem Jahr lokaler Büroleiter für Mars & Jung; verheiratet, drei Kinder).

Die Schauspielerin ist eindeutig zu attraktiv für unsere Zwecke. Sie trägt ein trägerloses, rotes Kleid, auf ihrer bronzenen Haut ist ein Bikiniabdruck zu erkennen. Typisch, denke ich, Gonzalez hat sich beim Casting von dem Mädchen mit den vollsten Lippen einen blasen lassen und präsentiert sie uns jetzt als die schauspielerische Entdeckung des Kontinents. Das Mädchen steht auf und hält uns ihre leicht errötete Wange hin für ein Küsschen links, Küsschen rechts. Dabei winkelt sie ein Bein an, ich wette, das hat sie in irgendeinem amerikanischen Film gesehen. Ihre Haut ist sehr weich, und ich bereue es, mich im Hotel nicht noch einmal rasiert zu haben.

Schon fängt sie an, ihre Referenzen herunterzubeten. Ich höre aber nicht zu, sondern stelle mir vor, wie sie morgen im Schlamm die Samen vergräbt und vom Schweiß durchnässt Maiskolben pflückt. Ihre perfekten Zähne sind allerdings ein Problem, genauso wie ihr makelloser Körper, den ich normalerweise absolut goutieren würde, der sie aber in europäischen Augen zu sehr in die Nähe von Beachvolleyball- oder Sambagirls rückt. Immerhin, sie hat ehrliche, braune Augen, die, wenn sie direkt die Kamera fixieren, gut beim Publikum ankommen werden. Mit ein bisschen Unterstützung der Visagistin und einer Schneiderin kriegen wir das schon hin, denke ich, als die Schauspielerin unter dem Tisch ihr nacktes Bein an meiner Anzughose entlanggleiten lässt.

Für die Inszenierung einer Hope Story arbeiten wir ausschließlich mit professionellen Schauspielern. Natürlich könnten wir auch echte Favela-Bewohner casten, doch unsere Zielgruppe hat eine sehr genaue Vorstellung davon, wie die Protagonisten so einer Geschichte aussehen sollten. Denn Armut macht traurig und hässlich. Und das ist das Letzte, was der solvente Europäer im Fernsehen sehen möchte. Deswegen lassen wir afrikanische Kinder in unseren Kampagnen auch immer rhythmisch klatschen und singen und stecken sie in bunte Kostüme. Natürlich nur, wenn der Klient das unbedingt wünscht, denn eigentlich sind afrikanische Kinder mittlerweile ein No-Go, und wir vermeiden ihren Einsatz tunlichst. Schwarze Kinder sind im europäischen Bewusstsein negativ konnotiert. Und das nur, weil irgendwelche Zyniker in den Neunzigern zwischen zwei Lines Koks auf die Idee kamen, es sei doch eine super Idee, mit verhungernden Kindern, auf denen Schmeißfliegen ihre Eier legen, Spenden zu generieren. Wir lehnen diese Instrumentalisierung des Elends ab. Sie drückt ohnehin nur die Stimmung. Deswegen brauchen wir Mädchen wie Juana. Ihre Darstellung der Armut ist authentischer als die Armut selbst. Die Menschen wollen ihr Geld in nachhaltige, gut aussehende Erfolgsgeschichten investieren, wir liefern sie ihnen. Dass Juana wahrscheinlich aus einem Anwaltshaushalt stammt und für diesen Job das Jahresgehalt eines Minenarbeiters erhält, ist dabei nur eine notwendige Dehnung der Wahrheit.

Wir ordern lokales Bier. Gonzalez bestellt sich auch eins, obwohl er schon Rotwein trinkt. Die Kellner servieren dampfende Hühnerherzen und Kaninchen am Spieß, die stark nach

Knoblauch duften. Ich probiere lieber ein Stück Ziege. Das Fleisch ist angenehm würzig, lässt sich aber schlecht kauen. Ich spucke das Stück in den Napf, der in der Mitte des Tisches steht. Christoph sieht mich angewidert an, wendet sich dann aber wieder der Zerteilung seines Kaninchens zu.

»Wenn ich schon Fleisch esse, dann wenigstens auf landestypische Art«, sage ich. »Sie sind Vegetarier?«, fragt Gonzalez. »Dann müssen Sie unbedingt das hier probieren.« Mit einem Schnalzen winkt er zwei Kellner heran, die einen Servierwagen schieben. Auf dem Wagen liegt eine halbe Kuh, zwischen deren Rippen schon größere Stücke fehlen. Durch die Löcher kann ich bis auf die Oberfläche des Wagens blicken, auf der sich Blut und Fett zu einer Pfütze sammeln. Mir wird etwas flau, als ich in die starren Augen der Kuh blicke. Mit zitternder Hand kippe ich einen riesigen Schluck Bier hinunter. Ich winke dem Kellner mit der Flasche zu, obwohl sie noch zur Hälfte gefüllt ist. Ein Schauer läuft meinen Rücken runter, und ich bilde mir ein, dass Gonzalez und Christoph sich verschwörerisch zunicken. Ich kneife mir unter dem Tisch ins Bein, stürze den Rest meines Biers herunter und warte, dass der Alkohol mich ein bisschen beruhigt, während Christoph sich bereits das Bruststück herausschneiden lässt.

Als der Servierwagen verschwunden ist, normalisiert sich mein Puls. Ich strecke meine Hand nach dem hölzernen Gewürzensemble in Form aller möglichen Urwaldtiere aus, doch bevor ich auch nur ein Salzkorn auf mein Filet streuen kann, greift die Schauspielerin mein Handgelenk. Sie schüttelt mit gespielter Empörung den Kopf und lässt dabei ihre gelockten Haare durch die Luft sausen. Trotz des schweren Geruchs im Raum kann ich ihr Shampoo riechen. Es ist leicht süßlich, mit einer sehr dezenten Note Moschus. »Salzen ist nicht landestypisch«, sagt sie und wartet, bis unsere Blicke sich begegnen. Für einen Moment intensiviert sie den Druck auf mein Gelenk und zieht dann ihre Hand zurück. Ich lasse den papageiförmigen Salzstreuer wieder auf den Tisch sinken.

Aus den Augenwinkeln registriere ich, dass Christoph mich verspannt ansieht. Auf dem Rückweg ins Hotel wird er mich fragen, wie ich nur auf diesen billigen Flirt dieser genauso billigen Schauspielerin hereinfallen konnte. Er wird sagen, mein Verhalten sei unprofessionell, in Wahrheit ist er es aber nur nicht gewohnt, dass eine Frau sich nicht sofort an ihn heranschmeißt. Aber damit wird er in Zukunft leben müssen. Denn obwohl er objektiv besser aussieht als ich – er wäre wohl eine 9, ich vielleicht eine 7,5, Tendenz steigend –, habe ich diesen gewissen Danger-Appeal. Hat Jens Mars zumindest mal gesagt und dass er deshalb große Hoffnung in mich setzt.

Christoph versucht, sich auf seinen Teller zu konzentrieren, doch an den kleinen geröteten Stellen an seinem Hals kann ich erkennen, dass er aufgewühlt ist. Die Sonneneinstrahlung hier wird seiner Neurodermitis, die er sonst hundert Prozent unter Kontrolle hat, bestimmt nicht guttun. Er knöpft seine Hemdsärmel an den Manschetten auf und krempelt sie nach oben. Die Aufmerksamkeit am Tisch verschiebt sich für einen Moment auf seine Unterarme, die von dicken Venen durchzogen sind. Dann lässt er Juana ihren Text aufsagen. Ich verstehe kein Wort, doch ihre Stimme hat einen warmen Klang, der mich angenehm einlullt. »Ist ihr Akzent okay?«, unterbreche ich ihren Singsang, als ich zu sehr in pastellfarbene Kindheitserinnerungen abdrifte. Gonzalez lacht auf und sagt, ja, für unsere Zwecke würde es schon reichen.

Ich frage Juana, ob ich ein Foto von ihr machen dürfe, um es gleich an die Visagistin weiterzuschicken. Sie beugt sich leicht nach vorne und gibt zwei zusätzliche Zentimeter ihres Ausschnitts preis. Ich fotografiere sie und tippe als Empfänger Jens Mars ein. Unter das Bild schreibe ich »Give me hope, Juana«. Für einen Moment kommt mir das etwas zynisch vor, doch ich bin mir sicher, dass Jens sich über ein Lebenszeichen von uns freut. Dann wende ich mich wieder Juana zu. Sie bestellt noch ein Mineralwasser. Erst jetzt fällt mir auf, dass sie noch gar nichts gegessen hat. »Es lebe das Method Acting«, sage ich und hebe mein Glas.

4

Im Hotelzimmer schnappe ich mir als Erstes das Schokoladentäfelchen vom Kopfkissen, und beiße eine Ecke ab. Der Geschmack kommt mir schokoladiger vor als sonst, dabei ist es exakt die gleiche Tafel, die diese Kette auch in Europa einsetzt. Eigentlich mag ich diese Hotelschokolade überhaupt nicht und stecke sie meist für Marina ein, aber heute freue ich mich aufrichtig über die Geste des Hotels, mir eine an sich wertlose Süßigkeit auf das Kopfkissen zu legen. Vielleicht, weil es mich an die Sommerurlaube mit meinen Eltern erinnert und der Geschmack dieser Billigschokolade schon im Kindesalter durch die Serotoninausschüttung mit Hotelbesuchen verknüpft wurde. Fast rechne ich damit, dass mein Bruder aus dem Bad gestolpert kommt und die Hälfte der Schokolade einfordert. Deshalb lege ich das übrig gebliebene Stück zurück auf das Kissen.

Ich zerknülle die goldene Folie und das mattschwarze Briefchen, in das mit Serifenschrift der Name des Hotels eingeprägt ist. Darunter prangt das CAD-Logo, eine grüne Weltkugel, die von einer schwarzen und einer weißen Hand gehalten wird. Unsere Agentur hat das Zertifikat entwickelt und die zugehörigen Standards festgelegt: Für einen zu 100 Prozent nachhaltigen Kakaoanbau muss der Produzent eine Selbstverpflichtung zur Implementierung von Arbeiterrechten, Umweltschutz und nachhaltiger Wirtschaft unterschreiben.

Besonders gelungen ist die Geschmackskomposition aber trotzdem nicht. Ich spucke die angelutschte Schokolade in eine Serviette und lasse sie auf den Boden fallen.

Durch das nach Westen ausgerichtete Panoramafenster schaue ich hinunter auf die Stadt. Meine Suite befindet sich im 13. Stock, und die Aussicht ist bei Dunkelheit angenehm reizarm. Das Zentrum ist durchzogen von pulsierenden Lichtadern, die in rechten Winkeln aufeinandertreffen. In der Ferne bluten die Lichtströme langsam aus, bis nur noch der blasse Mond die Peripherie aus Baracken und Hütten beleuchtet.

Obwohl Marina nicht auf meine Nachricht aus dem Bus geantwortet hat, öffne ich meinen Laptop und gucke, ob sie bei Skype online ist. Normalerweise schaut sie um diese Uhrzeit, die Zeitverschiebung mit eingerechnet, irgendwelche amerikanischen Serien im Stream und wartet auf einen Anruf von mir. Aber heute ist sie offline.

Nachdem ich geduscht, mir die Zähne geputzt und die Fleischfasern entfernt habe, ist Marina immer noch nicht online. Ich sehe nach, ob Jens Mars auf meine Juana-Nachricht geantwortet hat. Das »Gelesen-Zeichen« in der Nachrichtenzeile ist markiert, aber geschrieben hat er nichts. Ich überlege, ob er die Anspielung auf den Song und unsere Hope Story nicht verstanden hat oder meinen Witz einfach schlecht fand. Ich tippe ein paar Worte, zögere und lösche sie wieder. Ich rufe Marina auf ihrem Handy an. Nachdem es einige Male geklingelt hat, ertönt das Besetzt-Zeichen. Mit einem hellen Glockenton erscheint stattdessen Christophs nackter Oberkörper auf dem Display, seine Nippel sind aufgerichtet. »Neuer Rekord: 97«.

Ich knie mich auf den Boden und öffne die Push-Up-App. Ich positioniere das Smartphone so, dass ich das Display am tiefsten Punkt einer Liegestütze mit der Nase berühren kann. Eine energische Frauenstimme zählt mit und treibt mich erst in Zehner-, dann in Fünfer- und Dreier-Intervallen, schließlich bei jeder Liegestütze an, noch eine zu machen. »Try harder!«, faucht sie aus dem Lautsprecher. »Just one more!« Das Display zeigt 84 an, als ich schließlich mit pochendem Schädel und brennenden Muskeln über meinem Smartphone zusammenbreche.

Ich richte mich auf und betrachte mein Spiegelbild im Panoramafenster. Ich drücke meine Schultern nach hinten und hebe meinen Kopf so, dass das Kinn etwas höher als normal steht. Ich blicke mir in die Augen und verziehe die Mundwinkel zu einem Grinsen. Ich fühle mich gut. Dann stehe ich auf und lasse mir im Badezimmer kaltes Wasser über das Gesicht rinnen.

Ein Aufkleber am Spiegel weist darauf hin, dass man die Handtücher mehrmals benutzen solle, um die Umwelt zu schonen. Ich nehme alle von den Halterungen und werfe sie auf den Boden. Die Umwelt interessiert das Hotel einen Scheiß, das Einzige, worum es sich sorgt, sind die Wäschereikosten. Vor Jahren habe ich mal in einem Hostel in Cádiz übernachtet, wo ein aufgeweichter Zettel neben der Dusche hing: *Cádiz is dry, please save water.* Daneben hatte irgendein Hippie ein verdurstetes Skelett auf die Kacheln gemalt. Abends beim Kiffen auf der Dachterrasse merkte ich an, wie scheinheilig der Besitzer sei, da er jeden Tag mit einem 15-Liter-SUV angebraust kam, uns aber die »free shower« vermiesen wollte, damit seine Wasserrechnung nicht explodierte. Als sich daraufhin die versammelten Dreadheads über mein Misstrauen gegenüber den hehren ökologischen Idealen des Hostel-Besitzers empörten, habe ich verstanden, wie das Spiel funktioniert: Grüne

Argumente werden wegen ihrer moralischen Tragweite widerspruchslos akzeptiert. Man kann nahezu alles behaupten, solang man es mit »nachhaltig«, »schonend«, »sparsam« oder »natürlich« verschlagwortet. Schließlich haben wir die Erde von unseren Kindern nur geborgt.

Ich nehme ein Bier aus der Minibar, schalte den Flachbildschirm ein und zappe ein wenig durch das internationale Programm. Bei einem US-Nachrichtensender bleibe ich hängen. Eine attraktive Sprecherin verkündet gerade die Schließung eines Autowerks im mittleren Westen. Beim Sprechen bewegen sich ihre filigranen Nasenflügel kaum, was auf eine kürzlich durchgeführte Nasenkorrektur hindeutet. Ihr Dekolleté erscheint prall, doch der geringe Schattenwurf ihres lachsfarbenen Kostüms lässt auf einen Push-up-BH schließen, der ihre Brüste zusammendrängt. Allerdings kann ich meinem Urteil nicht ganz trauen, denn die Studio-Beleuchtung ist so ausgerichtet, dass sie Schattenwurf minimiert. Am unteren Bildschirmrand läuft der Newsticker durch. *General Electric restructuring finally agreed: Limited refund for stakeholders guaranteed +++ Nurson entices Doros with 200 m Dollar war chest +++ After buy-out: Fitch to become the world's biggest agency.* Ich fahre mit einer Hand in meine Boxershorts, schalte die Moderatorin auf stumm und konzentriere mich auf ihre Lippenbewegungen. Kurz denke ich an Marina, dann an die schmalen Hände von Juana.

Mitten in der Nacht wache ich vom Nachrichtenton meines Smartphones auf. Ich zittere leicht, die Klimaanlage hat das Zimmer mit eisiger Luft gefüllt. Die Decke liegt zerknüllt am Ende des Bettes und bedeckt nur noch meine Füße. Ich setze mich auf. Der Fernseher läuft noch. Die Moderatorin ist von einem Mann mit schlecht sitzendem Sakko ersetzt worden. Ich schalte das Licht an und suche das Gerät, das irgendwo unter der Decke verschwunden ist. Eine Nachricht von Marina: »Du bist so zynisch geworden …« Unter der Nachricht steht: »Sent from Frankfurt, Germany.« Ich schreibe zurück: »Was machst du in Frankfurt?« Dann lasse ich das Display ausgehen und betrachte mein Spiegelbild auf der mit Fingerabdrücken übersäten Oberfläche. Je nachdem, wie ich fokussiere, schieben sich die Abdrücke wie dunkle Flecken über mein Gesicht.

Ich schaue noch einmal das Landschaftsfoto von heute Nachmittag an. Das Bild erinnert mich an die Aufnahmen eines Forschungsroboters von der verkraterten Marsoberfläche, und ich muss daran denken, wie ich meinen Bruder manchmal über den Kies unserer Einfahrt geschoben habe und er so getan hat, als sei er der Sojourner-Rover. Ich ziehe das zweite Kissen zu mir heran, auf dem immer noch das halbe Schokoladenstückchen liegt, und schaue auf die Uhr. Mein Bruder müsste bereits wach sein, vielleicht schon auf dem Weg in den Betrieb. »Hallo?«, sagt er plötzlich, als ich nach mehrmaligem Tuten gerade auflegen will. »Wer ist da?« Seine Stimme versetzt mir einen Stich. Er kann nicht wissen, dass ich schon wieder meine Nummer gewechselt habe. Ein paar Sekunden lang sage ich nichts. Im Hintergrund ist die Lautsprecher-Ansage einer S-Bahn zu hören. »Was macht Julian?«, frage ich. »Bruderherz. Seit wann bist du denn um diese Uhrzeit wach?« Die Stimme meines Bruders klingt müde, aber nicht unerfreut. »Ich bin in Brasilien. Hier ist es Nacht.« Ich atme tief ein. »Wie geht es dir?« – »Uns geht es gut«, sagt er, und ich habe nicht mal das Gefühl, dass er lügt. Ich drehe das Stück Schokolade zwischen meinen Fingern hin und her, bis es schmilzt.

»Und dir?« – »Perfekt«, sage ich und wische meine Finger an der Bettdecke ab. Sieht fies aus. Wie altes Blut. »Exquisites Hotel«, sage ich. »Astreiner Pool und Wellnessbereich, Suite im dreizehnten Stock, und die Frauen …« – »Rettest du wieder die Welt?«, unterbricht mich mein Bruder. »Wird jetzt auch zu teuer für dich«, sagt er, als ich nicht antworte. »Wie hat Julian der Bagger gefallen?«, frage ich noch schnell, weil ich seinen zweiten Geburtstag verpasst habe. »Er spielt momentan lieber mit Lego«, antwortet mein Bruder. Die nächste Station wird von einer Frauenstimme angesagt. »Ich muss jetzt aussteigen«, sagt er, obwohl ich weiß, dass er bis zur Endhaltestelle fahren muss. »Klar«, sage ich und lege auf.

Ich nehme meine Kopfhörer vom Nachttisch, öffne die Mood-Management-App und entscheide mich für eine beruhigende Mischung aus Pink und Brown Noise. Dann schalte ich das Licht aus und konzentriere mich auf das an- und abschwellende Meeresrauschen. Ich drifte langsam weg, und die Wellen in meinen Ohren verwandeln sich in einen plötzlich aufkommenden Wind, der durch Baumwipfel streicht. Morgen fahren wir in den Urwald.

5

Der offene Jeep schüttelt uns so heftig durch, dass ich fast den Vollkorntoast auskotze, den ich am Buffet heruntergewürgt habe. Meine Schläfen vibrieren vom Frühstückschampagner. Ich massiere sie mit den Fingerspitzen und verschmiere dabei den rotbraunen Schmutzfilm, den der aufgewirbelte Straßenstaub auf meiner Haut gebildet hat. Aus dem Radio dringen Fetzen aggressiver Latino-Musik, zu der unser Fahrer auf dem Lenkrad trommelt. Trotz der Arpeggio-Akkorde und der fröhlich klappernden Ethno-Rasseln schlägt der Sänger einen weinerlichen Ton an. *Lass mich dein Feuer sein, meine Liebe.*

Wir sind bereits zwei Stunden unterwegs, ohne dass sich die Vegetation merklich verändert hat. Die Bäume am Straßenrand sind vielleicht etwas höher geworden, die Lianen länger, das Dickicht undurchsichtiger, aber im Grunde blicken wir seit Stunden auf das gleiche blendende Grün, das nur durch das Glas unserer Sonnenbrillen eine erträgliche Mattierung erhält. Die Sonne steht senkrecht am Himmel und brennt sich in unsere weiße Haut, die riesigen Blätter um uns herum werfen ihre Schatten sinnlos ins Nichts.

Christoph cremt sich schon zum dritten Mal mit Sonnenschutz Faktor 50 ein. An seinem Haaransatz erkenne ich trotzdem schon eine leichte Rötung. Vorher hat er den Schmutzfilm auf seinem Gesicht mit einem Hygienetuch abgerieben. Das dreckige Tuch packt er jetzt in eine kleine Abfalltüte zwischen seinen Lederboots, anstatt es einfach zum restlichen Müll an den Straßenrand zu werfen. Dabei ist es ganz sicher zu 100 Prozent biologisch abbaubar.

Christoph ist heute sehr casual gekleidet. Cargo-Pants mit seitlichen Taschen und Mesh verkleideten Belüftungsschlitzen, dazu ein beiges, kurzärmliges Hemd im Military-Style. Eigentlich gehen Hemden mit kurzen Ärmeln gar nicht, aber ich lasse es ihm durchgehen, weil mein langärmliges durchnässt an meinem Körper klebt. Christophs Boots sind gut gefettet, aber unter der Oberfläche sind leichte Kratzer zu erkennen. Meine sind noch makellos, ich habe sie lediglich in unserer Wohnung schon ein bisschen eingelaufen, damit sie jetzt keine Blasen verursachen. Marina hat mich dafür ausgelacht.

Wir passieren eine breite Schneise, die in den Wald geschlagen ist. Kettenfahrzeuge haben tiefe Spuren in den Boden gegraben. An den Rändern liegen unzählige Baumstämme kreuz und quer herum, als hätte eine riesige Hand mit ihnen Mikado gespielt. Ich fotografiere die Schneise mit meinem Smartphone. Eine forstwirtschaftliche Nutzung schließe ich aus, da die Stämme nicht der Länge nach aufgestapelt oder mit Neon-Spray markiert sind. Ich überlege, ob die Regierung das Anlegen der Schneise veranlasst hat, um Brandrodungen einzudämmen. Über das Motorgetöse rufe ich dem Fahrer zu, wofür das Ganze gut sei. »Big company! Fence for protection of forest!«, brüllt er zurück. Im Zoom erkenne ich auf dem Display ein paar gewaltige Rollen Stacheldraht. Erst bin ich irritiert, aber dann scheint es mir völlig plausibel. Irgendwie muss der Urwald, den die deutschen Biertrinker kastenweise retten, ja auch geschützt werden.

Christoph lehnt sich zurück und lässt sich vom Jeep durchschütteln, als säße er in einem Massagesessel. Ich wette, er hat

Pillen gegen Übelkeit in seiner Camouflage-Umhängetasche, aus der er jetzt ein neues Erfrischungstuch zieht. Ich könnte ihn nach ein paar Aspirin fragen, müsste dann aber vielleicht zugeben, dass ich trotz adaptiver Klimatisierung des Zimmers schon seit vier Uhr morgens schwitzend im Bett gelegen habe.

Am Straßenrand taucht ein Mann auf. Auf seinem speckigen T-Shirt prangt spiegelverkehrt das Dolce & Gabbana-Logo. Neben ihm liegt ein verrostetes Motorrad. Es sieht aus wie ein Skelett, weiß verkrustet vom getrockneten Schlamm, mit verbogenen Schutzblechen, das Metall brüchig. Auf dem Gepäckträger ist ein schwarzer Benzinkanister mit ein paar Schnüren festgemacht. Wenn der Mann seine Hand ausstrecken würde, könnte er mir beim Vorbeifahren eine Ohrfeige geben. Aber seine Arme hängen nur schlaff herab, und er fixiert uns mit seinen braunen Inka-Augen. Irgendwas an dem Typen macht mich aggressiv. Vielleicht die stoische Ruhe, mit der er dasteht, als gehöre der Wald ihm.

Der Jeep bremst abrupt, und meine Sonnenbrille verrutscht etwas. Der Fahrer deutet auf einen Trampelpfad, der sich zwischen den gewaltigen Bäumen davonschlängelt. Ich rücke meine Brille zurecht. »How far?« – »Twenty minutes.« Hier also werden später die Journalisten rausgelassen, damit sie sich mit Händen und Füßen in unser abgelegenes Dorf vorkämpfen. Ihr Hirn wird vom Hotelbar-Rausch und der strapaziösen Fahrt dermaßen weich gekocht sein, dass sie nach ihrem kleinen Dschungel-Abenteuer unendlich gerührt sein werden von der Geschichte unserer bezaubernden Juana.

Das Dorf besteht aus einer Handvoll Hütten, angeordnet um eine kleine Feuerstelle, in der ein paar Bretter vor sich hin kokeln. Eine Ziege ist mit einem Strick an einem Pflock befestigt und meckert leise. Die Hütten sind aus Holzlatten und Wellblech zusammengeflickt, vor den Eingängen hängen Plastikplanen; auf einer kann ich den Slogan eines Bauunternehmens erkennen. *We build tomorrow.* Am Rand des Dorfes beginnt ein Feld, auf dem hier und da ein paar gekrümmte Maispflanzen wachsen. Nichts im Vergleich zu den Feldern unseres Klienten, aber für Juana doch ein ordentlicher Erfolg. Rund herum ragt saftig grün der Urwald auf. Es sieht aus wie im Katalog: die perfekte Mischung aus Slum und Folklore. Hybride Großstädter wie ich würden hier gerne mal eine Auszeit nehmen, um von der ständigen Erreichbarkeit abzuschalten und ein einfaches Leben zu führen, in dem man selbst anbaut, was man isst. Im Hintergrund hört man sogar diese typischen Urwaldgeräusche. Unbekanntes Vogelzwitschern und kehlige Laute, von denen ich gar nicht wissen will, woher sie kommen. Ich habe das Gefühl, jede Sekunde könnte eine Raubkatze aus dem Dickicht springen.

Etwas abseits stehen zwei Plastikstühle und ein ausgeblichener Marlboro-Sonnenschirm. Der Stoff ist an einer Schirmseite von den Metallstreben abgerissen, die jetzt wie abgekaute Fischgräten in die Luft ragen. Ich lasse mich auf den Stuhl im Schatten fallen und atme entspannt durch. Christoph steht immer noch und fummelt nervös an seinem Haaransatz herum. Ich könnte es jetzt darauf anlegen und abwarten, bis er mich wegen seiner Haut um den Schattenplatz bittet. Aber er sieht so elend aus, dass ich den Stuhl gerne ungefragt abtrete. Christoph ist ja immerhin mein Chef.

Gonzalez kommt kaugummikauend auf uns zu. Seine Augen sind verquollen und tief in ihre Höhlen gesunken. Er reicht mir eine Flasche Wasser, sie ist pisswarm, trotzdem mache ich eine dankbare Kopfbewegung. Obwohl das Plastiksiegel schon aufgebrochen ist, trinke ich ohne zu zögern einen tiefen Schluck. Das Wasser schmeckt metallisch und schal. Vielleicht liegt das an der Sterilisierung mit Ozon, denke ich, als ich spüre, wie meine Gehirnzellen langsam rehydrieren.

Während Christoph sich mal wieder mit Sonnencreme einreibt, nehme ich Gonzalez zur Seite. »Läuft alles nach Plan?«, frage ich. Gonzalez nickt und deutet auf Christoph. »Weiß er überhaupt davon?« – »Nein«, sage ich, und mein Mund verzieht sich zu einem Grinsen. »Es ist eine Überraschung.«

Ich schaue rüber zu Christoph und denke, dass er ganz schön fertig aussieht. Er hat es mit seinen Hope Stories weit gebracht, aber das Plateau ist längst erreicht, die Sättigung bei den Konsumenten hat bereits eingesetzt. Die Impact-Faktoren seiner Geschichten sind auf dem Sinkflug, ganz zu schweigen davon, wie sie auf Facebook und Twitter trenden. Deshalb habe ich mir für diese Reise etwas Besonderes einfallen lassen. Ganz im Geiste der uralten Marketing-Weisheit: *Überleg dir etwas Neues, oder erhöhe die Drastik*. Oder, wie in meinem Falle, beides.

Wenn es darum geht, Unternehmen ein echtes, menschliches Antlitz zu verleihen, an das die Konsumenten glauben können wie an die Kirche, hat die Hochglanz-PR mit ihren Bombast-Werbespots und Broschüren ausgedient. Deren glatt polierte Optik ist im kollektiven Bewusstsein untrennbar mit Inszenierung und Fiktionalität verbunden, denn wie oft ist die Welt im Blockbusterkino schon in 3-D und Zeitlupe radioaktiv verseucht, von Zombies überlaufen oder Umweltkatastrophen heimgesucht worden – und war am nächsten Tag trotzdem noch da? Wenn wir im gleichen Stil Aufmerksamkeit für verhältnismäßig unwichtige Dinge wie das Delfinsterben, Tsunamis oder Waldbrände generieren wollen, glaubt uns das keiner mehr. Alles, was clean ist und gut aussieht, steht unter dem Verdacht, Fake zu sein.

Das verwackelte Handykamerabild ist die neue Ästhetik der Authentizität. Mit dem Smartphone gefilmt, der Ton schön übersteuert, dann bei YouTube hochgeladen, Quelle: Internet, so sehen echte Nachrichten aus. Je gröber das Bild, desto besser. Deshalb muss die PR von ganz unten kommen, von Menschen wie dir und mir, die zufällig Zeugen großer Ereignisse werden. Die Inszenierung aufmerksamkeitskritischer Events, auf die authentische Menschen authentisch reagieren und dann als Augenzeugen davon berichten, ist die neue Königsdisziplin. Event-based statt evidence-based communication. Das ist mein Motto. *Make it happen.* Und heute mache ich einen Testlauf.

Natürlich ist Christoph insgeheim ängstlich, weil ich etwas völlig Neues in die Agentur einbringe, das er nicht versteht. Wenn ich von meinen Theorien erzähle, hört er immer mit großen Augen zu, und man sieht richtig, wie es in seinem Kopf arbeitet. Christoph ist eben so ein Old-school-PR-Typ, der an die Harvard-Methode der Verhandlungsführung und solchen Lehrbuchkram glaubt – dabei herrscht da draußen pure Anarchie.

Vordergründig habe ich ihn deshalb eingebunden und brav mit ihm zusammen die Story über die arme Juana verfasst. Er fühlt sich jetzt safe, weil er denkt, ich koche auch nur mit Wasser. Die wirklichen Vorbereitungen mussten aber leider an ihm vorbei laufen. Schließlich muss auch er authentisch auf das Ereignis reagieren.

Ich entdecke Juana im Eingang einer Hütte. Eine Visagistin reibt ihr gerade eine ölige Paste in die braunen Löckchen. Ich gehe zu ihr. Ihre Behausung ist ein wirklich prächtiges Exemplar aus Bambus und bunten Plastikplanen. Besonders überzeugend finde ich zwei aufgesägte Fässer, die der Aufschrift nach früher mal mit Salpetersäure gefüllt waren. Jetzt werden darin irgendwelche grauen Knollen angebaut. Ich rücke die Fässer noch etwas näher zum Hütteneingang. »Hier wohnst du also«, sage ich und ducke mich an Juana vorbei durch den Eingang. Das Licht ist schummrig, nur durch die Ritzen in der Hüttenwand dringen ein paar Strahlen, in denen Staubkörner taumeln. Meine Augen gewöhnen sich schnell an die Dunkelheit, und ich erkenne einen Stapel Blechgeschirr, eine Reihe von Liebesromanen, eine zerfetzte Matratze auf einem aus Paletten improvisierten Bett. »Schön hast du's hier«, sage ich. Über dem Kopfende ist eine kleine Fotografie an die Wand gepinnt, auf dem die vierzehnjährige Juana mit ihren Eltern zu sehen ist. Daneben hängt ein vergilbter Zeitungsartikel. *Incêndio criminoso mata família.* Ich hole die Streichhölzer aus der Hotelbar hervor und zündele ein wenig an dem Foto herum, um die Authentizität noch zu verstärken. »Was machst du da?«, fragt Juana. Ich lasse das Streichholz fallen und drehe mich zum Eingang, doch das grelle Licht blendet mich, und ich kann sie kaum erkennen. Sie sitzt da wie ein wildes Tier, das mich unbemerkt aus dem Urwalddickicht beobachtet. »Was machen deine Eltern?«, frage ich zurück. »Sie sind tot«, sagt sie. Ich lache ein bisschen und sage, dass sie später noch genug Zeit hat, ihre Rolle zu spielen, und ich mich wirklich für ihre Eltern interessiere, aber Juana antwortet nicht.

»Ruhe, ihr Turteltauben! Ihr weckt noch das Kind auf.« Christoph und Gonzalez drängen sich plötzlich an Juana vorbei in die Hütte. Erst jetzt fällt mein Blick auf einen verbeulten Bananenkarton in der Ecke. »Kleine Überraschung!« Christoph steht jetzt so dicht hinter mir, dass ich seinen Atem in meinem Nacken spüre. Ich blicke fragend zu Gonzalez, der langsam denken muss wir spinnen oder sind schwul, mit unseren gegenseitigen *kleinen Überraschungen*, aber er lächelt nur wissend vor sich hin. Christoph schiebt sich an mir vorbei und holt ein Bündel aus der Kiste. Dabei schaut er mich an wie ein Lehrer seinen Schüler, der schon wieder die Hausaufgaben vergessen hat. Ich mache einen überraschten Laut und nicke eifrig. »Kinder ziehen immer!«, sage ich. »Aber wo hast du das her?« – »Hat Gonzalez gegen eine Spende vom Waisenhaus ausgeliehen«, sagt Christoph. Er bemerkt meinen irritierten Blick und fügt hinzu: »Von dem Geld kann der Heimleiter mehr Videospiele und Entertainment-Sets kaufen, als er in einem Jahrzehnt von der Regierung bezahlt kriegt.«

Christoph hält mir das Kind hin. Erst schrecke ich etwas zurück, doch das Baby ist wirklich sehr süß, seine hellbraunen Locken kräuseln sich um das zerknautschte Gesicht. Es ist vielleicht ein halbes Jahr alt, aber ich kenne mich nicht wirklich aus. Christoph lässt los, und ich halte den Kopf in der einen, den Körper in der anderen Hand. Wie ein Scharnier bewegt sich sein Hals bei jeder Bewegung mit. Ich schiebe das Kind an meinem Arm entlang hoch, bis sein Kopf in meiner Ellenbeuge liegt, wie ich es bei Marina gesehen habe, wenn sie die Kleinen ihrer Freundinnen auf den Arm nimmt. Ich schaukele das Baby hin und her, und es gibt ein wohliges Seufzen von sich, das ich am liebsten für Marina aufgezeichnet und ihr vorgespielt hätte, wenn sie sich mal wieder über meine Kinderphobie lustig macht. Denn mit Kindern ist es wie mit Hunden, sie riechen es, wenn du Angst hast.

»Steht mir, oder?«, sage ich, als Juana fertig gestylt ist und sich in ihre Lumpen geworfen hat. Sie streicht ihre fettigen Locken so schüchtern aus dem Gesicht, dass ich sie am liebsten in den Arm nehmen möchte. Sie sieht original aus wie eine extrem arme, aber aufstrebende Frau mit Idealen. »Und dir steht die Armut gut«, füge ich hinzu. Juana errötet und streichelt das Kind mit der Rückseite ihres Zeigefingers an der Wange. Mit der freien Hand reiche ich Christoph mein Smartphone und lasse ihn ein Bild von mir und Juana mit dem Favela-Baby machen.

Der Blitz blendet mich, und kurz habe ich Angst, dass ich vor Schreck das Genick des Kindes verdreht habe, denn plötzlich schreit es, als hätte ich seine Nabelschnur durchschnitten und es von seiner Mutter getrennt. Genau diese Unberechenbarkeit von Kindern verunsichert mich. Wenn sie losschreien, denkt gleich jeder, man würde ihnen Süßigkeiten anbieten, um sie jahrelang in einen düsteren Keller zu sperren. Schweiß läuft meinen Nacken herunter, während ich das Kleine immer schneller hin und her wiege. Seine Augen sind weit aufgerissen. Sie sind von exakt dem gleichen Grün wie der Urwald.

»Steht dir super«, sagt Juana verächtlich und nimmt mir das Kind vom Arm. Sie legt ihre Stirn auf die Stirn des Babys und flüstert ihm etwas zu. Nach ein paar Augenblicken verstummt es und gibt nur noch glucksende Geräusche von sich. Ich wische mir mit beiden Händen durchs Gesicht und atme tief ein und wieder aus. »Das Bild ist doch sicher für Marina, oder?«, fragt Christoph und gibt mir das Smartphone zurück. Auf dem Display füllt sich in Zeitlupengeschwindigkeit der Statusbalken. Wenigstens dafür hat sich die Fahrt ins Outback gelohnt, denke ich, hier ist die Netzabdeckung miserabel. Der Balken ist nicht mal bei einem Zehntel angelangt, als ich auf das X tippe und die Übertragung abbreche.

Gonzalez klatscht die Dorfbewohner herbei und gibt letzte Instruktionen. Ich mustere das Grüppchen und frage mich, wer von ihnen uns wohl die Hütte überlassen hat. Vielleicht der tattrige Alte, der so aussieht, als würde er Liebesromane lesen. Ich befürchte, außer ihm hat keiner das Skript verstanden, das im Voraus verteilt wurde. Aber immerhin gilt das Gleiche ja auch für den zehnseitigen Haftungsausschluss, den sie unterschreiben mussten. Alles hat eben seine Vor- und Nachteile.

6

Gerade als sich die Statisten wieder zerstreut haben und ein geregeltes Dorfleben simulieren, tauchen die Journalisten zwischen den Bäumen auf. Ihre Hemden kleben nass geschwitzt an den schmächtigen Körpern, und ihre Köpfe sind hochrot, doch in ihrer Haltung lese ich uneingeschränkte Begeisterung darüber, sich für ihre Nachforschungen endlich mal wieder richtig dreckig zu machen. »Ich bin fast auf eine Schlange getreten!«, ruft Schneider schon von Weitem. Als er an unserem Sonnenschirm ankommt, reißt er sich seine Basecap vom Kopf und schnauft theatralisch durch. »Hier, guckt euch das an!«, sagt er und klickt auf seiner Kamera mit Teleobjektiv herum, die er an einem breiten Lederband um den Hals trägt. Er hält uns das Display hin, und wir machen anerkennende Geräusche, obwohl man wegen der Lichtreflexionen nicht erkennen kann, ob er eine Schlange oder einen Stock auf dem Waldboden fotografiert hat.

Juana schiebt den Stofffetzen vor dem Eingang ihrer Hütte zur Seite und tritt auf den Dorfplatz. Sofort richten sich die Kameras der Journalisten auf sie. Langsam kommt die schöne Bäuerin auf uns zu, die Schultern nach oben gezogen, als würde sie frieren. Der Dorfplatz ist dein Laufsteg, denke ich, und es kommt mir vor, als würde sie ihre Hüften jetzt im Rhythmus der Urwaldschreie bewegen. Das Kind hat sie in einem Tuch auf ihrem Bauch festgebunden, und ihre Brüste werden von seinem Kopf wie durch einen natürlichen Wonderbra nach oben gedrückt. Langsam kann sogar ich mich für die Natur erwärmen.

Die Reporter hängen an Juanas Lippen. Ich verstehe zwar kein Wort, aber ihre sanfte Stimme berührt etwas tief in meinem Innern. Die Geschichte von der Brandrodung, bei der ihre Familie verunglückte, ist aber auch wirklich zu traurig. Der Typ vom *Spiegel* zeigt auf das Kind und scheint nach dem Namen zu fragen. Juana zögert keinen Augenblick und antwortet mit belegter Stimme: »Socorro.« Die Reporter scheinen ergriffen, nicken eifrig und notieren den Namen sofort auf ihren Tablets. Gonzalez flüstert: ›Socorro‹ heißt ›Rettung‹. Das Baby war ihre Rettung nach dem furchtbaren Unglück. Es hat ihrem Leben einen Sinn gegeben.«

Juana läuft plötzlich wie von Gefühlen übermannt zurück in ihre Hütte. »Windeln wechseln«, sagt Christoph. Die Journalisten fotografieren in der Zwischenzeit das Setting, schauen hier und da mal in eine Hütte rein oder machen mit den Dorfbewohnern in gebrochenem Portugiesisch Small Talk über Fußball oder Samba. Nur Schneider befragt sie übertrieben investigativ. Ich hoffe, Juana kommt bald zurück, bevor sich einer dieser Bauern verplappert.

Ich habe die Agentur mehrmals davor gewarnt, Schneider auf diese Reise mitzunehmen. Nicht nur weist sein agenturinterner Score ihn eindeutig als Risiko aus, ich weiß auch, dass er ein absoluter Vollblutjournalist ist, der sich nicht so einfach von uns abspeisen lassen wird. Er war schließlich zwei Jahre lang mein Chef. Ich glaube, Schneider ist nur so übermotiviert, weil Journalismus noch ein echter Lifestyle war, als er Reporter wurde. Alle waren ständig betrunken, wohnten in den gleichen Hotels wie die Stars, und ihre Geschichten wurden von Hunderttausenden gelesen. Schneider verdankt dem Journalismus seine ganze Existenz. Er glaubt an etwas. Und das ist immer gefährlich.

Ich dagegen schulde dem Journalismus rein gar nichts. Mein anfänglicher Idealismus wurde in kürzester Zeit von der Depression einer sterbenden Branche, schwindenden Auflagen und mickrigen Einstiegsgehältern unterminiert. Das Ironische ist, dass ich das erste Mal adäquat für eine Story bezahlt wurde, als ich sie gar nicht veröffentlichte. Durch monatelange Recherche hatte ich ein paar wirklich unangenehme Details zum Schulsponsoring eines Lebensmittelkonzerns herausbekommen, als ein anonymer Anruf im Büro einging, der mir ein Jahresgehalt versprach, wenn ich die Geschichte durch den Schredder jagte. Ich habe meine Kündigung nicht einen Tag bereut. Nur Schneider hat sich die Fahnenflucht seines Ziehsohns damals wohl ziemlich zu Herzen genommen. Die alte Garde nimmt solche Dinge eben immer persönlich.

Nach ein paar Minuten kommt Juana wieder aus der Hütte. Ihr Kind hat sie nicht mehr um den Bauch gebunden, dafür trägt sie einen verrußten Topf vor sich her und stellt ihn auf das Feuer in der Mitte des Platzes. Ich habe keine Ahnung, was im Topf sein könnte, aber eine Zwischenmahlzeit war definitiv nicht abgesprochen. Kann Juana überhaupt indigen kochen? Aus dem Topf dringt ein leises Ploppen. Es hört sich an wie lauter kleine Explosionen, die mich an den Sound der nächtlichen Bombenangriffe auf Bagdad erinnern, die ich mit mieser Tonqualität auf YouTube angesehen habe. Es gibt Popcorn. Erleichterung durchflutet mich, denn diese Geste ist kontextuell absolut abgesichert, schließlich geht es bei der ganzen Sache hier ja um Mais – und haben die Indianer nicht sowieso das Popcorn erfunden?

Ein leichter Wind setzt ein und lässt das Feuerholz aufglimmen. Die Flammen wachsen, und die Explosionen im Topf werden heftiger. Juana stochert mit einem verkohlten Stock im Feuer und antwortet auf eine Frage, die der *Geo*-Journalist gestellt hat. Sie müsste jetzt langsam davon sprechen, wie der dörfliche Zusammenhalt gewachsen ist, seit es das Sozialprogramm gibt, und wie alle sich den Brandrodern gemeinsam entgegenstellen. Gonzalez tippt mich an. Sein Gesicht sieht ängstlich aus, wie bei so einem fetten Kaninchen. »Wir können es immer noch stoppen«, flüstert er. Ich blicke ihn entgeistert an. »Was sind schon ein paar Bäume gegen den ganzen Wald?«

Ich schaue mich um und sehe, wie die Ziege an ihrem Strick zerrt. Sie stemmt sich mit allen vier Beinen in den Staub und bewegt ihren Kopf ruckartig zur Seite, sodass die Schlinge in ihren Hals schneidet. Das macht sie vollkommen lautlos, ihr Meckern hat sie eingestellt. Überhaupt höre ich nur noch Juanas Stimme und das Ploppen im Topf. Das Vogelgezwitscher und die Urwaldschreie sind verstummt. Ich suche die Ursache der plötzlichen Stille. Die Dorfbewohner haben mitten in ihren Scheintätigkeiten innegehalten, schirmen mit den Händen ihre Augen ab und blicken zum Himmel. Ich mache es ihnen nach, kann aber nichts Ungewöhnliches entdecken: Die Sonne brennt weiter gnadenlos, der Himmel hat diese äquatortypische Farbe von Spülwasser angenommen. Juana stockt mitten im Satz, auch die Journalisten halten ihre Aufnahmegeräte nur noch mechanisch in den Händen. Die letzten Maiskörner explodieren im Topf. Dann ist es totenstill.

Alle haben ihre Köpfe jetzt dem Wald zugewandt. Die Fotografen richten ihre Objektive wie Zielfernrohre auf den Waldrand, als ob jederzeit ein Ozelot aus dem Dickicht springen könnte, den es zu erschießen gilt. Ein süßlicher Brandgeruch steigt mir in die Nase. Jetzt haben wir das Popcorn anbrennen lassen.

Ein Schrei durchschneidet die Stille. Aus den Baumkronen brechen Vogelschwärme hervor, und die Luft ist vom Lärm ihrer Flügelschläge und Schreie erfüllt. Wie ein schwarzer Tornado flattern sie im Kreis, als müssten sie im Gewühl ihre Angehörigen finden.

Die Fotografen befreien sich gerade aus ihrer Schockstarre und schießen wie bescheuert Bilder von dem wild gewordenen Vogelschwarm, als eine gewaltige Feuersäule aus dem Wald hervorschlägt. Eine Hitzewelle erfasst uns, und es fühlt sich an, als würden mir die Haare an den Armen weggesengt. Prasselnd nagen die Flammen die Bäume ab und spucken uns die verkohlten Blätter entgegen, bis nur noch die Stämme übrig bleiben. Das Feuer greift auf die umstehenden Bäume über, leckt an ihnen empor und schlägt in Richtung der Hütten aus.

Die Journalisten laufen panisch zurück zu dem Trampelpfad, auf dem sie hergekommen sind. Dabei halten sie ihre Kameras einhändig hinter sich und betätigen die Auslöser im Sekundentakt. Mein Kater ist plötzlich wie weggewischt, Adrenalin durchflutet meine Brust. Ich packe Juana, die gerade zu ihrer Hütte rennen will, und ziehe sie in Richtung der Jeeps. Sie stemmt ihre Füße in den Boden und schreit mich wütend auf Portugiesisch an, aber ich verstehe kein Wort. Ich rufe Christoph zu, dass er die Reporter stoppen soll, bevor sie im Wald verschwinden.

Als ich sehe, wie er losrennt, blitzt die Erinnerung an mein freiwilliges ökologisches Jahr auf, in dem ich auf einer nordfriesischen Hallig Vögel gezählt habe. Ein kleiner Eierschalentanker war leckgeschlagen, und für die Rettungsaktion wurden Helfer von den umliegenden Inseln mit dem Motorboot angekarrt. Ich stand in grünen Gummistiefeln im Watt, der Wind peitschte mir die langen Haare durchs Gesicht, und ich musste nur eine Handbewegung machen, und die anderen rannten in diese oder jene Richtung. Die meisten der geretteten Möwen, Brandseeschwalben und Eiderenten sind nach ein paar Tagen elend krepiert, und wir mussten ihre Leichen verbrennen. Sie hatten so viel Öl geschluckt, dass, als wir den Haufen angezündet haben, eine riesige Stichflamme in den Himmel stieß.

Beim Sprinten spüre ich deutlich, dass sich das Training auszahlt. Meine Beine federn trotz der schweren Boots eins a vom Boden ab, jede Sehne und jeder Muskel in meinem Körper ist gespannt. Ich wette, ich könnte Juanas zierlichen Körper auch zum Jeep tragen und wäre keinen Schritt langsamer. Ich zerre sie am Maisfeld vorbei und stelle mir vor, was für ein riesiges Popcorn-Inferno es gibt, wenn das Feuer gleich auf das Feld übergreift. Juana strauchelt, und ich bleibe für eine Sekunde stehen. Ein paar Pflanzen sind niedergetrampelt, im weichen Lehmboden sind tiefe Radspuren zu erkennen. Ich folge den Spuren mit meinen Blicken und sehe am Waldrand ein paar schwarze Plastikkanister, die sich in der Hitze verformen.

Die Jeeps mit den Fahrern sind Gott sei Dank schon da. Die Journalisten schmeißen ihre Kameras auf die Sitze und springen die Trittstufen hinauf. Die einen schubsen ihre Fahrer von hinten und fordern sie hysterisch auf, endlich Gas zu geben, die anderen fotografieren die Dorfeinwohner, die mit den Armen voll Habseligkeiten an unseren Jeeps vorbeirennen. Gonzalez tippt wie verrückt auf seinem Smartphone herum, hält es ans Ohr, flucht und tippt wieder. Juana drückt sich zitternd an Christoph. Alles läuft perfekt nach Plan.

Ich falle in meinen Sitz und gebe das Zeichen, loszufahren. Der Fahrer reißt den Schaltknüppel aus seiner Ruheposition und drückt ihn in den ersten Gang. Staub wirbelt zu beiden Seiten des Jeeps auf, als wir losrasen. »Stop!«, brüllt Christoph, und ich werde durch die Bremsung fast in die Windschutzscheibe geschleudert. »Wir haben das Kind vergessen«, stößt er hervor.

Ich springe auf und bin schon mit dem rechten Bein auf dem Trittbrett, als Gonzalez mich am Oberarm packt. Das Feuer hat die Hütten fast erreicht. Ich versuche, mich loszumachen, aber Gonzalez' Hand gräbt sich wie ein Schraubstock in meinen Muskel. »Denk nach«, sagt er und lässt mich dann los. Flammenzungen lecken über das Unterholz und das dürre Gras. Ich blicke zu Christoph, der Juana die Strähnen aus dem Gesicht streicht, und plötzlich weiß ich, was zu tun ist.

Ich beuge mich über Juana und schüttle sie. »Wo ist dein Kind?« Juanas Blick irrt zwischen mir und dem Dorf hin und her. Die Flammen erfassen die erste Hütte. Das Wellblech verbiegt sich mit einem Quietschen in der Hitze, die Bastwände werden innerhalb von Sekunden verzehrt. Kurz steht das Dach noch auf seinen Stelzen, dann sackt die Hütte in sich zusammen. »Na los«, flüstere ich, »doppeltes Gehalt.«

Juana schlägt mir mit der flachen Hand ins Gesicht und starrt mich mit funkelnden Augen an. Dann springt sie aus dem Jeep. Ich schalte die Auflösung der Kamera in meinem Smartphone hoch und drücke auf Record. Auf dem Display sehe ich, wie Juana über den Dorfplatz zu ihrer Behausung rennt. Ihre Unterschenkel schlagen dabei fast an ihren Po.

Gerade als Juana sich durch den Eingang bückt, wird die Hütte vom Feuer erfasst. Die Flammen schlagen blau und grün aus dem Dach, die Plastikplanen lösen sich innerhalb von Sekunden in beißenden Rauch auf. Das Dorf ist jetzt auf drei Seiten von dem Inferno umgeben. Schwarzer Qualm verdunkelt den Himmel. Ich huste. Das Prasseln des Feuers klingt wie höhnisches Gelächter, darunter ist das Tuckern der Motoren zu hören.

Juana taumelt aus dem Eingang der Hütte, das Baby eng an sich gepresst. In ihrem Baumwollhemd glimmen kleine Löcher. Sie blickt desorientiert um sich, macht ein paar unsichere Schritte und bleibt schwankend stehen. Wir brüllen ihr zu und rudern mit den Armen.

Trotz der Flammen ist es stockduster durch den dichten Rauch. Die Journalisten stehen wie bei einer Safari auf ihren Sitzen und drücken ab, Juana stolpert in einem Blitzlichtgewitter auf uns zu. »Schon wieder Brandrodung: Junge Bäuerin bei Kindsrettung schwer verletzt.« Ich sehe die Schlagzeilen schon vor mir. Die Blitze der Kameras flackern wie das Mündungsfeuer eines Erschießungskommandos. Juana bricht ein paar Meter von den Jeeps entfernt zusammen. Ihre Beine sacken einfach so weg, und ich meine den Schlag zu hören, mit dem ihre Schläfe auf den Lehm prallt. Sie versucht nicht, mit ihren Händen den Sturz zu verhindern, sondern hält das Kind weit vor sich.

Christoph und ich springen fast gleichzeitig aus dem Jeep, und es kommt mir ein bisschen vor wie in einem Actionfilm, als unsere Boots in Zeitlupe auf dem Boden aufkommen, Staub aufwirbeln, wir mit einem Ausfallschritt unser Gleichgewicht austarieren, für den Bruchteil einer Sekunde stillstehen und dann ansatzlos lossprinten. Christoph hebt das schreiende Baby an seine Brust und läuft zurück zum Jeep, ich schleife Juana über den Lehm und wuchte sie mit Gonzalez' Hilfe auf die Rückbank.

Ich reiße ihr das schmorende Hemd vom Körper. Die Haut auf ihrem Arm ist blasig aufgeworfen. Ich gieße den Rest aus der Wasserflasche auf ihre Wunde. Sie stöhnt und ihre Augen bewegen sich schnell unter den geschlossenen Lidern hin und her. Ich streiche ihr mit der Rückseite meiner Hand über die Stirn.

Die Räder des Jeeps drehen durch. Wäre nicht schon alles voller stinkendem Qualm, könnte man das verbrannte Gummi riechen. Ich zittere am ganzen Körper, in meinen Ohren rauscht dunkel das Blut, darüber bohrt sich ein hochfrequenter Ton direkt in mein Trommelfell. Ich schnappe nach Luft, aber es fühlt sich an, als müsste ich sie durch einen verstopften Strohhalm einsaugen. Der Rauch kratzt in meiner Luftröhre. Seit Jahren hatte ich keinen Asthmaanfall mehr.

Christoph schaukelt das Baby auf seinem Arm und schaut mit angstverzerrtem Gesicht auf Juanas blanke Brust. Gonzalez spricht aufgebracht auf Portugiesisch mit dem Fahrer. Aus dem Radio dringt aggressive Latino-Musik in Fetzen zu mir. Meine Finger sind so fahrig, dass ich kaum mein Smartphone bedienen kann, um das Video bei YouTube hochzuladen.

7

Juana ist noch nicht bei Bewusstsein, als wir endlich zu ihr dürfen. Ihre rechte Körperhälfte ist vom Handgelenk bis zur Brust einbandagiert, der Arm steckt angewinkelt in einer Schlinge. Christoph und ich treten leise an ihr Bett. Ich stelle die Blumen, die ich im Warteraum für fünfzig Dollar einer alten Frau abgenommen habe, auf ihren Nachttisch neben einen Haufen Tablettenpackungen. Unauffällig drücke ich mir einen Tranquilizer aus der Hülle. Juanas Kopf ist zur Seite abgeknickt. Aus ihrem Mund rinnt ein dünner Speichelfaden auf das blütenweiße Kopfkissen, der bei jedem ihrer Atemzüge leicht vibriert. Die Schwestern haben ihr den Ruß von den Wangen gewaschen, ihre Haut hat nun die Farbe von Kerzenwachs. Nur am Hals und am Haaransatz ist ein schwarzer Rahmen zurückgeblieben, wie bei einer Trauerkarte.

»Wir sollten ihr ein Einzelzimmer besorgen«, sagt Christoph. Erst jetzt fällt mein Blick auf Juanas Zimmernachbarin, die am Fenster liegt. Die Frau ist an unzählige Schläuche angeschlossen, die in ihren Körper hinein- und wieder herausführen, sodass sie wie ein riesiger Oktopus aussieht. Christoph holt aus und tut so, als würde er der Frau mit der flachen Hand ins Gesicht schlagen, stoppt aber einige Zentimeter davor. Dann klatscht er neben ihrem Ohr in die Hände. Die Frau zeigt keine Regung. »Vielleicht doch nicht nötig.«

Christoph lässt sich auf einen Hocker fallen, zieht einen Stiefel aus und massiert seinen rechten Fuß. Etwas Blut klebt an seinem ockerfarbenen Strumpf. Kein Wunder, so übertrieben hart, wie er im Warteraum gegen den Kaffeeautomaten getreten hat, weil der keine Scheine annehmen wollte, bis die Oma mit den Blumen ihm eine Münze in die Hand drückte.

Weil Juana keinen Mucks von sich gibt, es aber auch unhöflich wäre, gleich wieder zu gehen, trete ich ans Fenster. Ich will es öffnen, um ein bisschen frische Luft zu atmen, aber der Griff ist abgeschraubt. Ich stütze beide Arme auf das Fensterbrett, und meine Lunge entspannt sich etwas. Juana hat einen herrlichen Blick auf einen kleinen Park voll grell blühender Blumen, in dem ein Pärchen Capoeira macht. Ich schaue ihrem tänzelnden Kampf ein wenig zu und frage mich, wann Marina eigentlich aufgehört hat, Capoeira zu machen. Wahrscheinlich passt es nicht zu ihrem neuen Image als seriöse Wissenschaftlerin, mit der Horda auf multikulturellen Straßenfesten aufzutreten. Obwohl ich das fast vermisse. Ich habe Marina nämlich wirklich gern zugeschaut; das ernste Gesicht, ihr straffer, nur ein bisschen verpeilter Körper.

»Sie beide haben die Frau hergebracht?« In der Tür steht ein Mann mit ziemlich breiten Schultern, in so blendendes Weiß gekleidet, dass ich mich sofort für meine eingerissene Hose schäme. Er mustert uns von Kopf bis Fuß und stellt sich dann als Dr. Mou vor. Ich finde, er hätte ebenso gut Priester werden können. Vielleicht liegt das an der goldenen Kette, an der unter seinem Hemd wahrscheinlich ein Kreuz baumelt, oder an den schwarzen Brusthaaren, die sich fast bis zum Kehlkopf kräuseln. »Sie hat Verbrennungen zweiten Grades erlitten, aber ihr Zustand ist stabil.« In Dr. Mous gebrochenem

Englisch klingen diese Worte wie auswendig gelernte Zitate aus einer amerikanischen Arztserie, und ich frage mich, wie viel er eigentlich selbst davon versteht.

»Sie sind Freunde von Senhorita Buarque?«, fragt er skeptisch. »Geschäftspartner«, erwidert Christoph, und ich frage mich, ob Dr. Mou uns jetzt für ein bisexuelles Pärchen hält, das Sexurlaub in Brasilien macht. Wir sind durchtrainiert, dezent gebräunt und haben einen verdächtig sicheren Modegeschmack. Auf einmal bin ich froh, dass wir gerade rußverschmiert und stinkend vor ihm stehen und er uns nicht bei einem Longdrink in einer Bar trifft, während wir gerade über die neue Kollektion von Comme des Garçons diskutieren. Wahrscheinlich hält er Juana für eine Prostituierte, die wir für ein paar zusätzliche Scheinchen mal richtig rannehmen durften. Wachsspielchen, die ein bisschen außer Kontrolle geraten sind oder so.

Mir fällt auf, dass ich noch nichts gesagt habe, seit Dr. Mou den Raum betreten hat. Ich werde immer merkwürdig kleinlaut, wenn ich auf Ärzte treffe, denn einerseits bewundere ich sie auf eine gänzlich unironische Weise für ihren Idealismus, andererseits schüchtert mich ihr Moralismus ziemlich ein. Sie sind einfach zu gut. Wie mein Vater. Wenn man den fragt, was seine Lebensaufgabe ist, sagt er eiskalt: »Menschen helfen.«

Mou blättert ein paar Akten durch. Seine Finger sind nikotingelb verfärbt. Plötzlich bin ich sehr erleichtert, denn rauchende Ärzte sind mir sympathisch, weil sie nicht zu 100 Prozent leben, was sie predigen. »Juana ist keine Prostituierte«, sage ich, obwohl Mou da sicher auch ein Auge zudrücken würde. Aber er sieht mich an, als hätte ich gerade total off topic gesprochen, und meint, das habe er keinesfalls vermutet, es wäre aber auch sehr schade um so eine engelsgleiche Frau gewesen. Das sagt er wirklich, »angelic«, und ich denke, dass ich mit meiner Diagnose völlig richtig lag. Er ist irgendwie doch ein halber Priester.

Christoph erkundigt sich bei Mou nach schönheitschirurgischen Maßnahmen, Wiederherstellung, Hauttransplantationen. Der Doktor sagt, mit dem nötigen Kleingeld könne man da schon etwas machen, das ginge aber nicht hier, sondern nur in einem privaten Krankenhaus. Er habe gute Kontakte.

»Ist ihre Familie verständigt?«, fragt Christoph. Mou schüttelt den Kopf: »Sie hat keine Angehörigen genannt.« Christoph reicht ihm seine Karte. »Verständigen Sie uns, wenn es etwas Neues gibt.« Der Arzt steckt die Karte in die Seitentasche seines Kittels und zuckt gleichgültig mit den Schultern: »Ich kann Sie gern über Ihre Freundin informieren, aber mit Senhor Gonzales ist schon alles abgesprochen. Sie bekommt ein Einzelzimmer und wird nicht im Krankenhaus-Register erfasst.«

Ich mache einen Schritt nach vorne, aber meine Knie sind plötzlich total weich. Eine flimmernde Wolke legt sich auf meine Augen wie eine magnetische Interferenz auf einem Bildschirm. Ich versuche, mich auf einen Punkt an der Wand zu konzentrieren und nicht zu stark zu schwanken, aber ich kann nichts fokussieren, immer wieder lagert sich die Unschärfe darüber. Vielleicht habe ich mich doch in der Tablette geirrt und vergiftet, schießt es mir durch den Kopf. Oder die Tablette verträgt sich nicht mit meinem Asthma, und gleich werde ich elendig ersticken. »Haben Sie eine Zigarette?«, fließt es aus meinem Mund. »Nein, ich bin Arzt«, antwortet Mou. »Aber Ihre Hände«, sage ich und stolpere auf ihn zu, kann mich gerade noch an Christoph festhalten. »Ach das«, sagt

Mou und betrachtet seine Finger. »Das kommt vom Formalin.« Christoph packt mich an den Schultern und setzt mich zum Oktopus auf die Bettkante. »Reiß dich zusammen.«

Dr. Mou lehnt sich an den Türrahmen, und der Anhänger seiner Kette rutscht aus dem Hemd. Ich bin überrascht, denn vor seiner blütenweißen Brust baumelt jetzt kein Kreuz, sondern ein goldenes Surfbrett. Ich sehe plötzlich die Möglichkeit, dass Juana und er sich vielleicht verlieben, die Agentur zahlt die plastische Rekonstruktion, möglicherweise adoptieren die beiden sogar das Baby. Ich spüre plötzlich eine ungemeine Erleichterung, ungefähr so, wie wenn ich eine Einladungskarte zur Hochzeit einer meiner Exfreundinnen bekomme, weil ich durch die Trennung indirekt an ihrem neuen Glück mitgearbeitet habe. Ich stehe auf und will Mou umarmen. Ich mache einen Schritt, dann sackt das Blut in meine Beine. Ich versuche noch, mich an Christoph festzuhalten, aber meine Hände greifen ins Leere.

8

Mein Mund ist staubtrocken, die Zunge liegt wie ein unbeweglicher Fremdkörper in der Mundhöhle. Im ersten Moment weiß ich nicht, wo ich bin und ob es Abend oder Morgen ist. Jemand hat mir die Bettdecke bis zum Kinn hochgezogen. Meine Atmung ist flach, und es fühlt sich an, als würden sich meine Lungenflügel immer mehr zusammenziehen. Ich erkenne schemenhaft die Umrisse des Hotelzimmers und taste nach der Fernbedienung für die Balkontüren. Lautlos gleiten sie auf, und ein Windzug weht hinein, es riecht nach Abgasen und gegrilltem Fleisch. Ein Schauer fährt durch meinen Körper. Ich versuche mit dem Smartphone die nächste Apotheke zu orten, aber die digitale oder tatsächliche Infrastruktur dieser Stadt ist so unterentwickelt, dass keine in der Umgebung zu finden ist. Schließlich rufe ich bei der Rezeption an und bitte die freundliche Dame, mir Asthmaspray zu besorgen, auf eigene Rechnung.

Ich nehme einen Schluck aus dem Mineralwasserfläschchen, das geöffnet auf dem Nachttisch steht. Es schmeckt schal, die Kohlensäure hat sich verflüchtigt, aber es tut trotzdem gut. Ich drücke die beiden Tranquilizer, die ich eigentlich noch für den Rückflug aufheben wollte, aus ihrer Aluminiumhülle und spüle sie herunter. Obwohl die Wirkung frühestens nach fünfzehn Minuten einsetzen kann, stabilisiert sich meine Herzfrequenz sofort und mein Atem wird ruhiger – wie bei einer self-fulfilling prophecy.

Ich schaue nach, ob sie im nationalen Fernsehen etwas über den Brand bringen, aber es laufen nur weich gezeichnete Telenovelas, die für die Schauspieler Sprungbretter für Karrieren als Politiker oder *Playboy*-Centerfolds sind. Ein Paar streitet mit übertriebener Gestik vor Palmen-Hintergrund, in der nächsten Szene sinkt die Frau in die Arme eines väterlichen Freundes. Ich schalte auf US-Sender um, von denen ich mir Sendungen mit reduzierter Emotionalität erhoffe. Die Anchor-Frau mit den korrigierten Nasenflügeln ist zurück am Newsdesk. Sie trägt eine leichte Sommerbluse, und mittlerweile tippe ich eher auf eine dezente Brust-OP als auf Push-up, denn ich kann ihre Brustwarzen auf normaler Höhe durch den Stoff erkennen. Erst die Nase, dann die Brust. Vermutlich ist es mit den Beauty-OPs wie beim Lügen, Koksen oder Töten: Zuerst braucht man ein bisschen Überwindung, beim zweiten Mal geht es schon wie von allein. Nicht, dass ich damit Erfahrung hätte.

Ich checke die Twitter-Accounts und Blogs der Journalisten, überfliege die Startseiten ihrer Auftraggeber, aber mehr als ein »Wow! Gerade eine Brandrodung überlebt! Später mehr im Blog!« vom *Welt*-Reporter ist nicht zu finden. Ich wische den Schmutz von meiner Tissot und stelle fest, dass ich höchstens eine Stunde geschlafen habe. Der Clip auf YouTube hat noch nicht mehr als die paar Zufalls-Views, die jedes neue Video abbekommt. Ich maile den Link an die Journalisten, damit sie ihn in ihre Artikel einbetten können, sowie an eine Liste von Leuten, die wir für die Verbreitung solcher Links in den Sozialen Netzwerken bezahlen.

Meine Beine fühlen sich kalt und kraftlos an, als ich sie aus

9

Christoph sitzt an der Hotelbar. Er hat die Ärmel seines cremefarbenen Hemds nach oben gekrempelt und lehnt mit einem Ellenbogen auf der Marmortheke, die andere Hand steckt betont lässig in der Hosentasche seiner dunkelblauen Stoffhose. Sein Gesicht hat wieder eine gesunde Färbung angenommen, aber an seinen Augen erkenne ich, dass er schon mit einigen Drinks nachgeholfen hat. Vor ihm steht ein halb geleerter Highball, ich schätze Wodka-Lemon. »Na, wieder fit?«, fragt Christoph in einem neutralen Tonfall, als ich mich auf den Barhocker neben ihm setze. »Wusste gar nicht, dass du so sensibel bist, Partner.« Kommentarlos bestelle ich einen Whiskey mit Wasser, ohne Eis. Kurz mache ich mir Sorgen wegen der Wechselwirkung des Alkohols mit dem Beruhigungsmittel, aber als Christoph mir sein Glas zum Anstoßen hinhält und ich automatisch meinen Drink hebe, blitzt der Whiskey in der Farbe von Juanas Augen auf, und ich leere das Glas in einem Zug.

Wir schweigen. Im hinteren Teil der Bar sitzen die Journalisten in quadratischen Ledersesseln, tippen auf ihren Tablets herum und trinken ebenfalls. Ich hebe unmotiviert den Arm und zeige an, dass ich ihre Anwesenheit registriert habe. Der Barkeeper stellt mir ungefragt ein neues Glas hin. Er hat sofort erkannt, dass ich in einer ähnlichen Stimmung bin wie Christoph. Eigentlich wären Barkeeper die perfekten Quereinsteiger für die Agentur. Menschenkenntnis, Eloquenz, Charme, sie bringen alles mit. Vor allem aber sind sie geübt darin, den Leuten die klare Sicht auf die Dinge zu vernebeln.

Das Smartphone vibriert in meiner Hosentasche. Auf dem Display sehe ich Marinas Gesicht, sie hat die Haare streng zurückgebunden und trägt ihre Hornbrille. Ich warte, bis sie aufgibt, und lege das Gerät dann vor mir auf die Theke.

»Sag mal, dachte der Arzt, wir sind …«, sagt Christoph unvermittelt. »Sind was?«, frage ich und beobachte, wie sich eine kleine Rötung über Christophs Kragen entwickelt. »Gay.« Er wischt ein paar eingebildete Staubkörner von der Theke. Ich nehme einen Schluck Whiskey und behalte ihn ein paar Sekunden im Mund. Jetzt, wo ich mir etwas Zeit lasse, merke ich, dass er eine beachtliche Aromenpalette aufruft. Das Mischungsverhältnis zum Wasser ist mit 3:1 für meinen Geschmack optimal, regt sanft die vertrockneten Geschmacksknospen auf meiner Zunge an, ohne sie gleich zu verbrennen. »Wie kommst du denn darauf?«, frage ich und lasse die Flüssigkeit auf dem Boden des Tumblers kreisen. »Ach, ist nur so ein Gedanke«, meint Christoph und fährt sich durch die Haare. »Sind ja schließlich zwei schmucke Typen.« Er versucht, das kokett rüberzubringen, aber ich spüre, dass er sich wirklich Gedanken darüber gemacht hat. Manchmal finde ich es beängstigend, wie ähnlich wir uns in so vielen Dingen sind. Doch während er noch Stunden später grübelt, ob irgendein Buschdoktor uns für schwul hält oder nicht, sehe ich mir prophylaktisch ein paar Frauen im Fernsehen an und mache die Gegenprobe.

Je weiter ich diesem Gedanken nachgehe, desto unangenehmer wird mir die Vorstellung, dass ich der Stumpfere von uns beiden bin. Natürlich mag Christoph wegen seiner dünnen Haut von Natur aus sensibler sein, andererseits hat er auch immer so gnadenlose Szenen, wie die, als er sich, ohne zu zögern, ein Stück Fleisch aus der Kuh schneiden ließ.

»Ich fühle mich verantwortlich für das, was Bruna passiert ist«, sagt Christoph und rührt mit einem Cocktailpicker in seinem Drink herum. Mir fällt auf, dass er Juanas korrekten Namen benutzt, und ich überlege kurz, ob ich der Einzige bin, der sie die ganze Zeit Juana genannt hat. Als ich merke, dass er anscheinend eine Reaktion auf sein Bekenntnis erwartet, sage ich: »Du musst auch das große Ganze sehen.« Ich sage es sanft, so wie man es bei einem kleinen Kind tut, das sich das Knie aufgeschlagen hat.

»Das Einzige, was ich vor mir sehe, ist die verbrannte Brust der Kleinen.« Bilde ich mir das ein, oder zittert seine Stimme tatsächlich? Egal, wie zynisch er sich manchmal gibt, tief in seinem Innern ist Christoph ein guter Mensch. Deswegen kann er sich für seine berührenden Storys auch so erfolgreich in andere Menschen hineinversetzen. Ich sage: »Sie wird angemessen entschädigt, davon kann sie ihr Kind fünf Jahre lang ernähren.« Christoph stößt mich mit der flachen Hand gegen die Schulter: »Die ist nicht arm, Thomas, und sie hat auch kein Kind!« Ich verdrehe die Augen, weil Christoph so auf diesem Punkt beharrt, und zitiere eine Marketing-Ikone, deren Name mir zwar nicht einfällt, die aber ein sehr einflussreiches Buch über Charity-PR geschrieben hat: »We're not here for morals, we're here for aesthetics.«

Ich sehe Christoph förmlich an, wie ihm jetzt die Szenen des heutigen Tages durch den Kopf schießen und sich wie Puzzleteile mit der Theorie zusammenfügen, von der ich die ganze Zeit erzähle: der Typ mit dem Motorrad, das viel zu plötzlich aufkommende Feuer, die Kanister am Waldrand, das Smartphone-Video auf YouTube, event-basierte Kommunikation. Doch anstatt mich anzubrüllen, dass ich seine schöne Eine-Welt-Story sabotiert habe, zuckt Christoph nur mit den Schultern. »Du hörst dich an wie ein Praktikant, der auf dicke Hose macht. Dachte, du wärst inzwischen weiter.« Fassungslos exe ich meinen Whiskey. Der Typ glaubt tatsächlich, ich pose nur. »Das Baby in der Hütte zu vergessen war natürlich nicht geplant. Das geht voll auf deine Rechnung«, sage ich mit schneidender Stimme, damit Christoph merkt, dass auch er einen Anteil am großen Erfolg des Testlaufs hat. Christoph spannt die Schultern, versucht Gelassenheit zu signalisieren, aber die roten Flecken an seinem Hals sprechen eine andere Sprache.

Gerade als ich die Stille zwischen uns nicht mehr aushalte, ihm auf die Schulter klopfen und irgendwas Aufmunterndes sagen will, stellt Schneider sein leeres Glas neben uns auf den Tresen. Er nickt mir zu und bestellt Whiskey on the rocks, was ich natürlich unkommentiert lasse. An seinen Unterarmen sind noch Schmutzreste zu erkennen, was darauf schließen lässt, dass er fieberhaft an einem Artikel geschrieben und sich keine Zeit für eine ordentliche Dusche genommen hat. Ich schätze sein Commitment sehr, aber er hätte sich trotzdem ein bisschen Aftershave ins Gesicht spritzen können, denn mit seiner Katzenwäsche hat er den süßlichen Geruch der Angst nicht vertrieben. Während er auf sein Getränk wartet, versucht er ein Gespräch mit uns aufzuziehen: »Ganz schön heftig heute. Mir ist es echt durch Mark und Bein gegangen.« Wir nicken synchron und starren auf den Tresen.

Der Barkeeper stellt Schneider seinen Drink hin, doch anstatt sich wieder zu verziehen, hebt er sein Glas und prostet uns zu. »Wir bringen die Brandrodung jetzt wieder auf die

Agenda.« In seinem Gesicht erkenne ich eine Mischung aus aufrichtiger Empörung über die Umweltzerstörung und Stolz auf seine journalistische Robin-Hood-Tätigkeit. Ich würde es ihm so wünschen, dass er auf seine alten Tage noch zur Besinnung kommt und die Fronten wechselt, bevor das leckende Schiff Qualitätsjournalismus endgültig absäuft. Aber damit ist wohl nicht zu rechnen.

»Haben Sie schon was geschrieben?«, fragt Christoph, nachdem wir unsere Gläser gehoben, aber, ohne zu trinken, wieder abgestellt haben. »Ja. Für die Onliner.« Er zeigt uns den Artikel auf seinem Smartphone. Ich überfliege ihn kurz. Einer dieser schnell geschriebenen Standardtexte: Rekapitulation der Fakten, jede Menge Links. Der szenische Einstieg und das dramatische Ende sind allerdings ganz nett gemacht, auch die positive Erwähnung des Sozialprogramms als potenzielles Mittel gegen die Brandrodung verbuche ich als Erfolg. »Später kommt noch die Bildstrecke, die bearbeiten sie gerade drüben«, sagt er und deutet mit dem Daumen über seine Schulter. Hinter ihm befindet sich allerdings nur die Glasfront, durch die man auf den Pool sehen kann. Ein Bademeister versucht mit einem Kescher einen schlaffen Wasserball aus dem Becken zu fischen. Es dauert ein bisschen, bis ich verstehe, dass er mit »drüben« das Großraumbüro im Verlagshaus meint, in dem jetzt ein unterbezahlter Grafiker die Bilder photoshopt. »Es kommt auch noch was Großes im Print«, fügt er nach einer bedeutungsvollen Pause hinzu und schaut auf die Theke, damit wir nicht sehen, wie sich seine Mundwinkel selig nach oben bewegen.

Schneider wechselt den Ton. »Wie geht es der Frau? Wie hieß das Krankenhaus noch gleich? Ich würde sie gern noch einmal ...« – »Sie ist sofort mit dem Hubschrauber verlegt worden«, unterbreche ich ihn. Als er übertrieben kritisch die Stirn runzelt, sage ich: »In eine Privatklinik in der Hauptstadt, die auf plastische Chirurgie spezialisiert ist. Sie können gern im Krankenhaus nachfragen.« Ich tue so, als würde ich den Namen des Krankenhauses in meinem Smartphone suchen, und notiere mir, Gonzalez noch einmal daran zu erinnern, die Sache absolut wasserdicht zu machen. »Und das zahlt auch Ihr tolles Sozialprogramm?«, fragt Schneider. Wir blicken in unsere Gläser und verschweigen, dass tatsächlich ein Sozialprogramm zahlt, der Casualties-Topf unserer Agentur nämlich, aus dem wir bei Bedarf Ausgleichszahlungen für Kollateralschäden leisten. Schneider hat seinen kleinen Triumph schließlich verdient.

Die Eiswürfel in Schneiders Drink sind schon zur Hälfte geschmolzen, trotzdem kehrt er noch nicht zu seinen Artgenossen zurück. Ich vermute, er will sich noch einmal beweisen, was für ein investigativer Journalist er ist, denn er fragt: »Warum haben Sie das Kind eigentlich nicht selbst gerettet?« Gute Frage, Schneider. Wenn ich das wüsste, bräuchte ich wahrscheinlich keine Tranquilizer. »Er kann eben nicht so mit Kindern«, sagt Christoph, aber Schneiders Miene verfinstert sich nur noch weiter. Auch ich werde langsam wütend, denn im Grunde sehe ich es überhaupt nicht ein, mich vor einem Journalisten zu rechtfertigen, der wie ein Großwildjäger aus seinem Jeep heraus Fotos geschossen hat. »Ich habe keine Antwort darauf«, erwidere ich und schaue ihm direkt in die Augen: »Trotzdem ist es unverzeihlich.« – »Ich in Ihrem Alter hätte keinen Augenblick gezögert«, sagt er etwas lahm, und ich drehe mich zum Barmann um und bestelle noch einen Drink.

»Ihr entschuldigt mich kurz.« Christoph steht auf und tut so, als müsste er telefonieren. Wie empathisch von ihm, dem

Lehrer und seinem abtrünnigen Schüler ein bisschen Zeit allein zu lassen. Und Schneider legt auch gleich los mit seinem Vortrag. »Schau dich an«, sagt er und duzt mich plötzlich wieder. »Nur weil du zwei Bücher über Zigarren und Anzüge gelesen hast, bist du für mich noch nichts anderes als der kleine, nach Aufmerksamkeit gierende Junge, den ich auf der Journalistenschule aufgegabelt habe.« Ich lächele und nehme einen Schluck Whiskey.

Dann versucht er es auf die emotionale Tour. »Was ist mit dir passiert, Thomas?«, fragt er und greift mir in den Nacken, wie es ein ratloser Vater mit seinem pubertierenden Sohn tun würde, der plötzlich Heroin spritzt, obwohl die beiden gestern noch gemeinsam angeln waren. Ich fixiere den verschwimmenden Marmorboden. Gern würde ich ihm eine aufrichtige Antwort geben, immerhin schätze ich ihn sehr und habe ihm viel zu verdanken, aber ich bekomme kein Wort über die Lippen.

Aus den Augenwinkeln sehe ich, dass Christoph wiederkommt. Ich wische mir über die Augen und blicke Schneider emotionslos an. »Danke für Ihren schönen Text. Wir werden Sie wieder einladen.« Dann drehe ich mich weg. Bevor Schneider geht, flüstert er mir ins Ohr: »Irgendwas ist hier faul. Das rieche ich hundert Meter gegen den Wind.« Er macht eine Kunstpause. »Ich hab dich im Auge, mein Freund.« Er prostet mir noch mal ironisch zu und trottet zurück zu seinem Platz.

Wieder vibriert mein Smartphone. Ich nehme noch einen kleinen Schluck Whiskey und sehe zu, wie sich das Gerät langsam auf den Rand der Theke zubewegt. Als es schon halb über der Kante hängt und droht, jeden Moment auf den Boden zu fallen, halte ich meine Hand darunter und fange es auf. Mein Daumen befindet sich schon fast auf dem Abweisen-

Button, als ich sehe, dass Jens Mars anruft. Auf dem Display ist sein Bild eingeblendet: Er trägt ein weißes, bis ganz nach oben zugeknöpftes Hemd und beugt sich grinsend der Kamera entgegen, seine langen, blonden Surferhaare aalglatt nach hinten gegelt. Ich nehme sofort ab.

»Wie findest du mein neues Bild?«, fragt Jens, bevor ich ihn begrüßen kann. Ich sage, dass das Bild sehr attraktiv ist, er darauf aber aussieht wie einer dieser Amateur-Magier, die auf YouTube Kaninchen verschwinden lassen. Jens lacht, ich bin mir aber nicht sicher, ob er diese Magier überhaupt kennt. »War es deine Idee, diese Juana das Kind holen zu lassen?«, fragt er. Kurz überlege ich, ob ich teile und herrsche, aber dann sage ich: »Habe auf jeden Fall die Ohrfeige dafür kassiert.« Jens lacht. »Die hast du auch verdient.« Dann entsteht eine Pause, und ich bedeute dem Barkeeper, dass ich dringend noch einen Whiskey brauche. »Gute Arbeit. Das war der perfekte Spin«, sagt Jens, und ich regele am seitlichen Knopf des Geräts die Lautstärke hoch, damit Christoph besser mithören kann. »Nächste Woche Squash. Sag Christoph, ich rufe ihn morgen an.« Er legt auf. »Typisch Jens«, sage ich zu Christoph und versuche in meiner Stimme die Genugtuung darüber zu unterdrücken, dass Jens nicht ihn angerufen hat, sondern zum ersten Mal mich.

Früher war das Asthmaspray mein treuer Begleiter. Und auch heute gibt es noch Momente, in denen mein Atem stockt. Dann passieren die Dinge einfach vor meinen Augen, ohne dass ich etwas tun kann.
Genauso hilflos fühlen sich viele Menschen angesichts des Weltgeschehens. Es kann bedrückend sein, so viel Leid zu sehen, bei dem uns die Hände gebunden sind.
Bei Mars & Jung verwandeln wir diese Ohnmacht in Geschichten. Geschichten, die Hoffnung geben, uns für einen Moment die Brust lösen, wie früher mein Asthmaspray. Damit wir endlich wieder handeln können.

Mars & Jung – We care for stories.

ZWEI

10

Ich sitze aufrecht im Bett und starre in die Dunkelheit. Vor meinen Augen tanzen rote Punkte wie Fliegen auf einem Kadaver. Meine Stirn ist eiskalt und feucht. Seit einer Woche bin ich nicht in der Agentur gewesen. Fieber, habe ich Jens gesagt, ich habe mir da wohl was eingefangen, das Wasser muss kontaminiert gewesen sein, das Fleisch nicht richtig durch. Nach meiner Ankunft hat es mich umgehauen. Nervlich geschwächt vom Flug bin ich nach übertrieben heftigem Wiedersehenssex ins Bett gefallen und die nächsten zwei Tage nicht mehr aufgestanden. Ich habe alle Termine abgesagt: das Sprechtraining, Fitness, den Squash-Unterricht. Die Wohnung habe ich nicht mehr verlassen, bin nur in Jogginghose und Tanktop über die frisch abgezogenen Dielen geschlurft und habe darauf gewartet, dass mein Hormonspiegel sich normalisiert und die Träume abklingen.

Periodisch leuchtet der Sleep Indicator meines Laptops auf, und für einen Moment nimmt das Schlafzimmer Kontur an. Der Eichenschrank, der so stark nach Marinas Elternhaus riecht, dass ich einen Duftspender hinter meinen Anzügen installieren musste. Der Korbstuhl, über den ich abends die Kleidung für den nächsten Tag lege, damit sie unangestrengt und nicht wie frisch gebügelt aussieht. Ein Stapel Bücher, obwohl ich Marina mehrmals auf Studien hingewiesen habe, die belegen, dass Arbeit in Bettnähe den Schlaf beeinträchtigt. Die afrikanische Holzmaske über der Tür, die mit ihren weit aufgerissenen Augen böse Geister vertreiben soll. Marinas Silhouette direkt neben mir, langsam hebt und senkt sich ihre Brust. Obwohl sie sich die Scheidewand hat richten lassen, entweicht ihrem linken Nasenloch bei jedem Atemzug ein Pfeifen.

Ich lege mich auf den Rücken und positioniere den linken Arm so auf meinem Gesicht, dass die Ellenbeuge auf meiner Nase ruht. Mein Bizeps drückt nun genau auf das linke Auge, und ich hoffe, so die minimale Fehlstellung meines Augapfels zu korrigieren, auf die irgendein distanzloser Wichser mich mal aufmerksam gemacht hat. Schon in der Grundschule haben mir diese schielenden Kinder mit ihren Pflastern auf den Brillen Angst gemacht, wenn sie wie Zyklopen über den Hof wankten und ständig über irgendwas stolperten. Und auch heute traue ich Schielern nicht, denn sie tragen innere Konflikte aus, die ihnen die Pupillen langsam auseinander- oder zusammendrängen. Im Mittelalter hat man sie deshalb prophylaktisch verbrannt, und neuere Studien belegen, dass Schieler eher zu Mord oder Vergewaltigung neigen. Eigentlich würde das gut zu Christoph passen, denke ich immer, aber leider hat er zwei perfekt nach vorne ausgerichtete, tiefblaue Augen. Seit Brasilien scheine dagegen ich auf gutem Weg zu sein, meinem Schicksal alle Ehre zu machen.

Marina dreht sich leise stöhnend zu mir um. Ich stelle mich schlafend. Sie streichelt meinen Bauch und fragt, ob ich wieder geträumt habe. Dann legt sie ihren Kopf auf meine Brust und fährt mit ihrem Finger die Konturen meiner Muskeln nach. Ich finde das sehr nett von ihr, denn in Wahrheit interessiert sie sich gar nicht so sehr für meinen Körper, sondern macht es bloß, um mir einen Gefallen zu tun. »Was ist in Brasilien passiert?«, fragt sie. Ich schüttele den Kopf. »Nichts«, sage ich, »ich habe bloß etwas Schlechtes gegessen. Davon träume ich. Von dem toten Rind. Muh!« Marina steht auf und verschwindet auf die Toilette. Manchmal glaube ich, sie ist ein bisschen neidisch auf mich. Als sie mit 19 ihr Studium begonnen hat, konnte sie noch nicht wissen, dass es Ethnologen seit dem postcolonial turn quasi verboten ist, bei irgendwelchen Indigenen zu leben. Stattdessen quält sie sich in der Bibliothek rum und muss sich meine Anekdoten aus der Fremde anhören. Wenn sie allerdings leben würde, was sie predigt, hätte sie mich schon nach meiner ersten Mission für Mars & Jung verlassen. Doch vermutlich ist das bei ihr wie bei den Priestern im Beichtstuhl, die von Vergewaltigern auch immer alles ganz genau wissen wollen: »Sage mir, Sohn, was hast du dann mit der Schlampe gemacht?«

Ich wache auf, als Marina die Vorhänge aufzieht und das Fenster öffnet. Von draußen dringen warme Luft und das Singen einer Amsel zu uns herein. »Hier, habe ich mir neu gekauft!«, sagt sie und hält zerfetzte Hotpants in die Höhe, die eigentlich überhaupt nicht zu ihrem Stil passen, aber manchmal hat sie so ironische Anwandlungen. Während Marina ihre Schlafanzughose auszieht und sich in die Hotpants zwängt, denke ich darüber nach, wie dekadent dieser Used-Look eigentlich ist. Man muss sich nur mal vorstellen, was sich so eine indische Näherin dabei denkt, wenn sie zunächst eine intakte Jeans herstellt, nur damit sie im nächsten Arbeitsschritt wieder bis zur Unkenntlichkeit zerfetzt wird. *Jeans mit einer Geschichte* sind der absolute Renner, auch wenn die Geschichte nur ein Fake ist. »Made in …«, sage ich. Marina streckt mir ihren Po hin. Ich greife von hinten in die Hose, verhake mich erst in ihrem

Höschen und ziehe dann das Schild heraus. »… Bangladesh«, lese ich missbilligend vor. »Nur fünf Euro.« Marina wackelt mit ihrem Hintern. »Die ist so kurz, da haben die Kinder ja nur ganz wenig genäht«, sagt sie und guckt herausfordernd. Wir blicken uns eine Weile ernst an, und ich weiß nicht genau, ob sie das wirklich so meint oder bloß einen Witz auf Kosten der Agentur macht. Irgendwann muss ich dann lachen und auch Marina lacht, nachdem sie sich theatralisch die Hand vor den Mund gehalten hat. Ich packe sie an der Hüfte und ziehe sie zu mir ins Bett.

Als Marina unter der Dusche steht, ziehe ich mein Smartphone unter dem Kopfkissen hervor, das dort liegt wie eine Pistole. Ich schalte den Flugmodus aus und gehe auf YouTube. Fast lasse ich das Smartphone fallen. Das Video hat schon zwei Millionen Views. Mit einem Mal bin ich hellwach und richte mich im Bett auf. Ich klicke die Kommentare durch. Auf allen möglichen Sprachen wird Juanas Tapferkeit bejubelt und Brandrodung verteufelt, ein paar User beziehen sich mit »hot«-Kommentaren doppeldeutig auf das Feuer und Juanas Beine. Es gibt unzählige Video-Antworten und sogar einen Link zu der Homepage einer neuen Bürgerbewegung, die sich gegen Brandrodung einsetzt und das Sozialprogramm unseres Klienten als best practice erwähnt.

In der Küche spritze ich mir zum Runterkommen kaltes Wasser ins Gesicht, kann es dann aber doch nicht lassen, Jens die Reaktionen sofort weiterzuleiten. Zur Beruhigung setze ich entkoffeinierten Kaffee auf. Während das Wasser in der Cafetière blubbert, blicke ich aus dem Fenster. Die Straße ist wie leer gefegt. Bis auf eine Person mit einer tief in die Stirn gezogenen Regenjacke. Sie ist direkt neben unserem silbernen Hybrid stehen geblieben. Erst weiß ich nicht so recht, was sie dort tut, und denke, dass sie vielleicht auf ihrem Handy den Weg zur nächsten U-Bahn nachschaut und sich dabei etwas ungeschickt anstellt. Doch dann geht sie um das Auto herum und fotografiert es noch einmal von vorne. Ich sollte mir eigentlich nichts dabei denken. Oft bleiben Passanten fasziniert stehen, um diese Novität zu betrachten – wenn auch völlig zu Unrecht. Denn egal, wie oft wir in Hochglanzbroschüren die Eco-Performance des Motors hervorheben oder das Auto durch die Meeresgischt fahren lassen, während eine gebräunte Blondine auf einem Hengst nebenherreitet – es bleibt nichts als ein besseres E-Bike. Der einzige Zweck dieser Dinger ist sowieso nur das Schönrechnen der Flottenemissionen, um Millionen an Steuern zu sparen, als Autos taugen sie nichts. Das sage nicht nur ich, das kommt von ganz oben. *PR-cars for PR-guys.*

Ich will mich schon wieder umdrehen, da richtet der Autofan die Kameralinse auf unser Haus. Ich ziehe mein Smartphone hervor, zoome ran und fotografiere ihn, während er mich fotografiert. Das Bild schicke ich an einen Freund von Jens, dem wir in solchen Fällen verpflichtet sind, Meldung zu machen, auch wenn es hundertpro nur falscher Alarm ist. Vielleicht ist ja die Person, die sich jetzt mit langen Schritten entfernt, nicht nur Autoliebhaber, sondern auch Experte für falsche Manierismus-Fassaden.

Ich beschließe, nach dem Rechten zu sehen und gleich ein paar Brötchen zu holen. Marina wird sich freuen, dass wir mal wieder die Rollen tauschen, nachdem sie mich so lieb gepflegt hat. Ich wähle meine alten Sneakers und ziehe eine Sommerjacke über. Trotz des sportlichen Outfits fühle ich mich immer noch nicht fit, deswegen fahre ich mit dem Aufzug nach unten. Normalerweise laufe ich alle sechs Stockwerke zu Fuß. In 41 Sekunden schaffe ich 132 Treppenstufen und bin damit nur zehn Sekunden langsamer als der Aufzug. Wenn er auf dem Weg anhält, bin ich meist sogar schneller. Mein Spiegelbild im Aufzug kommt mir ein bisschen blass vor, also klatsche ich mir ein paarmal auf die Wangen. Die Bedienung mit den Sommersprossen im Bioladen lobt mich nämlich ab und zu für meinen Teint, und ich will sie auch heute nicht enttäuschen. »Wie ein frischer Apfel«, hat sie einmal gesagt, und ich frage mich bis heute, ob pure Einfalt oder so eine Art Bio-Corporate-Language ihr diese Floskel in den Mund gelegt hat.

Ich trete aus der Haustür und schaue sheriffmäßig links und rechts die Straße runter. Der Typ ist natürlich weg. Wahrscheinlich knipst der schon die nächste Attraktion. Es hat angefangen zu regnen, und winzige Tropfen legen sich auf mein Gesicht, als stünde ich in einer Wolke, so klein sind die Tropfen und so schwerelos schweben sie in der Luft. Der Regen kühlt meine Stirn, und ich habe fast das Gefühl, dass mein Fieber etwas sinkt und die Umgebung mit einem Mal schärfere Konturen annimmt. Ich mag diesen Regen, der sich wie Tau auf der Haut anfühlt. Er erinnert mich an Campingurlaube, den Geruch von ausgehendem Lagerfeuer, an eine ultraschlanke Frau in einem gelben, eng geschnittenen Kleid – an irgendwelche Fiktionen eben, die ich vielleicht gar nicht selbst erlebt habe, die aber bei dieser Art des Sommerregens in meinem Gehirn aufgerufen werden. Ich bleibe einfach so mitten auf dem Bürgersteig stehen und genieße, wie die Feuchtigkeit bis in meine Unterwäsche durchdringt, obwohl der Regen die ganzen Schadstoffe aus der Großstadtluft gewaschen hat und sicher nicht gut für meine Haut ist.

In der Auslage des Bioladens stapeln sich wurmstichige Äpfel neben missgebildeten Zucchini und Tomaten. Ich finde es immer wieder paradox, dass wohlhabende Käufer wie ich diese Gammelware den makellosen Produkten aus dem Supermarkt vorziehen, obwohl sie nicht mal besser schmecken. Aber idealisierende Projektion und irrationale Kaufentscheidungen sind nun mal das, was Statussymbole ausmacht. Und als solches ist Bio auf dem Vormarsch. Nicht mehr lang und die große Trias lautet: Geld, Sex und Ökofraß.

Ich habe sowieso die Theorie, dass sich auf Dauer Anbau-Zonen entwickeln werden, die durch militärisch gesicherte Sperrkorridore getrennt sind. In den USA und Europa wird ökologisch angebaut, in Südamerika und Afrika, vor allem aber in Russland und Asien biotechnologisch optimiert. Dank der wundersamen Industriesorten wird dann niemand mehr hungern müssen, das versucht die Agentur ja ständig allen zu verklickern – *Goldener Reis rettet Leben.*

Ich betrete den Laden mit einem Glockenläuten, das im Kunden wahrscheinlich Erinnerungen an Krämerläden aus Kindertagen triggern soll. Die Verkäuferin springt hinter der Theke auf und rückt ihren grünen Kittel zurecht. Anscheinend hat sie mich vermisst. Sie legt ihr Buch umgedreht auf den Tresen, sodass ich den Titel lesen kann. Jean Ziegler: *Der Hass auf den Westen.* »Wusstest du, dass Ziegler in drei afrikanischen Ländern Verfahren wegen Kinderprostitution laufen hat?«, sage ich, obwohl das natürlich Quatsch ist. Nervös streicht sie sich die roten Locken hinter die Ohren und lächelt verunsichert. Ich registriere ihren Blick auf mein durchnässtes Shirt und meine aufgestellten Brustwarzen. »Ich hab gesehen, wie du gerade im Regen gestanden hast. Hätte ich dir gar nicht zugetraut. Echt schön«, sagt sie und streicht sich die

Haare hinters Ohr. Ja, ich war voll im Einklang mit der Natur, denke ich und versuche, die Verkäuferin mit meinem Blick zu Stein werden zu lassen. Ich lasse mir ein paar Brötchen geben, Dinkel, Vollkorn, Kümmel, und spendiere ihr ein absurd hohes Trinkgeld, weil ich es hier drin keine Sekunde mehr aushalte. Ich reiße die Tür auf, und die Glocke klingelt ihr fröhliches Liedchen, dann bin ich schon wieder draußen im Regen, der plötzlich hart auf meine Unterarme peitscht.

Im Durchgang zum Hinterhaus bemerke ich, dass unser Briefkasten überquillt. Ich schließe ihn auf, und gleich klatschen mehrere braune Umschläge auf die hübschen Bodenfliesen. Ich gehe in die Knie, um die Umschläge aufzuheben. Die Briefe sind an Marina adressiert, die Absender: diverse Hochschulen und Forschungseinrichtungen. Ich befühle die Umschläge, und in allen ertaste ich die Bewerbungsmappe, die wir vor ein paar Monaten gemeinsam fertig gemacht haben. Ein Brief von der Arztpraxis meines Vaters ist nicht dabei. Schnell schreibe ich meiner Mutter eine SMS und erinnere sie freundlich daran, dass ich dringend das Rezept von ihm brauche.

Ich steige langsam die Treppe hinauf und überlege, ob Marina den Briefkasten absichtlich nicht geleert hat, um mir ihren Misserfolg zu demonstrieren. Mein Puls geht rauf, nach einer Woche ohne Training fehlt mir schon die Kraft in den Beinen, vielleicht schwächt mich auch immer noch das Fieber. Auf jedem Absatz mache ich eine kurze Pause und atme durch. Zum ersten Mal lese ich die Klingelschilder der Nachbarn und versuche, sie den Gesichtern zuzuordnen, an denen ich auf der Treppe immer ohne Gruß vorbeisprinte.

Mit den Umschlägen und den Brötchen unter dem Arm schließe ich die Wohnungstür auf. Die Tüte fällt dabei runter und zerreißt auf dem Boden. Ich lege die Briefe neben die »Welcome«-Fußmatte und sammle die Brötchen wieder auf. Die Umschläge lasse ich liegen. Am Sonntag um diese Uhrzeit klaut sowieso niemand abgelehnte Bewerbungsunterlagen aus dem letzten Stock, und außerdem möchte ich jetzt in aller Ruhe mit meiner Freundin frühstücken.

Marina kommt mir bereits im Flur entgegen. Um ihren Körper hat sie ein weißes Handtuch geschlungen, von dem sich ihre Hautfarbe kaum abhebt. Sie sieht aus wie frisch aus der *Walküre* entstiegen, blond und bleich, irgendwie auch ein bisschen ungesund. Selbst ein gesundheitsförderndes Maß Solarium verweigert sie mit dem Hinweis, das sei nur etwas für Proleten, was ich für einen unnötigen Abgrenzungsversuch von ihrer Herkunft halte. Die einzigen Farbtupfer sind die Höfe ihrer Brustwarzen, die hellrot aus dem Stoff hervorschauen. Zwischen ihren Augenbrauen hat sich eine Falte gebildet. Ich setze einen harmlosen Gesichtsausdruck auf, hebe die Tüte auf Augenhöhe und sage: »Ich war Brötchen holen.« »Du bist nass«, sagt Marina, dreht sich auf der Stelle um und geht zurück ins Wohnzimmer. »Du auch«, sage ich und gebe meiner Stimme einen gleichgültigen Ton. »Tropf nicht die Dielen voll«, sagt sie über ihre Schulter.

Marina pickt Krumen aus ihrem Kümmelbrötchen, den Kaffee hat sie nicht angerührt. »Die Frau im Bioladen liest Jean Ziegler«, versuche ich etwas Small Talk zu machen. »Die mit den Sommersprossen?« – »Keine Ahnung«, sage ich, »was weiß ich, wie die aussieht.« – »In ein paar Jahren hat die Hautkrebs.« Marinas Anstalten, die süße Verkäuferin zu diskreditieren, finde ich irgendwie toll. Ich empfinde plötzlich eine starke Zuneigung zu ihr. Ich nehme einen großen Schluck Kaffee und lasse etwas Milchschaum an meiner Oberlippe kleben, weil ich weiß, dass Marina das mag. »Hast du schon mal was von Ziegler gelesen?«, fragt sie, ohne meine Geste zu honorieren. »Natürlich nicht«, sage ich und muss bei dem Gedanken grinsen, was Jens wohl sagen würde, wenn ich beim Lunch meinen Ziegler herausholen würde. »Solltest du aber mal. Würde deinen Horizont erweitern.« – »Findest du nicht, dass Ziegler als ›Advokat der Armen‹ ein Problem mit der Repräsentation hat? Provoziert das nicht dein Kulturwissenschaftler_innen-Ethos?«, sage ich und betone den Gender Gap übermäßig.

»Scheiß auf die Kulturwissenschaft.« Marina fängt plötzlich an zu grinsen. Sie steht auf und holt einen Umschlag aus der obersten Schublade der Kommode. Sie entfaltet das Papier vorsichtig. »... freuen wir uns sehr, Sie zu einem Vorstellungsgespräch einzuladen«, liest sie vor. Sie reicht mir das Schreiben und sieht mich erwartungsvoll an. Ich überfliege den Brief. In der Kopfzeile prangt das Logo einer Beratungsfirma. »Stenz und Partner?«, frage ich. »Das ist freie Wirtschaft.« Marina nickt. »Was wollen die denn mit dir?«, frage ich verwirrt. »Zur Verstärkung eines interdisziplinären Hochleistungsteams stellen wir exzellente Sozial- und Geisteswissenschaftler mit den Schwerpunkten postcolonial, conflict und gender studies zur Beratung und Unterstützung von Kunden in vielfältigen Unternehmenssituationen ein, z. B. in Projekten zur Kostensenkung, Effizienzsteigerung, zum Ressourcenmanagement oder Wachstum in Schwellenmärkten«, sagt Marina die Stellenbeschreibung auf. »Du hast nicht erwähnt, dass du dich dort bewirbst«, sage ich.

Im Briefkopf ist eine Frankfurter Adresse angegeben. »Haben die ein Office in der Stadt?«, frage ich. Marina schweigt.

Sie blickt sich in der Wohnung um, als würde sie sie zum ersten Mal sehen, völlig fremd. »Ich muss hier mal raus«, sagt sie. Vor meinen Augen verschwindet Stück für Stück unsere ganze Einrichtung – das restaurierte Sofa aus den 1920er Jahren, der Couchtisch, das Porzellan, die Bücherregale, unser Bett –, bis die Wohnung komplett leer ist. Ich schiebe mein Handy nervös auf dem Tisch hin und her und versuche, es genau in das Muster der Furnierplatten einzupassen.

»Schneider könnte dir was in Frankfurt vermitteln ...«, sagt Marina beiläufig. Ich starre sie geschockt an. »Du hast mit ihm gesprochen?« – »Ihm liegt noch was an dir.« Fast muss ich kotzen. »Hast du ihm was über die Agentur erzählt? Irgendwas über mich? Was hat er dir gesagt?« Marina geht in die Küche und reißt die alten Fotos von der Kühlschranktür, die mich in irgendwelchen Reisfeldern oder afrikanischen Townships zeigen. »Jedenfalls nichts, was ich nicht schon geahnt hätte.«

»Und deine Doktorarbeit?« Marina reibt die Hände an ihrer Jeans. »Ich breche ab.« Ich hole die Ablehnungsschreiben aus dem Hausflur. »Deswegen?« Ich werfe sie auf den Tisch. Ein Glas Orangensaft fällt um und der Saft spritzt auf das Papier. »Ich habe bereits eine Entscheidung getroffen«, sagt Marina mit emotionsgereinigter Stimme.

Ein Foto erscheint auf dem Display meines Smartphones. Es zeigt Jens Mars und Christoph beim Squash. Sie haben sich grelle Neon-Stirnbänder angezogen und posieren mit überkreuzten Schlägern. Fuck you. Ich lasse Marina stehen und laufe ins Schlafzimmer. Dort werfe ich das Smartphone mit einiger Kraft aufs Bett, genau so, dass ich mich etwas abreagiere, aber keineswegs riskiere, dass es von der Matratze abprallt und auf den Boden geschleudert wird. Ich nehme mein Squash Racket aus dem Schrank und schlage ein paarmal durch die

Luft. Mein Puls steigt sprunghaft an. Ich nehme einen Ball aus der Tasche und ballere ihn mit aller Kraft gegen die Tapete. Mit einem trockenen Sound springt er zurück und fliegt durch die offene Tür ins Wohnzimmer. Ich höre Marina vor Schreck aufschreien, dann beginnt sie, mich aus dem Wohnzimmer anzubrüllen. Ich grinse und fühle mich gleich etwas besser.

Ich mache noch ein paar Schwünge in der Luft, packe dann den Schläger zurück in die Tasche und schließe den Reißverschluss mit einem satten Ratschen. Für Jens fotografiere ich die Delle in der Wand. »Bin heute wieder ins Training eingestiegen«, schreibe ich darunter und schicke ihm das Bild. Ich warte, bis ich sehe, dass er die Nachricht gelesen hat, und ergänze, dass er mir noch ein Match schuldet und ich morgen früh wieder in der Agentur sein werde.

11

Das Gitane gleitet lautlos über den frischen Asphalt. Meine Füße sind in die Schnallen geclippt, in perfekter Symbiose mit dem Metall bewegen sich die Knie regelmäßig auf und ab. Die Radrennhose zwickt etwas im Schritt, aber ich werte das als Kompliment. Im Kanal neben der Straße treiben ein paar Leute in einem Schlauchboot vorbei. Alle tragen große Sonnenbrillen und halten ihre nackten Füße ins Wasser. Wahrscheinlich sind sie noch vom Wochenende übrig geblieben, so müde wie ihre Köpfe zu einem Track aus dem letzten Sommer nicken, der aus einem Ghettoblaster dröhnt. Jetzt, da gerade der Frühling wieder zum Sommer wird, ist es noch akzeptabel, ihn als Reminiszenz zu hören, finde ich und lächele, als die Bassline einsetzt. Ein Mädchen winkt mir mit ihrem Cocktail, und ich nicke zurück. Dann beschleunige ich meinen Tritt, um die heutige Durchschnittsgeschwindigkeit in meiner Tracking-App noch etwas zu steigern.

Als das Agenturgebäude in Sicht ist, lasse ich das Rad ausrollen. An der vormaligen Fabrik ranken sich Gerüste empor, auf denen Handwerker mit Hochdruckreinigern das Moos von den Backsteinen spritzen. Die Ostseite ist bereits fertig, und die roten Steine glühen nur so vor Energie im Morgenlicht. Plötzlich werde ich vom Fabrikdach geblendet und steige vom Rad. Mit einer Hand schirme ich die Augen ab. Der Dachgarten, auf dem wir ab und zu After-Work-Parties feiern, ist jetzt zur Hälfte von hochstehenden Solarmodulen bedeckt, die in der Sonne gleißen. Mit Sicherheit hätten die Platten auch direkt auf dem Flachdach angebracht werden können, doch dann wären sie von hier unten nicht sichtbar. Getreu dem Agenturmotto: *Tue Gutes und rede darüber.* Besser noch: Lass andere darüber reden, dann fällt es nicht so auf.

Ich schließe mein Rennrad an den Ständer, den wir vor ein paar Wochen aus alten Eisenteilen zusammengeschweißt haben. Das Gebilde sieht aus wie ein riesiger Tintenfisch, in dessen gekrümmte Tentakel man die Vorderräder einpassen kann – eine Idee von Christina, die so ein Ding früher schon mal mit ihrer Naturjugend gebastelt hatte, um auf das Tintenfischsterben im Südpazifik hinzuweisen oder so. Daneben hat jemand mit roter Farbe das Anarchie-Zeichen auf die Hauswand gesprayt.

Vor dem Eingang treffe ich Christoph. Er fotografiert sich gerade selbst, um zu checken, ob seine Frisur noch sitzt. Sie sitzt. Er sagt: »Schöne Jacke, Thomas.« Ich antworte: »Du auch, Christoph«, und trete als Erster in die gläserne Drehtür. Die besenähnlichen Borsten an der Fuge fegen mit einem leisen Zischen über das Parkett, und Christophs Gesicht verschmilzt in der Spiegelung des polierten Glases mit meinem eigenen.

Ich setze meine Ray-Ban ab und nicke der Auszubildenden zu, die für ihren Traum, Bürokauffrau zu werden, den ganzen Tag hochmotiviert am Empfang sitzt. Ab und zu bringt sie Blaubeer-Muffins mit, die wirklich hervorragend schmecken, und da sie wohl ein bisschen in mich verschossen ist, bekomme ich immer zwei.

Die Büroräume füllen die große Fabrikhalle komplett aus. Früher wurden hier Kugellager hergestellt, heute konstruieren wir hier Realitäten. In der Luft hängt noch der leicht säuerliche Geruch frischer Farbe, und tatsächlich erstrahlen die Wände der Halle in neuem Eierschalenton. Da ich mir sicher bin, dass nur ökologisch zertifizierte Farbe benutzt wurde, atme ich tief durch. Meine Bronchien protestieren nicht, was ich als gutes Zeichen für den Verlauf meines Asthmas werte. An den zur Decke hin offenen Glaskuben, die den Raum in einzelne Abteilungen aufteilen, wurde nichts geändert – höchstens wurden sie poliert, denn sie erscheinen mir noch durchsichtiger und makelloser als zuvor. Zwischen den Kuben sind mannshohe Pflanzen plaziert, da laut Studien ein grünes Büro die Produktivität um 15 Prozent steigert. Mit dem Umbau wollen wir »repräsentative Räume« noch wörtlicher nehmen. Das Gebäude soll die gleiche Geschichte erzählen, wie unser Handeln: Es ist nachhaltig, ökologisch, transparent. Durch die hohen Fenster fällt heute wegen der Gerüste zwar weniger Licht als üblich, doch die finnischen Sonnenlichtlampen an der Decke sorgen trotzdem für eine positive Grundstimmung.

Eine neue Wendeltreppe an der Südostwand der Halle führt auf den Dachgarten. Vorher konnte man ihn nur über die Feuerleiter erreichen, was, wenn die halbe Agentur nach einem After-Work-Chillout angetrunken und high wieder herunterkletterte, ganz schön gefährlich war. Durch den Zuwachs an Sicherheit und Bequemlichkeit werden die Partys in meinem dritten Sommer viel von ihrer Atmosphäre verlieren, denke ich,und trauere schon jetzt ein bisschen den guten alten Zeiten nach.

Ich folge der Kunst-Passage zu den Umkleiden. Obwohl seine Glattledersohlen auf dem Parkett kaum zu hören sind, spüre ich, dass Christoph dicht hinter mir läuft. Bei den abstrakten Graffiti-Bildern mache ich deshalb eine minimale

Pause, drehe den Kopf seitlich und lächle übertrieben selig. Die Bilder hat ein Bekannter von Jens aus Pro-Skater-Zeiten gesprayt, und gleich am Abend der Vernissage habe ich Christoph eins davon vor der Nase weggekauft. Das Bild zeigt einen metallic-blauen Vogel, der auf einem Kopf sitzt – oder soll das die Erdkugel darstellen? – und nach Läusen zu picken scheint.

Die Umkleide ist den Locker Rooms aus Collegefilmen nachempfunden, und jeden Morgen genieße ich es, mein Trikot – dunkelblaue Baumwollhose, weißes Hemd mit Haifischkragen aus Organic Cotton, keine Krawatte – anzuziehen und mich dabei so aufgeputscht zu fühlen, als stünde ein großes Spiel bevor. Wahrscheinlich ist genau das vom Innenarchitekten intendiert gewesen, was meine Motivation aber keineswegs schmälert. Heute sind die Holzbänke hochkant aufgestellt. Der Boden ist mit neuen, sandfarbenen Fliesen bedeckt, die sich so perfekt in das Gesamtbild einfügen, dass ich mich gar nicht mehr daran erinnern kann, wie der Bodenbelag eigentlich vorher aussah. Als ich meinen Schlüssel hervorziehe, merke ich plötzlich, dass mein Spind sperrangelweit offen steht. Das Vorhängeschloss liegt mit durchgeschnittenem Bügel in einem der Fächer, ansonsten ist der Spind leer.

Ein bisschen hektisch probiere ich meinen Schlüssel an ein paar anderen Schlössern aus, vielleicht irre ich mich einfach im Schrank, aber er passt nirgendwo. Ein Schauer läuft mir über den Rücken. So was habe ich schon öfter gesehen. Und zwar immer, wenn jemand über Nacht geflogen ist.

Eigentlich ist das Durchschneiden der Bügelschlösser völlig unnötig, denn Jens Mars besitzt Ersatzschlüssel zu allen Schränken, nur für den Notfall, doch als interne Firmenkommunikation macht diese Praxis absolut Sinn. Die starke, sym-

dem Bett hieve. Ich stolpere zum Bad und uriniere ins Waschbecken. Schnell lasse ich Wasser hinterherlaufen. Wie als Teenager, wenn ich betrunken nach Hause kam. Ich stecke mein Smartphone in die Dockingstation und entscheide mich für eine stresslösende Mood, die ich auf mittlerer Lautstärke laufen lasse. Mit dem Aufbranden der Geräusche kehrt meine Konzentration langsam zurück. Ich ziehe die rußigen Klamotten aus, in denen ich eingeschlafen war, und werfe sie in den Abfallbehälter für organisches Material. Als ich mich im Ganzkörperspiegel betrachte, muss ich lachen, denn mit dem rotbraunen Schmutz an Armen und Beinen sehe ich aus wie ein Mallorca-Tourist, der am Strand sein T-Shirt tagelang nicht ausgezogen hat. Lachen tut gut, denke ich. Vielleicht bin ich auch ein bisschen high von den Pillen. Ich beschließe, meine gleichmäßige Bräune wiederherzustellen, und trete in die schwellenlose Dusche.

Ich lehne meine Stirn gegen die Fliesen, lasse Wasser über Nacken und Rücken laufen und konzentriere mich auf die angenehme Wärme. Ich reibe jeden Quadratzentimeter meines Körpers mit Seife ein und bürste den Schmutz von meiner Haut, bis ich bis zu den Knöcheln in rotbraun gefärbtem Wasser stehe. »Ich wate in Blut«, sage ich zu mir selbst, weil das jetzt ein gutes Filmzitat wäre. Ich massiere meinen schlaffen Penis, aber er kommt nicht in die Gänge, ich kann einfach kein erregendes Bild vor meinem inneren Auge aufrechterhalten. Marinas gespreizte Schenkel oder die pralle Bluse der TV-Moderatorin werden immer wieder von Juanas blasiger Brust verdrängt.

Nach dem Duschen sind meine Beine immer noch blass und wacklig. Ich rubble sie mit einem flauschigen Handtuch ab, um ihre Durchblutung zu fördern. Dabei laden sich die

Haare elektrisch auf und stehen zu allen Seiten ab. Ich werde ein bisschen melancholisch, als ich daran denke, wie mein Bruder und ich unsere Haare immer absichtlich an einem Luftballon gerieben haben, kurz bevor wir mit unseren Eltern in irgendein feines Restaurant gegangen sind.

Ich habe gerade ein eng geschnittenes Hemd und Jeans angezogen, als ein heller Glockenton aus den in der Holzvertäfelung versteckten Boxen schallt. Schnell laufe ich zur Tür, um den Boten nicht zu verpassen. Meine nackten Füße gleiten mit neuer Kraft über das Naturholzparkett. Auf der Fußmatte liegt eine Papiertüte, in die man auch Sandwiches oder Weingummi einpacken könnte. Als ich die Tüte aufreiße und das Asthmaspray herausnehme, freue ich mich über die Diskretion des Hotels, schließlich ist Christophs Zimmer gleich nebenan. Ich nehme zwei tiefe Züge und spüre, wie mein Brustkorb wieder anschwillt.

bolische Message erreicht nicht nur den Gefeuerten, sondern auch alle, die vorerst noch dabei sind.

Und das ist nur der Anfang. Auch mein Schreibtisch ist leer geräumt. Durch die Glasplatte blicke ich auf den Boden, wo sich ein paar weiße Verlängerungskabel unlösbar ineinander verschlungen haben. Ich schaue mich Hilfe suchend um. Erst jetzt bemerke ich, dass kein Mensch in der Agentur zu sehen ist. Nur spiegelndes Glas. Es ist vollkommen still. Ab und zu höre ich ein entferntes Trommeln, wenn die Handwerker aus Versehen ein Fenster mit dem Strahl des Hochdruckreinigers streifen.

Ich checke mein Smartphone: Montag, 9:02 Uhr, ganz normale Arbeitszeit. Ich schaue nach, ob mein Fake-Geburtstag bei Facebook vielleicht heute ist und sich alle zur Überraschung irgendwo verstecken, aber der ist erst im Dezember. Ich halte das Telefon ans Ohr und tue so, als würde ich mit Marina sprechen. Ich brabbele irgendwelche unzusammenhängenden Sätze vor mich hin und drücke dabei meine Schultern zurück. Plötzlich muss ich daran denken, wie ich einmal aus meinem Kinderzimmer ausgezogen bin und eine Nacht im Fahrradschuppen verbracht habe. Als ich am nächsten Tag durchgefroren zurückkam, war mein Zimmer ausgeräumt. Selbst die Ballonlampe war verschwunden, die nackte Glühbirne leuchtete das Zimmer grell aus. Nur in der Ecke lagen noch ein paar Wollmäuse.

Ich schließe die Augen und gehe Alternativszenarien durch: Wegen der Renovierung musste mein Spind geöffnet werden, und die trotteligen Handwerker haben sofort den Bolzenschneider rausgeholt, anstatt irgendwen nach dem Zweitschlüssel zu fragen, weil ihnen eine offene Unternehmenskultur ohne Geheimnisse völlig unvorstellbar ist. Und mein

Schreibtisch wurde nur wegen der Malerarbeiten geräumt. Oder ich bekomme sogar einen Neuen. Bei den Senior-PR-Consultants. Mein Video ist immerhin viral gegangen. Der WWF hat es an seine 1,7 Millionen Follower retweetet. Es war sogar in der fucking Tagesschau. Ich lache laut auf über meine Paranoia.

»Alles klar bei dir?«, fragt Christoph, der plötzlich neben mir auftaucht. »Jaja«, sage ich, »habe nur gerade mit Marina …« Ich lasse mein Smartphone sinken. Ich nicke zur Wendeltreppe und frage: »Warst du schon oben?« – »Deine Tomaten sind vertrocknet«, sagt Christoph süffisant, denn garantiert weiß er, dass Jens versprochen hatte, sie zu gießen. »Hast du Jens gesehen?«, frage ich. »Der kickert mit Christina.« Ich meine in Christophs Stimme eine minimal zu starke Betonung der K-Laute zu hören, was darauf hindeutet, dass er sie angespannt herauspresst. Obwohl ich nicht sicher bin, ob Christina oder Jens der Grund für die Anspannung ist, lohnt es sich, wöchentlich für Sprechtraining und Gesprächsanalyse zu zahlen, damit mir solche Kleinigkeiten nicht entgehen.

Als ich die Glastür aufdrücke, höre ich Jens schon fluchen. Ich hoffe, dass ich ihn nicht mit einer Lichtreflexion der Tür geblendet habe, und lasse sie zur Sicherheit offen stehen. Ich gehe zur Schiefertafel an der Wand, um nachzuschauen, was sich bei den Kicker-Scores getan hat. Obwohl die Liste nur hergibt, wer wem wie viele mexikanische Biere oder Ingwersuppen mit Chèvre im Deli gegenüber schuldet, lässt sich daraus eine implizite Rangfolge ableiten. Ich liege nach wie vor im guten Mittelfeld, aber kurz hinter Christoph. Ich frage mich, ob er wohl zu Hause trainiert. Mir fällt auf, dass die Zeile, in der zuvor Christophs und Christinas Schulden/Gewinn-

Verhältnis stand, ausgewischt wurde. Dafür steht jetzt in Mädchenschrift mein Name neben Christinas, sie fordert mich also zum Spiel. Nachdem ich auch alle anzüglichen Botschaften, Aphorismen und Grill-Einladungen gelesen habe, die in bunter Kreide rund um die Kicker-Scores stehen, kann ich meine Aufmerksamkeit unmöglich länger der Tafel widmen, denn ich will zwar ehrgeizig, aber nicht allzu verkniffen wirken.

Obwohl mein Herz pocht, gehe ich zur Siebträgermaschine und mache mir einen Milchkaffee. In meiner Abwesenheit wurde die Bohnensorte gewechselt. Wir beziehen jetzt den »social roast« eines Klienten, für den wir eine alternative Zertifizierung entwickelt haben, der Bauern Anreize zur nachhaltigen Bewirtschaftung ihrer Plantagen schafft. Am miesen Geschmack ihres Kaffees ändert das allerdings nichts. Extra langsam schäume ich die Milch auf und lausche dem Klackern des Balls hinter mir. Penibel reinige ich den Siebträger und wische die Milch von der Düse ab. Ich checke, ob es irgendwelche Neuigkeiten auf meinem Smartphone gibt. Nur ein paar Updates, die ich mit ein paar Klicks herunterlade. Dann bleibt mir nichts anderes übrig, als mich mit meinem Getränk neben den Kicker zu stellen und zu warten.

Laut Digitalanzeige hat Christina gleich gewonnen. Erst überlege ich, ob Jens sie gewinnen lässt, aber dann sehe ich, wie sie ihre schmalen Handgelenke flink zwischen den Griffen hin und her bewegt und plötzlich mit einer blitzschnellen Drehung, bei der sich ihr Bizeps anspannt und ihre rechte Brust unter ihrem Top einen kleinen Hüpfer macht, den Plastikspieler ins Tor einschießen lässt. »Kommst gerade richtig, Thomas.« Jens lässt, ohne aufzublicken, den Ball wieder aufs Feld gleiten. »Einer noch«, sagt Christina, während sie den

Ball gleich wieder mit einem ihrer Mittelfeldspieler auf einen Stürmer passt. Jens' Kiefer mahlen nervös auf einem Nikotinkaugummi herum. Seine Hand ist zu spät am Torwart-Griff. *Klack*, Tor. Christina wirft ihre Haare zurück, es ist fast ein wenig too much Shampoo-Werbung, und reckt die Arme in die Luft. Ihre glattrasierten Achselhöhlen sind kein bisschen feucht vor Anstrengung. Christina entblößt ihre Mäusezähnchen für ein Lächeln und streckt Jens die Hand über dem Kickertisch entgegen. Gespielt widerwillig schlägt er ein und fordert eine Revanche. »Du bist der Nächste«, sagt Christina und tippt mir mit dem Zeigefinger auf die Brust.

»Jetzt zu dir.« Jens blickt Christina nach, wie sie ein Tablet von ihrem Schreibtisch holt und auf die Wendeltreppe zusteuert. Er krempelt seine Hemdsärmel nach unten. Mir fällt auf, dass er selbst bei sportlicher Betätigung seinen Kragen immer geschlossen trägt, der Stoff schließt genau unter seinem Kehlkopf ab. Ohne Krawatte sieht das ziemlich spießig aus, finde ich, aber seine blonde Haarmähne macht daraus wohl so etwas wie einen Trademark-Look. Ein Handy summt, und ich greife mir instinktiv an die Hose, obwohl ich keine Vibration spüre. Jens blickt auf sein Display. »Moment.« Nachdem er ein paarmal ins Telefon genickt hat, zeigt er mir mit den Fingern an, dass ich in 20 Minuten in sein Büro kommen soll, und dann mit einer unmissverständlichen Bewegung der ganzen Hand, dass ich besser sofort aus dem Kickerraum verschwinde.

Auf dem Metall der Wendeltreppe klackern meine Radrennschuhe wie High Heels. Natürlich kommen mir gerade jetzt alle Kollegen von oben entgegen – ich grüße Norah, Paul, Ána, Shawn und Stefan mit einem Kopfnicken und dränge mich schnell an ihnen vorbei. Trotzdem nutzen alle die Chance, mich beim Vorbeistöckeln in hautengen, am Po durchgeschwitzten Radsportklamotten anzuglotzen, als wäre ich eine Dragqueen.

Meine Tomaten hängen welk an den Sträuchern herab. Die Blumenerde ist zu Stücken verkrustet. Ich knie mich hin und lockere die Erde mit einer Schaufel. Als ich beim letzten Topf angekommen bin, fällt ein schmaler Schatten auf die Pflanzen. »Wie geht's den Tomaten?«, fragt Christina. Ich schirme meine Augen gegen die Sonne ab. Sie trägt jetzt nur noch ein blau-weiß gestreiftes Bikinioberteil, das im Nacken mit einer Schleife zusammengebunden ist. Auf ihrem extrem flachen Bauch glänzen winzige blonde Härchen in der Sonne. Ich zucke mit den Schultern und entferne ein paar verdorrte Blätter von den Sträuchern. »Was machst du hier oben?«, frage ich. Christina hebt das Tablet und ihr Smartphone, von dem die weißen Kabel der Freisprecheinrichtung zu ihren Ohren führen. »Schulen abtelefonieren, ob sie Unterrichtsmaterialien bestellen wollen.« Sie zieht einen Stöpsel aus dem Ohr und verdreht die Augen. »Warteschleife. Herr Lehmann will sich erst mit seinen Kollegen besprechen.« – »Mit Schulsponsoring habe ich auch angefangen«, sage ich voller Anteilnahme und blicke auf ihre glatten Unterschenkel. »Jens meinte, vielleicht reise ich bald auch mal mit euch mit.« – »Klar«, sage ich, »würde mich freuen.« Christina lächelt und steckt den zweiten Ohrstöpsel wieder ins Ohr. »Das 3-D-Modell des Kraftwerks für die Oberstufe sollte zum kommenden Schuljahr wieder lieferbar sein. Sehr gerne – ich trage es ein«, säuselt sie auf dem Weg zurück zu ihrem Liegestuhl. Ich schaue auf die Uhr. Noch fünf Minuten. Mit der Gießkanne schöpfe ich Wasser aus der Regentonne und ertränke die Pflanzen in ihren Töpfen.

Hinter Jens' Schreibtisch prangt in schwarzen Lettern ein neues Rage Against The Machine-Zitat an der Wand: *We paint the pictures that hit, more like the mirrors that fit.* Er stellt einen Karton auf den Tisch, in dem fein säuberlich all mein Kram aufgereiht ist: Tablet, Laptop, einige Fitness- und Rennrad-Zeitschriften, eine Plastiktüte mit meinen Hemden, der digitale Bilderrahmen, auf den Marina mir ab und zu neue Bilder von sich schickt. Der Karton sieht exakt so aus wie einer, mit denen die Leute in US-Serien aus dem Büro kommen, wenn sie gefeuert werden. »Worauf wartest du?« Ich ziehe mein Smartphone aus der Hosentasche und schlage Jens vor, sich meine Bodytracking-Daten anzusehen. Er wird sehen, dass ich wirklich Fieber hatte und nicht simuliert habe. Jens drückt desinteressiert ein weiteres Kaugummi aus der Aluminiumhülle. »Es gab eine kleine Verwechslung mit dem Spind.« Er macht eine Pause, und man sieht, wie er vergeblich nach einem Namen sucht. »Dings musste uns leider verlassen.« Jens nimmt ein neues Vorhängeschloss aus einer Schublade und löst den Zweitschlüssel vom Ring. Mit dem Schreibtischstuhl schlittert er zu einem schwarz lackierten Metallschrank. An der Innenseite der Tür klimpern Hunderte Schlüssel. »Better safe than sorry«, sagt er, hängt den Ersatzschlüssel auf einen Haken und wirft mir das Schloss zu.

Da ich nichts sage, holt Jens den digitalen Bilderrahmen aus meinem Karton und betrachtet ihn. »Hübsch«, sagt er und zieht dabei den sch-Laut in die Länge, was klingt, als würde er eine Zigarette auf meiner Zunge ausdrücken. Er reicht mir den Bilderrahmen. Auf dem Display ist Marina zu sehen, die vor unserem Briefkasten steht und das Zusageschreiben in die Kamera hält. Ich sinke auf einen Stuhl. »Alles in Ordnung bei euch?« Jens guckt ernsthaft besorgt. Ich nicke langsam.

»Es ist mir wichtig, dass es dir gut geht.« Er legt seine Hand auf meine Schulter. »Sie hat ein Jobangebot in Frankfurt«, sage ich schließlich. Jens kaut ein paarmal auf seinem Kaugummi herum, dann fragt er: »Was heißt das für dich?« Ich zucke mit den Schultern. »Nicht so wichtig«, schiebe ich hinterher und stehe ein bisschen zu schnell auf. Ich packe den Rahmen in die Kiste und klemme sie mir unter den Arm. »Halt dir bitte den Freitagabend frei«, sagt Jens. »Ein kleiner Empfang, Freunde der Agentur. Casual. Bring – wie heißt sie noch mal? – mit.« Ich nicke. »Und Dienstag will ich ein Match mit dir. Sieh zu, dass du bis dahin wieder fit bist, Tiger.«

Er setzt sich in einen Ledersessel, legt die Füße auf einen Hocker und vertieft sich in Zahlen und Diagramme auf seinem Tablet. Als er bemerkt, dass ich immer noch da bin, blickt er fragend auf und ich glaube so etwas wie Besorgnis in seinem Blick zu erkennen. Für einen Moment will ich Jens fragen, warum er mich nicht rausschmeißt, nach dem, was in Brasilien passiert ist, warum er nicht sagt, dass ich zu weit gegangen bin, einen stärkeren moralischen Kompass von mir einfordert oder wenigstens einen deftigen Hinweis auf die Compliance-Richtlinien der Agentur gibt. Ich will ihm sagen, dass ich böse Träume wegen der Sache mit Juana habe, dass ich manchmal glaube, ich verändere mich – nur, um ein paar tröstende Worte von ihm zu hören. Aber dann besinne ich mich und sage einfach: »Klar.«

12

Der dunkle Betonquader ragt vor uns in die Abenddämmerung. Wie ein offenes Visier ist die glühende Fensterfront in die Fassade geschnitten. Obwohl wir ziemlich früh dran sind, zeichnen sich bereits Silhouetten hinter den Scheiben ab. Ein Kiesweg schlängelt sich durch kniehohes Gras zu Jens' Haus, die winzigen Steine knirschen unter unseren Sohlen. Ich trete auf etwas Weiches und schrecke zurück. Eine Nacktschnecke vielleicht, denke ich, oder eine Blindschleiche. Ich drücke den Fuß durch und gehe schnell weiter.

Neben der Haustür aus gebürstetem Edelstahl ist eine Gegensprechanlage mit Kamera in den Beton eingelassen. Ich mustere Marina noch einmal von Kopf bis Fuß und zupfe ihr eine Wimper von der Wange. Ich halte ihr die Wimper auf der flachen Hand hin, damit sie sie wegpusten kann, doch Marina scheint wunschlos glücklich zu sein. Ich setze ein Lächeln auf und drücke die Klingel. Sofort ertönt das Rauschen der Gegensprechanlage, als hätte schon jemand an der Tür auf uns gelauert. Im Hintergrund hört man das Klirren von Gläsern. »Hallo?«, sage ich unsicher und winke ins Kameraauge. Die Linse bewegt sich unter dem Glas und richtet sich auf Marina. Die beugt sich gerade nach vorne und kramt in ihrer Handtasche, wobei die Ansätze ihrer Brüste aus dem Kleid hervortreten. Schnell lege ich eine Hand über die Kameralinse, mit der anderen klopfe ich auf den Lautsprecher:

»Mach schon auf, Jens.« Ich bin überrascht, wie impulsiv diese Worte klingen, aber irgendetwas an dieser Situation macht mich unfassbar nervös.

Direkt hinter der Haustür beginnt eine Treppe aus Beton, die in die erste Etage führt. Einen Zugang zum Erdgeschoss gibt es anscheinend nicht. Schon als wir die Hälfte der Stufen heraufgestiegen sind, sehe ich Christophs Grinsen. Er lehnt neben der Sprechanlage an der Wand und lässt auf Hüfthöhe den Rest seines Champagners im Glas kreisen. Wahrscheinlich hat es mit der Tür so lange gedauert, weil er noch diese Pose üben musste. »Ich glaube, die Sprechanlage ist kaputt«, ruft er so unschuldig die Treppe hinab, dass ich ihn am liebsten an seiner schmalen bordeauxroten Krawatte kopfüber die Steinstufen herunterziehen würde. »Machst du heute die Empfangsdame?«, antworte ich und nehme immer zwei Stufen auf einmal, denn auch von dort oben hat er beste Aussichten auf Marinas Dekolleté. Als ich endlich auf Augenhöhe mit ihm bin, lasse ich mein Lächeln für einen Moment zu einer Fratze entgleisen, warte, bis Marina mich eingeholt hat, und ziehe sie an ihm vorbei.

Der Sonnenuntergang taucht das Wohnzimmer in ein orangenes Licht, das alle Konturen ganz weich erscheinen lässt. Bis auf etwas Loungejazz, der aus den Sandsteinboxen in den Ecken des Raumes schallt, ist es still: In kleinen Gruppen stehen die Gäste andächtig vor den Scheiben und schauen zu, wie die Sonne über der Stadt zerfließt. Ich scanne die durchtrainierten Rücken und Hinterteile, die Frisuren und Drinks. Stefan hat bereits drei leere Rotweingläser auf dem Glastisch neben sich abgestellt, unter Deborahs Rock zeichnet sich überdeutlich ein Baumwollslip ab, Christina trägt ein geschlitztes, schulterfreies Kleid, das ihre grazilen Schlüsselbeine entblößt. Sogar die Auszubildende hat sich hübsch gemacht und verdächtig nah am Buffet positioniert. Obwohl sie sorgfältig poliert sind, wirken die obligatorischen Edelstahlwannen deplatziert inmitten des hochwertigen Interieurs. Gleich und gleich gesellt sich gern, denke ich und finde es schade, dass ich gerade sauer auf Christoph bin, denn er wäre ein dankbarer Abnehmer für diesen Witz.

Obwohl die meisten Gäste uns auf dem Kiesweg gesehen haben werden, beachtet uns niemand. Nur die Auszubildende schaut verzweifelt herüber. Ich bin aber nicht sicher, ob es daran liegt, dass sie in Marina und mir Verbündete sieht, weil sie ebenfalls ignoriert wird, oder daran, dass sie nun ihre Hoffnungen begraben muss, mich morgen früh mit dem Geruch von Blaubeermuffins zu wecken. Wahrscheinlich hat sie eine Tupperdose für das Buffet mitgebracht und steht jetzt nur deshalb wie angewurzelt dort, um sie zu bewachen, damit ich auch sicher einen abbekomme. Ich nicke ihr dankbar zu.

Ich rufe mir die Regeln aus dem Körpertraining ins Gedächtnis. Den Raum durch Bewegung in Besitz nehmen. Meine Ledersohlen gleiten über das atemberaubend glatte Parkett, dass es sich fast anfühlt wie Schlittschuhlaufen. Nicht mit suchendem Blick stehen bleiben. Die hochwertige Einrichtung aus Post-Bauhaus-Möbeln, mittelpreisigen Skulpturen und frei stehenden Bücherregalen wird angenehm gebrochen durch gekreuzte Skateboarddecks, die wie Wappen an die Wände geschlagen sind. Gedimmte Designerglühbirnen in abstrakten geometrischen Formen hängen in unterschiedlicher Höhe von der Decke, manche so tief, dass ich ihnen ausweichen muss, um mir nicht die Frisur zu versengen.

Marina stößt mich in die Seite. »Was macht der denn hier?« Sie deutet unauffällig auf einen Mann in einem altmodischen Cordanzug, der in einer Gruppe mit Patrick steht. Ich zucke mit den Schultern und blicke mich nach Jens um. »Ein Freund von Jens vermutlich«, sage ich abwesend. »Das ist Michel Samida!«, sagt Marina in einem Ton, als hätte ich gerade P. T. Barnum, den Urvater der PR, nicht erkannt. Zwar kommt mir der Name vage bekannt vor, ich kann ihn aber ad hoc keinem Klienten zuordnen. »Bei dem hatte ich mich auch beworben.« – »Ah«, sage ich und laufe weiter, doch Marina ist wie angewurzelt stehen geblieben. »Sollen wir uns dazustellen?«, frage ich und winke Patrick zu. »Auf keinen Fall!« Sie dreht sich schnell weg, nimmt ein Champagnerglas vom Tablett eines Kellners und trinkt einen tiefen Schluck.

Ich entdecke Jens auf einem der Lederkuben, die scheinbar zufällig im Raum verteilt sind. Er unterhält sich mit einem Mann, der aussieht, als hätte sich ein eingeöltes Mastschwein in einen teuren Zweireiher gezwängt. Ich nehme Marinas Hand und gehe auf die beiden zu. Als er uns sieht, springt Jens auf und läuft uns entgegen. Er umarmt mich. »Habe schon geahnt, dass der Star des Abends spät kommen würde, um nicht der Erste zu sein«, flüstert er mir ins Ohr. Mir schießt Blut in die Wangen, und ich lächle ertappt. Als habe er sie gerade erst neben mir entdeckt, ruft Jens aus: »Und Marina!« Ich bin unsicher, ob er im Büro nur so getan hat, als wüsste er ihren Namen nicht, oder ob er ihn nachher in meiner Akte nachgelesen hat. »Wie bezaubernd! Eine Schande, dich jetzt erst kennenzulernen«, sagt er und verstellt seine Stimme um einen ganzen Tonschritt nach unten. Marina reicht ihm lächelnd die Hand. Es macht ihr anscheinend gar nichts aus, geduzt zu werden, obwohl sie sonst darauf besteht, von älteren Männern gesiezt zu werden. »Wir haben uns schon getroffen – zwei Mal«, sagt sie ganz ohne Zorn in der Stimme, und ich frage mich, ob Jens' Ignoranz eine Masche ist, um ihr gleichzeitig ein Kompliment zu machen und sie zu verunsichern. So würde ich es jedenfalls machen.

Jens' Gesprächspartner versucht ebenfalls seinen Körper in die Höhe zu wuchten, fällt aber in den Kubus zurück, wobei die Luft mit einem schmatzenden Geräusch aus dem Leder entweicht. Für mich wäre es völlig in Ordnung, wenn er sitzen bliebe, aber jetzt hat ihn der Ehrgeiz gepackt. Er beugt sich so weit wie möglich nach vorne und verlagert seinen Körperschwerpunkt über seine Beine. Er stützt sich mit den Händen auf den Knien ab und drückt sich langsam nach oben. *Durchsetzungsfähigkeit und Härte gegen sich selbst, das macht Top-Manager aus*, denke ich, als er endlich aufrecht vor mir steht.

Der Mann streckt mir seine Hand entgegen. Seine tief liegenden, farblosen Augen kommen mir unbestimmt bekannt vor – wie bei jemandem, der mir online ständig als neuer Freund angeboten wird, den ich aber doch immer wegklicke, weil mich irgendetwas an diesem Miniatur-Gesicht beunruhigt. Ich nenne meinen Namen und gebe ihm die Hand. Entgegen meiner Erwartung ist sie zwar warm, aber nicht feucht. Ich schiebe Marina nach vorne. An die feinen Glieder ihrer Finger wird er bestimmt später noch denken, wenn er im Hotelbett seine Speckschürze zurückklappt. Als ich mir diese Szene vorstelle, schäme ich mich plötzlich geradezu für meinen austrainierten Körper und Marinas goldene Locken, die ihr wie Honey Loops über die Schultern fallen, und fast möchte ich für einen Tag mit ihm tauschen, damit er auch einmal erfährt, wie es ist, jemand zu sein wie ich.

»Robert Pfeiffer, Chief-PR-Consultant unseres Klienten«, stellt Jens ihn vor, und ich muss an eine Regel denken, die Christoph mir von Anfang an eingebläut hat: *Je dicker die Männer in High-class-Anzügen, desto mächtiger.* Plötzlich fällt mir auch ein, woran mich Pfeiffer erinnert, nämlich an einen dieser rotwangigen Weizenbarone aus dem Mittleren Westen, die sich mit vergoldeten Maiskolben am Revers ihrer Übergrößen-Anzüge in Privatjets zwischen ihren Farmen hin und her fliegen lassen.

»Ganz Brasilien ist in Aufruhr«, sagt Pfeiffer. Seine Stimme klingt merkwürdig gepresst, und alle paar Sekunden muss er sich mit dem Zeigefinger zwischen Hals und Hemdkragen fassen, um zwischen zwei Sätzen überhaupt Luft zu bekommen. »Man munkelt, aufgebrachte Bürger hätten schon die erste Brandroderfamilie aufgeknüpft ...« Als er Marinas entgeisterten Blick bemerkt, entschuldigt sich Pfeiffer, dies sei natürlich ein Scherz gewesen. Niemand sei tot, noch nicht, sagt er – aber ich bin mir da nicht so sicher. Trotzdem lächle ich jetzt, um die Situation etwas aufzulockern. »Die Widerstände der brasilianischen Legislative geben nach wie Grashalme«, bestätigt Jens. »Dann sind Sie zufrieden?«, frage ich. Pfeiffer patscht mir auf die Schulter. »Gute Arbeit. Aber ich bin ja auch nicht von der Ethik-Kommission«, sagt er, und die beiden lachen unisono.

»Und Sie sind hier, um mir das zu sagen?«, frage ich scherzhaft, um vom Thema abzulenken. »Robert ist hier wegen der Planungen für den Nachhaltigkeitstag«, sagt Jens. »Ich bringe ihn mit Professor Samida zusammen.« Marina zuckt bei der Erwähnung des Namens ein bisschen zusammen. Jens lächelt wissend. »Du kennst ihn ja schon, habe ich gehört?«, fragt er sie.

Der Loungejazz bricht mitten in einer mittelmäßigen Saximprovisation ab. Noch eine Sekunde hängt das Summen der Gespräche im Raum, dann ist es vollkommen still. Die einzige freie Wand des Raumes, an der nur Markierungen eines Squash-Courts und die schwachen Abdrücke verschiedenfarbiger Bälle zu sehen sind, beginnt zu flimmern. Die Konturen der YouTube-Seite nehmen Form an. Der Cursor blinkt in der Suchleiste. Ich wette, jeder hier im Raum hat das Video bereits gesehen. Außer Marina. Das Bild schaltet auf Fullscreen um. Play.

Das Brüllen des Feuerinfernos fegt aus den Sandsteinboxen. Die miese Aufnahmequalität des Smartphones hat die Höhen und Tiefen abgeschnitten. Meine Füße kribbeln, als hätte ich die Lederschnürbänder meiner Fratelli Rossetti maximal zusammengezurrt und den Blutfluss abgeschnürt. Die verpixelte Juana verschwindet in der Hütte. Das Kribbeln setzt sich als Zittern in meinen Beinen fort und schießt bis in den Oberkörper. Die Hütte geht in Flammen auf. Ich mache einen unkontrollierten Schritt zur Seite und halte mich an einem Arm fest. Meine Hand liegt auf Christinas nackter Haut. Ich blicke für eine Sekunde in ihre grauen Augen, dann steigt ein saurer Geschmack meine Speiseröhre hinauf.

Marina hat den Mund geöffnet, ihre Hände sind vor ihrem Bauch erstarrt, als wolle sie glaubhaft illustrieren, dass ihr der Clip auf den Magen geht. Juana bricht bewusstlos zusammen, hält das Baby im Fallen weit vor sich, das ganz sanft auf dem Boden zu liegen kommt. Applaus brandet auf. Ich höre Johlen und begeisterte Pfiffe. Meine Hände klatschen leblos ineinander. Jemand klopft mir hart auf die Schulter. An der Wand werden die nächsten Videos zum Anschauen vorgeschlagen: *Stop deforestation now!, Top 10 impossible saves by spanish international Iker Casillas, Hot Chili Ranch Burger Commercial,* EIN TAG IM PARADIES | *Unge, Pepe Coentrão – Deixe-me ser o seu fogo.* Neben mir tupft sich Christina eine Träne aus dem Augenwinkel. Jens beendet den Vollbildmodus, scrollt nach unten, zoomt ran, und da stehen sie: die 3.267.981 Views.

»Don't try this at home!«, ruft er in den Applaus hinein, und das Johlen verstärkt sich noch mal um einige Dezibel. Ich greife zwei halb volle Gläser vom nächstbesten Tisch und stürze den Inhalt hinunter. Undeutlich, als hätte ich Wasser in den Ohren, höre ich Jens über Impressions und Grassroots sprechen, über das Sponsern von Bürgerbewegungen, die Rolle der Wirtschaft bei der Bekämpfung des Klimawandels, dann die üblichen Storytising-Buzzwords …

An der Bar gieße ich Whiskey in einen frischen Tumbler. Ich lasse das Getränk ein paarmal in meiner Mundhöhle kreisen, bis das Zahnfleisch angenehm brennt und ich das Gefühl einer oberflächlichen Desinfektion habe. Mit dem Alkohol kehrt auch das Blut in meinen Kopf zurück, und mein Körper entspannt sich. Ich fülle den Tumbler gerade noch einmal nach, als sich plötzlich alle Gäste zu mir umdrehen. Ich blicke zu Jens, der seine Rede beendet und sein Glas zum Anstoßen gehoben hat. Um der Dramaturgie willen blicke ich theatralisch hinter mich. Ein Lachen brandet auf, und als ich mich wieder umdrehe, applaudieren die Gäste. Ich deute eine Verbeugung an und presse meine leeren Handteller aufeinander, wie ein Politiker, nachdem er Großes geleistet und Völker nach jahrhundertelanger Spaltung zusammengeführt hat. Nun steht er zwischen armen Fabrikarbeitern und Familien in der jubelnden Menge und bedankt sich demütig. Mütter schubsen ihre schönsten Töchter in die erste Reihe. Ich nicke Jens zu. Es ist ein perfekter Moment.

Als ich alle Hände geschüttelt und so oft angestoßen habe, dass ich mehr schwankend als gehend auf der anderen Seite des Raumes ankomme, unterhalten sich Marina und Christina gerade angeregt mit Jens. Am übertriebenen Konsensbestreben, das sich in wechselseitigen Komplimenten und verbindlichen Armberührungen äußert, sehe ich, dass die beiden Frauen sich schon jetzt hassen. Als ich so Marina neben der minimal besseren Version ihrer selbst stehen sehe, denke ich, dass ich sie sehr liebe. So selbstbewusst, wie sie ihre Haare zurückwirft und ihre Zähne zeigt, frage ich mich, ob ihr überhaupt bewusst ist, dass ihre Hüften wenige Zentimeter breiter sind und ihre Brust minimal flacher ist als die von Christina. Im Umkehrschluss halte ich es gewissermaßen auch mir zugute, dass ich sozusagen nicht die beste aller möglichen Frauen liebe, sondern eben Marina. Meine Marina, die sich in einem berufsvorbereitenden »Besuche aus der Praxis«-Seminar in den ehrgeizigen, idealistischen Journalisten verliebt hat, der von seinen Investigativ-Recherchen im Soja-Business berichtete, und die jetzt immer noch hier neben mir steht, obwohl von dem Journalisten nicht mehr viel übrig geblieben ist. Ich spüre, wie Kaskaden von Neurotransmittern ausgeschüttet werden, und mir wird ganz warm.

Ich stoße sie leicht mit dem Ellenbogen an, doch sie wirft mir nur einen flüchtigen Blick zu. Über ihrer Nasenwurzel hat sich eine Furche gebildet, aber davon lasse ich mir an meinem großen Abend nicht die Stimmung vermiesen. Weil ich gerade so in Gönnerlaune bin, trinke ich schnell aus und biete an, für alle neue Getränke zu holen, aber niemand reagiert, weil Jens Marina gerade ein Kompliment für ihren gesunden Teint macht. Das ärgert mich ein bisschen, weil ich ihr bloß zu ihrem neuen Oberteil gratuliert habe und es obendrein gelogen war. Jeder kann sehen, dass Marina zu blass ist. Vor allem, wenn Christina direkt danebensteht, die das ganze Jahr über einen zart gebräunten Teint hat. Doch als ich Marinas freudiges Lächeln und diesen Glanz in ihren Augen sehe, habe ich Angst, gerade etwas Essenzielles verpasst zu haben.

Jens berührt mich zwischen den Schulterblättern. »Kleine Tour?« Ich proste noch einmal schnell in die Runde und folge ihm auf die andere Seite des Wohnzimmers, wo unzählige Pokale auf einem Wandbord glitzern. Statt der üblichen Fußball- oder Tennisspieler tragen die Trophäen Halfpipes und Skateboards auf ihren Spitzen. Die Pokale funkeln, als hätte Jens sie gerade erst gewonnen. Kein Fettfleck, kein Staubkorn ist an der Oberfläche zu sehen. Ich bemühe mich, die Sammlung lang genug zu bewundern, und gebe anerkennende Laute von mir, bis Jens die Tour fortsetzt.

In einer Vitrine steht eine aufgesägte Gipsmanschette auf einem Sockel. »Kalifornische Masterships 1988«, sagt Jens wie ein Museums-Guide. »Halfpipe-Finale. 9,1 Punkte waren vorgelegt. Ich musste alles riskieren.« Jens macht eine Pause und klopft mit dem Knöchel seines rechten Zeigefingers an die Vitrine, die dumpf vibriert. »Du weißt, warum ich dir das zeige?«, fragt er. Ich habe keine Ahnung. Ich nicke. »No risk, no gain«, sagt er mit einer Überzeugung, als hätte er sich den Spruch auf seine Brust tätowieren lassen. »Das ist der Spirit der Agentur.« – »No risk, no gain«, wiederhole ich mit andächtiger Stimme.

»Nach dem Sturz bin ich nie wieder richtig reingekommen«, sagt Jens und bewegt sich weiter an seiner Wall of Fame entlang. »Deswegen habe ich angefangen, diese hier zu sammeln.« Er zeigt auf eine Sammlung gerahmter Urkunden, die ohne sichtbares System über die Wand gestreut sind. »Nicht so schön anzusehen. Aber höher dotiert«, fügt er hinzu. Ich überfliege die Urkunden. *»Skaters for Sustainability« sind mit dem Engagement Award des Board of Californian Industry for the Preservation of Natural Resources ausgezeichnet worden. Jens Mars erhält den Outstanding Achievement-Award des State of California Sustainability Council. Mars & Jung erhalten den DPRG-Preis in der Kategorie Innovative & Kreative PR.* »Skaters for Sustainability?«, frage ich. »Jeder fängt klein an«, zwinkert Jens und führt mich weiter an der Wand entlang.

Wir bleiben vor einem Bild mit schwarzer Fassung stehen. Das querformatige Foto ist zweigeteilt: Die linke Hälfte ist komplett weiß, auf der rechten sieht man zwei junge Männer Arm in Arm am Strand stehen. Sie tragen hautenge Neopren-Hosen, hinter ihnen sind Surfboards in den Sand gesteckt. Sofort erkenne ich den jungen Jens Mars. Die Lachgrübchen haben sich noch nicht so tief in sein Gesicht gegraben, und sein Haar sieht viel voluminöser aus als heute, doch das liegt vielleicht auch am Salzwasser. An seinem durchtrainierten, nackten Oberkörper schlängelt sich eine Narbe empor. Der andere Mann blickt mit wässrigen Augen an der Kamera vorbei, als würde er etwas in der Ferne suchen. Auch er hat diese typischen Surfermuskeln, drahtig und flach, durch tägliches Paddeln organisch gewachsen. Zur Seite hin bleicht das Bild aus, was ein bisschen so aussieht, als wäre der Mann immer nur auf der sonnenabgewandten Seite gesurft und deshalb ungleichmäßig gebräunt, was aber natürlich Quatsch ist, weil das Wasser die Strahlen perfekt reflektiert. Erst jetzt kapiere ich, dass das Foto wohl das letzte Bild des Films war und deswegen nur noch zur Hälfte belichtet werden konnte.

Ich kann meinen Blick gar nicht mehr von der Narbe lösen, die über Jens' Schlüsselbein den Hals hinaufreicht. Plötzlich wird mir klar, warum er seine Hemdkragen auch ohne Krawatte immer geschlossen trägt, während sonst ja fast alle einen casual look bevorzugen. Seine Narbe, die auf dem Jugendfoto noch martialisch und cool aussieht, muss mit der Zeit richtig hässlich geworden sein, wie die Dehnungsstreifen bei so Leuten, die zu schnell abnehmen. »Kommt die vom Skate-Unfall?« Jens' Miene verhärtet sich plötzlich. »Wir sind nicht hier, um über mich zu reden, mein Freund«, sagt er scharf. Sein Blick ist unangenehm stechend, kalt. Ich bin kurz davor, auf den Boden zu schauen, da entspannt er schlagartig seine Gesichtsmuskulatur, als hätte er nur einen Witz gemacht, und lächelt freundlich: »Falls du in einem Jahr noch in der Agentur sein solltest, reden wir weiter.« – »Locker«, sage ich. Jens lacht laut auf. »Weißt du, wer das ist?«, fragt er und legt seine Hand auf meine Schulter. »Das ist Alex.«

Ich versuche, mich an Details aus der Corporate History der Agentur zu erinnern, die ich damals für das Bewerbungsgespräch auswendig gelernt habe, glaube aber, dass sie Jung vollkommen verschweigt und dort nur so etwas wie »seit 2003 führt Jens Mars die Agentur Mars & Jung als alleiniger Kreativdirektor und Geschäftsführer« steht. Im Netz habe ich damals lediglich einen Alexander Jung gefunden, der eine Osteopathiepraxis in Schwäbisch Gmünd oder so betreibt. Als ich an das Bild auf der pastellfarbenen Praxishomepage denke, muss ich fast auflachen, denn ich habe mir Jung seitdem immer als weich gezeichneten Typen mit safrangelbem Haar und grotesken Ohren vorgestellt. »Ihr beiden erinnert mich an uns«, sagt Jens und blickt hinüber zu Christoph, der gerade den Getränkehalter für Christina und Marina macht. Ich nicke und stelle mir vor, wie so ein Foto von mir und Christoph aussehen könnte. Wir würden mit rußverschmierten Oberkörpern vor den brennenden Hütten im Urwald stehen, ganz wie auf dem Poster eines Katastrophen-Blockbusters, denke ich und nehme mir vor, mit Photoshop mal so ein Bild zu basteln und an den Agentur-Kühlschrank zu hängen. Jens kneift mir in den Nacken. »Die Frage ist nur: Wer bist du?«

13

Marina ist verschwunden. Ich bin mittlerweile schon ziemlich betrunken und lehne an der Bar, wo ab und zu Leute vorbeikommen und mit mir anstoßen. Kaum hörbar klirrt es. Christina füllt sich Champagner nach. »Das war so beeindruckend«, haucht sie, und ein leicht säuerlicher Geruch steigt mir in die Nase. Manchmal erinnert mich Christina an eine junge Hündin. Ihr Mund ist immer leicht geöffnet, die Lippen glänzen feucht. Ich weiß zwar, dass dies hundertpro eine Masche ist, aber schon als Junge hatte ich ein Faible für Susi mit ihren kleinen Zeichentrickzähnchen. Christina nimmt einen Schluck und schaut mich über den Rand der Flöte an. Am Glas ist ein feiner Abdruck ihres roten Lippenstifts zurückgeblieben. Ich bin überrascht, dass ich es gar nicht problematisch finde, nur aufgrund meines neuen Status von ihr umworben zu werden. Es gefällt mir sogar ganz gut. Ich weiß, dass es lediglich ein Spiel ist, von dem wir beide profitieren, und Christina weiß es auch. Nur Christoph hat noch nicht verstanden, dass es überhaupt nicht persönlich von Christina gemeint ist, dass sie jetzt der neuen Nummer eins hinterherläuft. *That's business.* Es ist dabei aber ganz offensichtlich, dass ich auch nur eine Durchgangsstation auf Christinas Weg nach ganz oben bin, denn jetzt blickt sie über meine Schultern hinweg und sucht den Raum nach Jens ab. »Marina ist auch weg«, sage ich und zucke mit den Schultern. »Jens hat sie ›entführt‹.«

Christina formt Gänsefüßchen mit ihren Fingern. Sie stellt sich auf ihre Zehenspitzen und flüstert mir ins Ohr: »Bleiben wohl nur wir zwei.«

Christoph packt mich am Arm und zieht mich zur Seite. Ich bin so überrumpelt, dass ich etwas Champagner auf den Boden verschütte. Die Tropfen stieben auf dem frisch polierten Parkett auseinander wie ein Schwarm Sardinen bei einer Raubfisch-Attacke. Ein paar Spritzer landen auf Christophs Wildlederschuhen. Sein Gesicht ist wutverzerrt. Er presst die Zähne zusammen: »Du hast mich hintergangen.« Ich nicke bedächtig und tue so, als würde ich Leuten direkt hinter ihm zuprosten. Als Christoph merkt, dass ich nicht auf seinen Satz eingehen werde, zwingt er ein Lächeln in sein Gesicht, als sei das eben nur ein ironisches Filmzitat gewesen, und macht einen auf gönnerhaft. »Ich muss dir gratulieren«, sagt er stockend, als würde er jedes Wort einzeln von einem defekten Teleprompter auf meiner Stirn ablesen. »Ich hätte so was nie übers Herz gebracht.«

Der oberste Knopf von Christophs Hemd ist geöffnet, die Krawatte hängt wie ein Lätzchen um seinen Hals. Sein Kehlkopf ist schon wieder entblößt. Plötzlich muss ich an eine Doku denken, die ich vor ein paar Monaten spät nachts gesehen habe, als ich nicht schlafen konnte. Ein ehemaliger Kindersoldat erzählte mit brüchiger Stimme, wie sie von den Warlords gezwungen wurden, gegeneinander zu kämpfen auf Leben und Tod. Als Auslesemaßnahme. Überblendung in grobkörniges Originalmaterial. Ein kiffender Rebellenführer malt mit seinem Gewehrlauf einen Kreis in den Sand, und zwei Jungen mit stumpfen Messern in den Fäusten werden in den Ring geschubst. Drumherum schreien die anderen Kinder wie bei einem Hahnenkampf durcheinander und stechen mit ihren

Messern zu, wenn einer der beiden den Kreis zu verlassen droht, sodass die Kämpfer bald aus unzähligen kleinen Wunden bluten. Mir wird ganz übel, als ich daran denke, wie der eine Junge sich dann auf die Oberarme des anderen kniet, genau so, wie ich immer bei meinem Bruder Muskelreiten gemacht habe. Dann schließt sich seine Hand um den Hals des anderen, das Messer senkt sich und das Bild wird ausgeblendet.

»Ich finde, wir sollten auch mal was außerhalb der Agentur unternehmen. Klettern gehen oder so ...« Christophs Worte versickern im Klappern des Porzellans, denn das Buffet wird gerade eröffnet. Er gibt sich wirklich Mühe, wieder eine produktive Arbeitsatmosphäre zwischen uns herzustellen, und ich glaube, er macht mir gerade so etwas wie ein Friedensangebot. Dabei ist der Krieg noch gar nicht richtig ausgebrochen. Ich nicke und sage mit belegter Stimme, dass seine Zweifel berechtigt waren, ich ihn ebenfalls bewundere und das Ganze ohne seine Supervision sicher schiefgegangen wäre. Ich reihe noch weitere Nullsätze aneinander, bis er denken muss, ich halte ihn für den nächsten Edward Bernays. Wir stehen etwas verlegen da, und der Moment, in dem wir uns umarmen und hart auf die Schultern hätten klopfen können, verstreicht. »Sollen wir noch einen nehmen?«, frage ich und hebe meinen halb leeren Drink.

»Jens hat dir das Bild gezeigt, oder?«, meint Christoph. Ich spucke ihm fast den schalen Champagner aufs Revers. »Hat mich damals auch geschockt«, fährt er fort und nippt entspannt an seinem Getränk. Mein Glas klirrt auf den Tisch. Ich muss an den Typen denken, der mir am ersten Tag in der Agentur mit gesenktem Kopf und einem Karton in den Händen entgegenkam. Dessen Spind und Schreibtisch mir zugewiesen wurde. An dessen Namen sich schon am selben Tag keiner mehr erinnern konnte, als ich beim ersten Lunch im Deli nach ihm fragte. Dings halt. Christoph hat damals die erste Runde gewonnen. Aber er blutet auch schon. »Was hat dich geschockt?«, frage ich, als hätte ich zu viel getrunken und der Sinn seiner Worte sei erst jetzt zu mir durchgedrungen. Mein Mund ist staubtrocken. Christoph drückt den Rücken durch, und plötzlich befinden sich seine Augen ungefähr zwei Zentimeter über meinen. »Hat Jens dir nicht von Alex' Surfunfall erzählt?«

Ich entdecke Marina im Flur. Sie lehnt mit dem Rücken an der Wand, die Knie etwas gebeugt, um auf gleicher Augenhöhe mit Jens zu sein. Die Brille baumelt in ihrer Hand. Ich greife drei Champagnergläser von einem Tablett und stelle mich zu ihnen. »Als Reaktion auf die Proteste wird Brandrodung massiv eingedämmt, die man vorher stillschweigend geduldet hat. Gleichzeitig fürchtet die Regierung steigende Nahrungsmittelpreise, wenn nicht permanent neue Flächen erschlossen werden. Also werden neue Sorten biotechnologisch optimierten Saatguts zugelassen, denn die Pflanzen unseres Klienten wachsen auch auf ausgelaugtem Boden. Mal ganz vereinfacht gesagt. Natürlich gehört dazu noch jede Menge Lobbyarbeit. Vom Ergebnis profitierten unser Klient, die Umwelt und vor allem die Menschen«, monologisiert Jens. Ich sehe am Zucken von Marinas Wimpern, wie sie die Lücke in seiner Argumentationskette aufzuspüren versucht. Selbst wenn sie eine fände, hätte Jens auf jeden der typischen Einwände wie Monokulturen, Patentmissbrauch, Monopol eine perfekt einstudierte Replik. Wahrscheinlich könnten wir sie gemeinsam im Chor aufsagen. »Das ist PR«, fügt er hinzu, trinkt einen Schluck und blickt sie über den Rand des Glases fordernd an.

»Das ist Neokolonialismus«, sagt Marina wütend und leert ihren Champagner in einem Zug. »Thomas hat mir von deinem Promotionsvorhaben erzählt«, lügt Jens. »Es geht um postkoloniale Erinnerungskulturen, oder?« Marina nickt erstaunt. »Vielleicht möchtest du dich mal mit meinem Freund Michel unterhalten. Er würde sich sicher freuen, dich wiederzutreffen.« Jens zeigt auf den Professor, der gerade mit Pfeiffer anstößt. »Woher kennen Sie überhaupt…«, beginnt Marina, doch Jens unterbricht sie. »Kennst *du*. Wir wollten uns doch duzen«, sagt er mit gespielter Empörung. »Woher kennst du überhaupt Professor Samida?«, korrigiert sich Marina und errötet. Sie versucht, noch einen Schluck Champagner aus ihrem leeren Glas zu nehmen. »Michel und ich sind Mitglieder eines Thinktanks. *Sustainability through business and science*«, sagt Jens. »Eine dieser fruchtbaren Kooperationen zwischen privatwirtschaftlichem und öffentlichem Sektor«, sagt Marina verächtlich, doch insgeheim ist sie angefixt, das sehe ich daran, dass sie ihre Wirbelsäule durchdrückt und ihr Po etwas flacher wird. Jens ergreift ihren Arm und zieht sie sanft von mir weg. »Kann ich kurz mit dir sprechen?«, frage ich Marina, obwohl ich eigentlich gar nicht genau weiß, worüber. »Später«, sagt sie und drückt mir ihr leeres Champagnerglas in die Hand. Ich streiche ihr über den Rücken, aber sie ist schon in der Vorwärtsbewegung, wirft mir einen nichtssagenden Blick über die Schulter zu. Ich finde, das Licht hier im Flur macht ihre Haare ganz stumpf. Im Weggehen zwinkert Jens mir zu. Er hat das im Griff.

Schon wieder steht Christina ohne Vorwarnung neben mir. Sie umfasst mit ihren zierlichen Fingern mein Handgelenk und zieht mich in Richtung Bad. So zielstrebig, als hätte sie nur auf diesen Moment gewartet, klackern ihre Heels über den Boden. Weil Christoph gerade mit suchendem Blick aus dem Wohnzimmer kommt, lasse ich mir extra Zeit, damit er diesen historischen Moment nicht verpasst. Bevor Christina die Tür hinter uns schließt, sehe ich durch den Türspalt, wie er sich seinen Mantel über die Schultern wirft und die Treppe heruntereilt. Ciao, bello.

Christina dreht den Schlüssel im Schloss um und wirft ihre Handtasche auf den Waschtisch aus Marmor. »Wir bedienen uns mal bei Jens …« Unter dem Waschbecken zieht sie eine kleine Niveadose hervor. Sie ist randvoll mit weißem Pulver gefüllt. Mit ihrer Kreditkarte schaufelt Christina das Kokain auf die Marmoroberfläche und schiebt zwei Lines zusammen, den üppigen Rest kratzt sie in ein vorbereitetes Briefchen. Aus ihrer Handtasche kramt sie Post-its hervor und reicht mir eins, das ich zu einem Röhrchen rolle. Christina beugt sich zuerst über den Waschtisch. Nachdem ich dran war, muss ich niesen. Christina lacht auf, und ich sehe ihr pinkes Zahnfleisch. Mir fällt zum ersten Mal das kleine Muttermal auf ihrer linken Wange, direkt neben der Nase, auf. Christina kontrolliert im Spiegel ihre Nasenlöcher. Dafür beugt sie sich weiter nach vorne als nötig. Sie grinst, als sich unsere Blicke im Spiegel treffen. »Bin gleich wieder da«, sage ich und entriegle die Tür.

Ich nehme ein Glas vom nächstbesten Tablett und spüle den bitteren Geschmack im Rachen mit Champagner weg. Ich kann weder Marina noch Jens finden. Dafür unterhalte ich mich angeregt mit einigen Mitarbeitern und Fremden, sogar mit der Auszubildenden trinke ich einen Wodka-Shot und nehme mir fest vor, ihren Namen zu behalten, ich glaube, sie heißt Jeanette. Später stelle ich mich neben Professor Samida und verwickle ihn in ein Gespräch. Nachdem wir angestoßen haben, frage ich ihn beiläufig, ob er Jens gesehen habe. Er antwortet, der sei bis eben noch mit einer vielversprechenden jungen Ethnologin hier gewesen. »Machen Sie ihr keine falschen Hoffnungen«, sage ich und trete einen Schritt näher an ihn heran. Seine Augen sind bereits vollkommen glasig. »Keine Sorge. Es ist alles schon beschlossen.« Er hält mir sein Glas zum erneuten Anstoßen hin. Verwirrt hebe ich auch meins.

Meine Laune flacht ab, und ich kehre zum Bad zurück, wo Christina gerade mit zwei Typen in Versace-Anzügen redet. Ich bleibe in einiger Entfernung stehen und gehe unauffällig die an der Garderobe hängenden Kleidungsstücke durch. Deborah hat ihr Smartphone in ihrer Baumwolljacke vergessen, nicht einmal ein Passwortschutz ist gesetzt, also schieße ich ein Foto von mir und stecke das Handy zurück. Im Mantel von Patrick ertaste ich einen langen, spitzen Gegenstand. Eine blaue Regenjacke finde ich nirgends. Als Christina mich bemerkt, deute ich mit fragendem Blick auf die Tür. Christina nickt den Typen noch ein paarmal interessiert zu, dann lässt sie die beiden wortlos stehen. Mit wiegenden Hüften kommt sie auf mich zu und öffnet ihre Hand, in der das Briefchen liegt. »Ich weiß was Besseres«, sagt sie im Vorbeigehen und ich rieche deutlich ihren Duft, Fatale von Agent Provocateur.

»Schuhe aus«, sagt Christina. Sie stützt sich mit der rechten Hand an meinem Oberarm ab, winkelt ein Bein nach hinten an und öffnet die Schnallen ihrer Heels. Ich blicke die Treppe hinauf. Die Party ist kaum mehr zu hören, ab und zu dringt ein Lachen oder das Klirren von Gläsern zu uns hinunter. Ich ziehe Schuhe und Strümpfe aus und folge Christina durch die Glastür zum Indoor-Pool. Die Wasseroberfläche glitzert im

Mondlicht, das durch die Fensterfront fällt. Draußen auf der Terrasse stehen ein paar Holzmöbel herum, dahinter beginnt der Garten, der mit Lampions ausgeleuchtet ist. »Keine Sorge, alles verspiegelt.« Christina taucht ihre Zehen ins Wasser, und winzige konzentrische Wellen gehen von ihrem Fuß aus. Sie schüttet den Inhalt des Briefchens auf die Kreditkarte und taucht ihr Röllchen in den Haufen. Schniefend reicht sie mir die Karte.

Christina öffnet den Reißverschluss ihres Kleids und lässt es zu Boden gleiten. Auf ihrem Rücken sind die Bräunungslinien eines Bikinis zu erkennen. Ihr Po zeigt ebenfalls den Abdruck eines knappen Bikinihöschens, zwischen den Backen in Birnenform erkenne ich einen schwarzen Spitzentanga. Sie bedeckt ihre Brüste mit einem Arm und steigt die Leiter in den Pool hinunter. Dort drückt sie sich von der untersten Sprosse ab und schwimmt in Rückenlage mit vier Beinschlägen auf die andere Seite. Dabei fixiert sie mich eindringlich mit ihren schwarz getuschten Augen. »Komm«, ruft sie. Ich beuge mich über die Karte und ziehe den Rest des Häufchens weg.

Draußen im Garten sehe ich zwei Schatten spazieren gehen. Ich öffne die Terrassentür, weil ich das Gefühl habe, dann klarer sehen zu können. Als die beiden unter einem Lampion vorbeigehen, erkenne ich Jens und Marina. Ich streife mein Jackett ab, öffne die Knöpfe meines Hemdes und gleite aus der Anzughose. Ich gehe zur Längsseite des Pools, sodass ich mein Spiegelbild in den Glastüren sehen kann. Ich glaube, die Scheiben sind leicht konvex, denn mein Körper erscheint mir ungewöhnlich hager, als würde das Training nicht fruchten. Christina schwimmt auf dem Rücken einen Halbkreis um mich herum. Bei jedem Beinschlag bewegen sich die dreieckigen Bikiniabdrücke knapp unter der Oberfläche. Das Wasser schwappt über den Rand und fließt zwischen meinen Zehen durch die Plastikrillen des Ablaufs. Ich breite die Arme aus und springe mit einem flachen Kopfsprung ins Wasser.

14

Ich knie hinter meinem ehemaligen Schreibtisch und versuche, die ineinander verschlungenen Stromkabel zu entwirren. Ich habe sie mit meinen nervösen Fußbewegungen dermaßen verknotet, dass es fast unmöglich ist, das Knäuel jetzt noch zu lösen. Ich schwitze. Der Hemdstoff juckt am Kragen. Mit spitzen Fingern entferne ich Haare und Staubflusen, die sich zwischen den Kabeln festgesetzt haben, und werfe sie in den Papierkorb. Ich schaue nach links und rechts unter die Tische der Kollegen. Dort verlaufen die Kabel in geregelten Bahnen.

»Entschuldigung?« Jemand berührt mich an der Schulter. Ich zucke zusammen und knalle mit dem Hinterkopf gegen die Kante der Glasplatte. Mir wird schwarz vor Augen. Ich stütze mich mit den Händen am Boden ab und bleibe ein paar Sekunden sitzen, bis der pulsierende Schmerz etwas nachgelassen hat. Meinen Hinterkopf reibend blicke ich hoch. Über mir steht ein blasser Typ Mitte zwanzig. Nervös wischt er sich sein gelbliches Haar aus der Stirn, das ein bisschen so aussieht, als hätte ihm jemand Urin über den Kopf geschüttet. »Ich soll mich bei Ihnen melden.« Er streckt mir seine Hand entgegen. Sein brauner Anzug spannt dabei an den Schultern und ist an den Handgelenken sicher einen Zentimeter zu kurz. »Wie kommst du darauf?« Ich schlage nicht ein, sondern ziehe mich an der Tischkante hoch. Der Typ druckst herum. Ich räume meine Fitness-Zeitschriften in den Karton, um sie an meinen neuen Platz, der viel näher an Jens' Büro ist, zu tragen. »Die Sekretärin hat gesagt, ich soll mich bei dem durchtrainierten, blonden Mann in blauer Stoffhose und weißem Hemd melden«, zitiert er unangenehm berührt die Auszubildende. Ich blicke mich demonstrativ um. »Sicher, dass sie nicht den meinte?«, frage ich und zeige auf Christoph, der ein paar Tische weiter gerade seinen Rekord in einer Online-Variante von Tetris knackt. »Oder den?« Ich deute auf Patrick, der an seinem Handy lautstark versucht, einen Platz in einem Restaurant zu reservieren.

»Ich mache hier Praktikum«, sagt er verunsichert. »Und ich mache nur Spaß«, sage ich und blicke auf mein Smartphone. 9:05 Uhr. »Aber du bist fünf Minuten zu spät.« Ich lege den Bilderrahmen umgedreht auf den Tisch. »Willkommen bei Mars & Jung. Ihr Image ist unser Auftrag. Meinen Namen kennst du bereits.« Ich halte ihm meine Hand hin. Für meine Verhältnisse drücke ich nicht besonders fest zu, doch er versucht gleich meine Hand übereifrig zu zerquetschen. Das gefällt mir. »Hast du eine Freundin?« Der Typ nickt verwirrt. »Eure Beziehung sieht bald so aus.« Ich drehe den digitalen Bilderrahmen um und zeige ihm das gerade angekommene Bild von Marina, die dem Betrachter ihren Mittelfinger entgegenstreckt, weil ich ihr einen Blumenstrauß mit Grußkarte »Welcome to the Real World« auf den Küchentisch gestellt habe. Auf so was reagiert sie. Dass ich auf der Party plötzlich nasse Haare hatte, scheint sie dagegen gar nicht registriert zu haben. Networking absorbiert eben eine Menge Aufmerksamkeit, wenn man neu dabei ist. Der Praktikant lacht künstlich auf, ganz so, wie es sich gehört. »Ist das dein Konfirmationsanzug?«, frage ich ihn. »Abiball«, gibt er zu. »Marke?« Umständlich zieht der Praktikant sein Jackett aus und liest vom Etikett ab. »Strellson.« Ich notiere ein paar Buchtitel und drücke ihm den Zettel in die Hand. »Besorg dir diese Bücher. Ich frage dich morgen ab.« – »*Zigarren – Guide für Genießer, High-End-Drinks – Ein Überblick?*«, liest er fragend die ersten Titel vor. »Genau. Ins Detail gehen wir später.« Ich nehme den Zettel noch mal an mich und schreibe ihm eine Adresse auf. »Und da findest du einen Anzugverleih.«

Ich schicke ihn in den angrenzenden Glaskubus zu den anderen Praktikanten und gehe an meinen neuen Schreibtisch. Dort öffne ich das Agentursystem und klicke mich durch die Personalliste, bis ich seine Akte finde. »Sebastian Roloff« steht unter seinem Bewerbungsfoto. Ich bin ein bisschen stolz, dass ich nun meinen ersten Praktikanten habe, denn der steht eigentlich nur Senior-PR-Consultants zu. Christoph wird ausrasten, wenn er das erfährt. Sebastian hat uns seit drei Jahren zuverlässig mit internen Informationen aus einer lokalen Division von Greenpeace versorgt, er hat VWL studiert, seine Abschlussarbeit trägt den Titel »Food with(out) GMO. Die Kennzeichnung ›gentechnischer‹ Lebensmittel im Freihandelsprojekt der EU und der USA«, ein früheres Praktikum hat er bei einem grünen Bundestagsabgeordneten absolviert. Obwohl das die Personalabteilung beim Background-Check sicher schon erledigt hat, gebe ich seinen Namen in einer Suchmaschine ein. Ich öffne ein paar Bilder, auf denen er als Gorilla verkleidet in der Fußgängerzone Kleinkinder erschreckt, während Dreadlock-Mädchen mit Klemmbrettern auf die Unterschriften der Eltern lauern. Zur Sicherheit lade ich die Fotos herunter, denn falls er sich bei uns bewährt, werden sie bald verschwunden sein.

Ich gehe mit zwei Milchkaffees in den Praktikantenkubus. »Damit du weißt, wie ich ihn mag«, sage ich, ohne eine Miene zu verziehen, und stelle die Tasse neben seiner Tastatur ab. »Deine ersten Aufgaben liegen schon in deinem Postfach. Die notwendigen Daten gebe ich dir gleich im System frei.« Ich wende mich zum Gehen. »Warum eigentlich Mars & Jung?«, frage ich einer plötzlichen Eingebung folgend und drehe mich noch einmal um. Ich setze mich mit einem Bein auf die Tischkante, um Intimität zwischen uns herzustellen. »Ich habe mich seit meiner Jugend in verschiedenen ökologischen Gruppen engagiert. Aber erreicht haben wir mit unseren Maximalforderungen nichts«, sagt er. »Vielleicht kann man mit kleinen Schritten mehr bewegen.« Das hat er sehr gut auswendig gelernt. Obwohl er jünger ist, erinnert er mich irgendwie ein bisschen an mich, als ich den Schritt in die Agentur gemacht habe. »Und meine Freundin ist schwanger«, fügt er hinzu und sieht mich merkwürdig an. Ich stehe auf. »Okay«, sage ich. »Bis später.«

Ich gebe dem Praktikanten die Journalistenprofile zur Bearbeitung frei. Er soll ihre Ansichten zu diversen Spezialthemen wie dem Börsengang eines Klienten, der Zulassung von neuen Sorten biotechnologisch optimierten Gemüses, Milchpreisen oder den neuen GAP-Regeln der EU in der Tabelle aktualisieren. Journalisten, die einen Score von über fünf erreichen, soll er in den Verteiler aufnehmen, der über kommende Round Tables und anstehende Reisen informiert. Ich übertrage dem Praktikanten damit eine sehr verantwortungsvolle Aufgabe, die ich eigentlich besser selbst erledigen sollte, denn auf den Tabellen und Scores baut unsere gesamte Informationspolitik auf. Andererseits mache ich mich damit gleich bei ihm beliebt und sichere mir seine Loyalität. Nach einigem Zögern tippe ich ins Nachrichtenfenster: »Und schau in der Bildersuche, ob irgendwer eine blaue Regenjacke trägt.« Ich hoffe, ich komme mit diesem Zusatz nicht merkwürdig rüber, doch wenn Sebastian schlau ist, wird er es unter die Art von Aufgaben subsumieren, mit denen Praktikanten in jeder Firma getriezt werden, um ihre Bereitwilligkeit zu testen, jeden noch so sinnlosen Befehl unhinterfragt auszuführen.

Ich checke, welche Ansprechpartner aus NGOs ihre Berichte nicht termingerecht eingereicht haben. Eine Gruppenleiterin bei Amnesty hat schon zum dritten Mal die Frist überzogen. Ich markiere sie im System mit der Farbe Orange und sende ihr eine freundliche Erinnerungsmail. Die meisten unserer Kontaktleute sind langjährige Mitglieder in den jeweiligen Organisationen, genießen das Vertrauen ihrer Mitstreiter und besetzen verantwortungsvolle Positionen in den Lokalgruppen, was sie aber nicht davon abhält, uns gegen kleinere Geldbeträge mit Informationen zu versorgen. Meist lassen sich zwar nur diffuse Planungen für Aktionen mit marginalem Irritationspotenzial aus den Berichten destillieren, und wir reagieren gar nicht auf sie. Trotzdem lohnt es sich, die Berichte aufmerksam zu lesen, denn sie erlauben einen Einblick in die kollektive Psyche dieser Gruppierungen und, zugegeben, die ideologischen Grabenkämpfe, die sich dort abspielen, sind sehr amüsant. Am lustigsten finde ich immer die Streitereien zwischen Antifa und Antideutschen über das Existenzrecht Israels. Nur in einem Punkt stimmen beide Parteien überein und ich gebe ihnen gerne uneingeschränkt recht: *Kein Gott, kein Staat, kein Vaterland. Deutschland, verrecke.*

Natürlich können wir solchen Ansprechpartnern nicht hundertpro vertrauen. Jederzeit kann es sein, dass sie das Geld in ihre Strukturen reinvestieren und uns mit Fehlinformationen versorgen, wie V-Männer in der NPD. Es ist sogar schon mal vorgekommen, dass eine Protestaktion mit Impact-Faktor B direkt durch Agenturgeld finanziert wurde, was zum sofortigen Rausschmiss von Dings führte. Nicht dem aktuellen Dings, dessen Schreibtisch ich heute nach meiner Blitzbeförderung übernommen habe und dessen Abgangsgründe ich beim Mittagessen noch eruieren muss, sondern ein paar Dings davor. Trotzdem ist die Arbeit mit unseren Ansprechpartnern eine alternativlose Praxis, wollen wir als Agentur für unsere Klienten auch auf lokaler Ebene *Agieren, statt zu reagieren*. Ein gesundes Misstrauen ist jedenfalls immer angebracht. Auch bei meinem neuen Praktikanten.

Ich schicke ihm den letztjährigen Corporate Social Responsibility Report eines Klienten sowie die neuen Zahlen, die er an den entsprechenden Stellen einarbeiten soll. Nur das Editorial, das ich dem CEO in den Mund lege, wichse ich natürlich neu auf die Seiten. Mir kommen gerade ein paar gute Sätze in den Kopf, und ich notiere sie schon mal: »Mit steigendem Wachstum steigt auch die Verantwortung unseres Unternehmens / Wir wollen eine Kultur des Füreinander etablieren / Wir teilen unsere Gewinne, weil wir sie dadurch vermehren.«

Ich klicke mich auf verschiedenen News-Seiten durch die Bildergalerien und suche das schönste Foto zum Unglück in Brasilien. Obwohl mir andere Bilder besser gefallen, nominiere ich aus Spaß Schneider in der Kategorie »Fotojournalismus« für den diesjährigen SustainableMind-Preis, bei dem exzellenter Journalismus zum Thema Nachhaltigkeit mit einem von industrienahen Stiftungen gespendeten Preisgeld ausgezeichnet wird. In meiner zweiseitigen Begründung hebe ich hervor, unter welcher Gefährdung der eigenen Person das Bild entstanden sei, dass die Qualität eines großen Fotografen darin bestehe, einmalige Momente wie diesen hier festzuhalten, und betone, dass das Bild ein Schlaglicht auf die Brandrodung als größten Gegner der nachhaltigen Erschließung des Regenwaldes werfe.

Ich telefoniere mit dem Marketingleiter eines Klienten, und wir beschließen, das Anzeigenabonnement bei einer Tageszeitung zu kündigen, da diese eine unverhältnismäßig kritische und unsachliche Berichterstattung nicht vorher mit uns abgesprochen hat. Nachdem ich die Kündigung CC per Mail erhalten habe, warte ich mit der Hand neben dem Telefon. Einige Minuten später blinkt die Nummer des Chefredakteurs auf dem Display. Ich nehme nicht ab und warte, bis er ein zweites Mal anruft. Sicher erinnert er sich nicht mehr an mich, aber in einem Kurs an der Journalistenschule hat er mal eine meiner Reportagen als »zu selbstreferenziell« und die Erzählhaltung als »blasiert« bezeichnet. Mich hat das damals in tiefe Zweifel gestürzt, und monatelang habe ich nur noch sprachlich anspruchsvolle, naturalistische Reportagen über prekäre Arbeitswelten geschrieben. Aber auch darüber kommt man hinweg.

»Das ist Erpressung!«, schreit mir der Chefredakteur ins Ohr, als ich mich schließlich am Telefon melde. Ich erwidere nichts, denn er hat recht. So grausam es aus seiner Sicht auch erscheinen mag: Solange unsere Anzeigen der Tropf sind, der die Blätter überhaupt noch am Leben erhält, steigt unser Einfluss auf die Inhalte automatisch, je mehr wir ihn zudrehen. »Wir wussten, dass so etwas passiert. Aber den Artikel haben wir trotzdem gemacht, um Ihnen zu zeigen, dass Sie nicht Gott spielen können!«, sagt der Chefredakteur triumphierend. Ich schüttele mitleidig den Kopf. Je weiter sie von sinkenden Verkaufszahlen, der Digitalisierung und Leuten wie uns in die Enge getrieben werden, desto höher halten die Zeitungsmacher ihr journalistisches Ethos. In ihrer existenziellen Behauptung driften sie dabei immer mehr in die Selbstzerstörung. Dabei wäre eine Kooperation so einfach und fruchtbar. Es gibt doch auch andere schöne Themen, zum Beispiel Sport, Literatur und Wetter. Stattdessen radikalisieren sie sich zunehmend, und irgendwann steht so ein Journalisten-Partisan mit einer Bombe unter dem Polyesterparka vor deiner Tür. Amen. »Ich kann Ihre Aufregung durchaus verstehen«, sage ich kühl. »Aber es existiert überhaupt kein Zusammenhang zwischen dem von Ihnen genannten Artikel und den Anzeigen unseres Klienten. Unabhängig von inhaltlichen Erwägungen möchte unser Klient sein Anzeigenbudget im Rahmen einer grundsätzlichen Neuausrichtung in Zukunft auf andere Medien konzentrieren.« Ich lege auf. »Danke für nichts, du Arschloch.« Langsam bekomme ich Hunger.

Ich trage die Trainingstermine für den diesjährigen Corporate Run ins Intranet ein. Ich habe freiwillig die Organisation des Trainings übernommen, damit wir nicht wie im letzten Jahr den Investmentbankern aus Frankfurt unterlegen sind. Gemeinsame Freizeitaktivitäten tragen außerdem nicht nur zum Teambuilding und zur individuellen Lebenssouveränität bei, auch lassen sich dabei wertvolle Punkte im Rahmen des Corporate Fitness Programs sammeln. Als Sponsoren für den Lauf habe ich schon einige namhafte Firmen gewinnen können, die je nach Abschneiden für einen wohltätigen Zweck spenden. Im Team-Modus meiner Jogging-App lade ich alle Mitarbeiter per Mail zur von mir ausgewählten Trainingsstrecke ein. Als Teamname wähle ich scherzhaft »Greenwash, Inc.«.

Um 12:45 Uhr schlittere ich mit dem Schreibtischstuhl rüber zu meinem Praktikanten. »Hunger?« Ich blicke über seine Schulter auf den Bildschirm. Er fügt gerade die neuen Zahlen über Aufwendungen für Nachhaltigkeitsprojekte in den CSR-Report ein und nickt. »Bist mein Gast«, sage ich. »Wegen des Caterings für den Nachhaltigkeitstag: Ich kann auf die internen Infos leider nicht zugreifen«, sagt der Praktikant. Ich blicke nach links und rechts. Dann tippe ich meinen Accountnamen und Passwort ein und lege meinen Zeigefinger beschwörend vor die Lippen. Der Praktikant minimiert das Fenster und sein Desktop-Hintergrund erscheint. Das Foto zeigt einen Demonstranten, der ein Pappschild hochhält. *I don't believe in anything. I'm just here for the violence*, steht darauf. »Warte vorne am Eingang auf mich. Muss kurz noch was erledigen«, sage ich und schließe mich eine halbe Stunde auf der Toilette ein, um meinen Bubbleshooter-Rekord zu knacken.

Durch die Fensterfront des Delis sehe ich Christoph mit meinem Praktikanten an einem Zweiertisch sitzen. Sie schlürfen die Tagessuppe, neben jedem steht ein Glas mit frischem Pfefferminztee. Sie unterhalten sich angeregt und vermeiden demonstrativ jeden Blick nach draußen, wo sie doch jeden Moment mit meinem Auftritt rechnen müssen. Ich kann so viel Boshaftigkeit einfach nicht fassen. Sie haben nicht einmal einen Vierertisch gewählt, damit ich mich problemlos dazusetzen und einfach so tun kann, als sei nichts gewesen.

Ich dränge mich durch die Gruppe der PWC-Berater, die rauchend vor dem Eingang stehen. Die meisten kenne ich vom Sehen, doch wir pflegen prinzipiell keinen Kontakt zu ihnen, da sie in ihrer Mittagspause immer aufgeregt über Accounts und Kurse schnattern, als gäbe es nicht die Herbst-Kollektion von Tom Ford, das trendige salvadorianische Lokal oder den neuesten Gin-Cocktail zu diskutieren. Ich stelle mir vor, wie Marina wohl zwischen diesen Beratern aussehen würde. Von hinten würde sie wahrscheinlich der hochgezüchteten Karrieristin ähneln, die mir in ihrem schwarzen Kostüm den Weg versperrt. Sie hat ihre Hornbrille in die Haarspray-Frisur geschoben und sondert in einer unmenschlichen Geschwindigkeit irgendwas über Equity-Fonds und Kornpreise ab. Ihr Monolog wird nur unterbrochen, wenn sie ihre Zigarette hastig zum Mund führt oder an ihrem Kaffee nippt. Ich rempele die Frau extra heftig von hinten an, sodass ihr ein bisschen Kaffee über die Hand schwappt. Sie dreht sich um und will gerade anfangen zu zetern, da dränge ich mich schon an ihr vorbei. »Kleine Verwechslung«, sage ich und drücke die Tür zum Deli auf.

»Erwischt!« Ich packe den Praktikanten im Nacken. Er zuckt zusammen und schaut mich schuldbewusst über die Schulter an. »Sorry, ich dachte ...« Ich winke lässig ab. »Ich habe ihn bereits eingeladen«, sagt Christoph. Um kein Spielverderber zu sein, hole ich mir am Tresen einen vegetarischen Burrito, obwohl ich eigentlich gar keinen Hunger mehr habe. Ich schiebe mit dem Teller die Speisekarten vom Tisch, sodass sie dem Praktikanten vor die Füße klatschen. Dann rücke ich einen Stuhl heran. »Wollte euch nicht unterbrechen«, sage ich und beiße in den Burrito.

»Wir haben gerade über Räder gesprochen«, sagt Christoph. »Sebastian fährt Cinelli.« Ich lasse den Burrito zurück auf den Teller sinken. »Supercorsa?«, frage ich. Der Praktikant nickt. Ich betrachte desinteressiert, wie Salat, Maiskörner und eine fettige Soße aus der Teigrolle auf meinem Teller quellen. »Findest du französische Räder nicht auch furchtbar rückständig?«, fragt Christoph Sebastian. »Rückständig?«, protestiere ich. »In Paris hat bereits 1861 das erste Straßenrennen stattgefunden, da herrschte in Italien noch finsteres Mittelalter!«

»Was fährst du? Peugeot?«, fragt mich Sebastian. Meine Hand krallt sich in die Serviette. Jetzt bin ich wirklich beleidigt. Nur Anfänger fahren Peugeot, am besten noch das PY10 in cremeweiß mit diesen bunten Streifen. Völlig zu Unrecht leidet der Ruf der französischen Räder unter der ubiquitären Verbreitung dieses Vintage-Modells oder vielmehr unter seinen pseudohippen Besitzern in ihren Skinny Jeans, denen man immer auf ihre behaarte Arschritze auf dem viel zu hoch eingestellten Sattel glotzen muss. »1978er Gitane Super Sprint«, sage ich.

»Mir sind die französischen Rahmen ja immer etwas zu klobig«, sagt Sebastian. »Fast schon vulgär«, pflichtet Christoph ihm bei und verzieht angewidert das Gesicht. Ich starre fassungslos auf Sebastians pissgelbe Haare. »Auf Gitane und Peugeot wurde jeweils fast zehn Mal die Tour gewonnen«, sage ich wütend. Christoph lacht auf. »Dieses Argument wieder! Du weißt doch selbst, dass Gitane damals längst ein italienisches Ersatzteillager war.« Was für ein Spinner. »Jacques Anquetil hat auf Gitane geschworen«, sage ich. »Und Fausto Coppi auf Bianchi«, erwidert Christoph. Auch wenn die halbe Welt Coppi für den ersten modernen Rennfahrer hält, bin ich der Meinung, dass Anquetil der Erste war, der konstant auf hohem Niveau gefahren ist und deshalb die Tour auch fünf Mal gewann, und nicht nur zwei Mal wie der Italiener. Dass beide bei ihren größten Erfolgen brutal auf Amphetaminen waren, schmälert unsere Begeisterung nicht im Geringsten.

Sind wir ja schließlich auch. »Sieh es ein: Nur Studenten und Nostalgiker fahren noch Franzosen«, sagt Christoph. »Würde ja eigentlich zu dir passen«, sage ich gelangweilt und schiebe meinen Teller weg.

Auf dem Rückweg zur Agentur bleiben wir an der Fahrradkrake stehen. »Da ist es.« Sebastian streicht über den silbern glänzenden Rahmen seines Cinelli. Der Lenker ist mit einem giftgrünen Griffband umwickelt, was das Rad optisch in die Nähe neuer Carbon-Modelle rückt, aber überhaupt nicht zum Look eines klassischen Rennrades passt. Auch beim Neuaufbau sollte man immer möglichst nah am Original bleiben, da sind sich die Experten in zahlreichen Onlineforen mit mir einig. An der Shimano-Schaltung sehe ich, dass das Rad an den entscheidenden Stellen kaum mehr aus Originalteilen besteht, sondern billig hochgezüchtet wurde. Ich tippe mit dem Fuß gegen seine Schaltung. »Die drei großen italienischen Marken: Bianchi, Pinarello, Shimano.« Ich lache schallend auf.

Mein champagnerfarbenes Gitane ist deutlich unauffälliger als das Cinelli, aber ich stehe zum Understatement meiner Marke. Außerdem besteht mein Rad nur aus tiptop gepflegten Originalteilen, bis auf die Verschleißteile wie das Griffband, das ich schweren Herzens ausgetauscht habe, weil es so vom Schweiß des Vorbesitzers durchtränkt war. Sebastian beugt sich runter zum Vorderrad. »Sind das noch Original-Mäntel?«, fragt er ironisch. »Natürlich nicht, wie kommst du darauf?«, setze ich an, aber dann sehe ich selbst, dass die Reifen der Länge nach aufgeschlitzt worden sind. Die beiden lachen und wenden sich Christophs celestem Bianchi zu, ohne meinen klassischen Reynolds-Rahmen und den Turbo-Sattel angemessen zu würdigen.

15

Es ist so weit. Ich blicke noch einmal in den Spiegel. Das neongelbe Schweißband sitzt perfekt auf meiner Stirn, das weiße Wilson-Tennishemd harmoniert mit meiner gebräunten Haut. Ich schnuppere an meinen Achseln. Sie duften einwandfrei. Ausnahmsweise habe ich heute Deospray mit Aluminium benutzt, welches die Poren zuverlässiger versiegelt als der ökologische Deoroller, den ich sonst verwende. Ich hauche in die Hand und kontrolliere meinen Atem, eine leise Ahnung von Minze, dann gehe ich zurück in die Umkleide, nehme meine Tasche mit den Rackets und folge Jens auf den Squashcourt.

Ich glaube, es ist kein Zufall, dass Jens Squash gegen uns spielt. Squash ist ein Spiel Mann gegen Mann, das einzige mit Schläger, bei dem die Gegner nicht durch ein Netz getrennt sind. In der 32 mal 21 Fuß großen Druckkammer lassen sich die eigene Stressresistenz und die des Gegners optimal testen. Squash ist gleichermaßen filigran und physisch. Man entscheidet das Spiel damit, wie lang man sein Ausweichen herauszögert und eine Kollision mit dem Gegner und ein Let riskiert, nur um einen Punkt zu gewinnen. Man schaut seinem Gegner nicht in die Augen, es ist ein Kampf mit verdeckten Karten. Deshalb ist es auch elitärer Schwachsinn, dass Manager golfen gehen. Der offene Raum, die friedlichen, grünen Rundungen des Platzes, das abwechselnde, nicht konfrontative Spiel – alles völlig sinnlos, um etwas über den Geschäftspartner, den Menschen, den Gegner dahinter herauszufinden.

Beim Warmspielen des Balls spinnen Jens und ich ein bisschen herum, dass wir im nächsten Semester eine Vorlesung an der Uni halten könnten, die »*Making the News statt Breaking the News*. Eventisierung als Paradigma für die PR« heißt. »Wie fühlt es sich an, der neue Star zu sein?«, fragt Jens ironisch, meint es aber genau so. Ich unterdrücke ein Grinsen. »Ich will einfach nur der Mannschaft helfen und meine Leistung auf den Platz bringen«, sage ich. »Und Christina?« Jens gibt mir mit seinem Schläger einen Klaps auf den Po. Der Ball fliegt an mir vorbei gegen die Rückwand. »Ich weiß von nichts«, lacht Jens und hebt unschuldig die Arme wie ein Fußballspieler nach einem üblen Foul.

Jens gewinnt den ersten Satz 11:6, ohne dass ich ganz ans Limit gehe. Wir machen eine kurze Pause und ziehen isotonische Getränke aus einem Automaten. »Weißt du, wer das hier ist?« Jens hält mir sein Smartphone hin, auf dem das Foto von dem Autofan mit der Regenjacke zu sehen ist. »Keine Ahnung. Ein Zufall, schätze ich …«, sage ich. »Deine Reifen wurden auch zerstochen«, sagt Jens und seine Stimme nimmt einen ernsten Ton an. »Das hast du nicht gemeldet.« Ich zucke mit den Schultern. »Die üblichen Linken, dachte ich.« Jens sieht mich eindringlich an. »Es gibt Leute, die uns schaden wollen.« – »Journalisten«, sage ich. »Nicht nur die. Andere Agenturen, alte Bekannte …«, antwortet Jens. »Gibt es noch etwas, das ich wissen sollte?« Ich schüttele den Kopf und verschweige den Kamerablitz, der aus einem Gebüsch aufgeleuchtet hat, als Christina und ich bei Jens' Party in Handtüchern auf die

Terrasse getreten sind. »Gut. Zweiter Satz.« Jens zerdrückt seine Dose und tritt durch die Glastür zurück auf den Court.

Im zweiten Satz zwinge ich Jens in den Tie-Break. »Hast du eigentlich noch Kontakt zu Schneider?«, fragt Jens, als wir beim Stand von 13:13 kurz Luft holen. Ich schüttele den Kopf. »Seit Brasilien nicht. Aber Marina hat ihn gefragt, ob er mir einen Job in Frankfurt besorgt«, sage ich und lasse den Ball auf meinem Schläger auf und ab hüpfen. »Frankfurt hat sich erledigt«, sagt Jens. »Ein blöder Irrtum der Personalabteilung.« Der Ball verspringt von meiner Schlägerkante und rollt über den Boden. Jens hebt ihn auf und drückt ihn mir in die Hand. »Du bist dran.« Ich stelle einen Fuß in die Aufschlagzone und schlage den Ball, so hart ich kann, gegen die Wand. Der Schlag ist aber viel zu unplatziert, sodass Jens den Ball volley nimmt und direkt auf meinen Körper schießt. »Samida bietet Marina einen Job beim Thinktank an«, sagt Jens und macht sich zum Matchball bereit. »Aber ist sie denn dafür ...«, setze ich an und suche nach einem passenden Wort, »... qualifiziert?« – »Du solltest dich mehr für ihre Arbeit interessieren. In unserem Kontext ist ihre Forschung zum Postkolonialismus hochinteressant.« Jens schlägt auf. Ich spiele einen extrem schwachen Cross. »Außerdem hast du mich ja darum gebeten«, ruft Jens, hechtet dem Ball hinterher und schlägt zum Matchgewinn einen Boast, der unerreichbar für mich ins Nick fällt. Wir klatschen ab. »Du schuldest mir was«, sagt Jens.

Unter der Dusche blicke ich starr auf die Bodenkacheln und wasche mich mechanisch. In der Aufregung habe ich völlig vergessen, mein Duschzeug einzupacken. Jens reicht mir sein Pfefferminz-Rosmarin-Shampoo herüber, dabei fällt mein Blick auf seine dunkelrote, zu den Rändern hin ausfransende

Narbe, die sich bis in seinen Schambereich hinunterzieht. Wirklich hässlich. Kann man nicht schönreden. Schnell wende ich den Blick ab und schmiere mir das Shampoo in die Haare. Der Geruch des Rosmarins erinnert mich an das Duschgel, das meine Eltern benutzt haben und das mir als Kind immer furchtbar in den Augen gebrannt hat. Deshalb wasche ich mir das Wasser extra vorsichtig aus den Haaren, aber das Shampoo von Jens ist ganz sanft und hinterlässt nicht den Hauch einer Irritation.

Ich ziehe mich an, während Jens noch seine langen, lockigen Haare fönt. Auf meinem Smartphone werden unzählige neue Nachrichten angezeigt. Eine stammt von meiner Mutter, die es nach einer Woche endlich geschafft hat zu antworten. »Dein Vater kann dir keine Rezepte mehr ausstellen. Er erklärt es dir, wenn du mal wieder vorbeikommst. Sein Geburtstag wäre doch eine gute Gelegenheit? Ich hoffe, dir geht es gut. Dein Bruder meinte, du klangst müde.« Ich antworte meiner Mutter, dass wir gerne kommen, ich das Rezept aber sowieso nicht mehr benötige, mir gehe es ausgesprochen gut. Sie soll mir eine Woche vorher noch mal eine Erinnerungs-SMS schicken, damit ich ein Geschenk besorgen kann. Meine Nachricht gerät kühler, als ich es beabsichtige, denn eigentlich wünsche ich meiner Mutter nur das Beste. Als ich die Nachricht abgeschickt habe, denke ich, dass ich ihr wenigstens dazu hätte gratulieren können, dass sie jetzt fehlerfrei SMS schreibt und keine an Hieroglyphen erinnernde Zeichenabfolgen wie früher mehr schickt.

»Danke übrigens für den Praktikanten«, sage ich später an der Bar und versuche, nicht ironisch zu klingen. »Dein erster

Eindruck?«, fragt Jens. »Ich bin nicht sicher, ob wir ihm vertrauen können«, sage ich. Der Barkeeper serviert uns je ein alkoholfreies Hefeweizen, und wir stoßen an. »Wie kommst du zu dieser Annahme?«, fragt Jens. »Ist nur so ein Gefühl«, sage ich, denn ich kann unmöglich zugeben, dass er bloß die falsche Rennradmarke fährt und sich mit Christoph verbrüdert hat. Auch mangelnde Arbeitsmoral kann ich ihm nicht vorwerfen, denn er erträgt meine Schikanen mit Würde. Seit ich ihm kommentarlos alle Aufgaben und Zugriffsrechte wieder entzogen habe, ist seine einzige Beschäftigung, Kostenvoranschläge von Security- und Catering-Unternehmen für den »1. Deutschen Nachhaltigkeitstag« einzuholen. Alle halbe Stunde schicke ich ihm dazu neue Infos und revidiere die alten, damit er noch mal von vorn anfangen muss. »Habe noch mal drüber nachgedacht. Es sollte doch ein paar vegane Speisen geben« oder »Habe mich vertan. Das Budget ist doch um 10.000 Euro geringer« oder »Frag die Security-Firmen bitte, ob sie diese coolen Headsets verwenden. Die brauchen wir unbedingt«. Mir fällt immer etwas ein.

»Was ist mein Hauptkriterium, um jemanden einzustellen?«, fragt Jens. Ich zucke mit den Schultern. Jens nimmt eine Handvoll Erdnussflips aus einer Schüssel und reiht sie nachdenklich vor sich auf dem Tresen auf. »Andere Frage: Was hat dich von deinen Mitbewerbern unterschieden?« Ich will Jens gerade all meine Unique Selling Points aufzählen – die journalistische Berufserfahrung, den Auslandsaufenthalt in Spanien, meinen durchschnittlichen Uni-Abschluss, den für das Gespräch geliehenen Hilfiger-Anzug, meine Motivation, wegen Familiengründungsabsichten nun unbedingt Geld verdienen zu müssen, den moralischen Relativismus –, da muss ich plötzlich an den riesigen Stapel von Bewerbungsmappen denken, von denen Christoph und ich uns gerne inspirieren lassen, wenn wir eine Backstory für einen desillusionierten weißen Mitteleuropäer brauchen. Ich würge noch einen Schluck Hefeweizen herunter. Ich unterscheide mich nicht im Geringsten von denen. »Du wolltest unbedingt dazugehören«, sagt Jens und wirft sich die Erdnussflips in den Mund.

Es heißt, man könne sich seine Familie nicht aussuchen. Ich glaube, das stimmt nicht. Ein durchschnittlicher Mitteleuropäer verbringt mehr Zeit bei der Arbeit als mit seiner biologischen Familie. Unsere Kollegen sind deshalb die Menschen, die uns prägen, uns helfen, uns weiterbringen. Nicht nur deshalb sollte man dieses Team sorgfältig wählen. Als Arbeitgeber und Arbeitnehmer.
Bei Mars & Jung arbeiten handverlesene Spezialisten aus aller Welt mit den unterschiedlichsten Hintergründen in Public Relations, Marketing, Journalismus, Umweltbewegung und Politik an einer besseren Zukunft. Wir ziehen an einem Strick. Das spüren auch unsere Klienten, von denen viele schon seit Jahren zu unserer Familie gehören.

Mars & Jung – We care for each other.

DREI

16

Unter uns ziehen rot gefärbte Wolkenfelder vorbei. In unregelmäßigen Abständen sehe ich durch ausgefranste Löcher das tiefblaue Glitzern des Ozeans. Ich stelle mir vor, wie es wäre, im freien Fall selbst so ein Loch in die Wolkendecke zu schlagen und dann im letzten Moment die Reißleine des Fallschirms zu ziehen. Die Abendsonne bricht sich in den Kondenswasserperlen, die sich zwischen den Panzerglasscheiben des Bullauges gebildet haben. Diese Lichtstimmung passt perfekt zur dunstigen Leichtigkeit meines Kopfes, finde ich, und ich kann mir kaum mehr vorstellen, dass ich heute Morgen nach Jens' Anruf zitternd vor der Kloschüssel gekauert habe, das Radio voll aufgedreht, damit Marina mein Würgen nicht hört. Die Tranquilizer halten mich seitdem auf einem angenehm niedrigen Angstlevel, nur auf dem Flughafen in Dubai musste ich noch einmal nachlegen.

Der Monitor neben dem Waschbecken zeigt ein schematisiertes Flugzeug, das gerade den Golf von Oman überquert. Die Flughöhe beträgt 11.257 Meter, die Außentemperatur -66 Grad Celsius. Noch 3:56 Stunden bis zur Destination. Jede halbe Minute ruckelt das Flugzeug einen winzigen Schritt weiter auf der vorgezeichneten Linie, die in Kalkutta endet.

Ich fasse den Toilettendeckel mit einem Papierhandtuch an und lasse ihn nach unten schnappen. Auf dem Boden hat sich bereits eine süßlich riechende Lache gebildet. In dieser

Hinsicht unterscheiden sich Business-Class-Toiletten nicht von denen in der Economy Class. Eher sind sie noch dreckiger. Ich zwinge mich dazu, durch die Nase zu atmen, denn ich sollte mich besser an diesen Geruch gewöhnen. In den nächsten Tagen wird er garantiert nur noch schlimmer.

Ich lasse das Papierhandtuch zwischen Deckel und Sitz stecken, falls ich die Toilette doch noch benutzen will. Das Handtuch besteht eindeutig aus gechlortem Papier. Ich versuche im Netz herauszufinden, ob Hygieneartikel auch in die CO_2-Ausgleichszertifikate eingerechnet werden, welche die Agentur bei Flugbuchungen für einen Aufpreis erwirbt. Aber natürlich findet sich nirgends ein genauer Berechnungsschlüssel, und das WLAN im Flugzeug ist peinlich langsam. Zwar sehe ich ein, dass man Business-Class-Gästen kaum Recyclingpapier zumuten kann, trotzdem mache ich mir eine Notiz in meinem Smartphone. Just for fun werde ich mal versuchen, rund um dieses kleine Informationsdefizit einen Shitstorm gegen die Konkurrenzagentur, die diesen Flugkonzern kommunikativ betreut, aufzubauschen.

Ich schaufele mir Wasser ins Gesicht und massiere meine Gesichtshaut. Nicht einmal Zeit zum Rasieren hatte ich heute Morgen. Die Bartstoppeln sind mittlerweile mehrere Millimeter lang. Ich fasse ein Haar mit den Nägeln von Daumen und Zeigefinger und reiße es samt der Wurzel aus. Ich spüre ein leichtes Stechen. Ich ziehe ein weiteres Haar aus meiner Haut. Ein winziger Tropfen Blut tritt aus dem Wurzelkanal. Ich tupfe ihn mit einem Papierhandtuch ab und lasse es auf den Boden fallen.

Die Befestigungsschrauben am Rande des Spiegels sind nur halb hineingedreht, die Kreuzschlitze abgenutzt. Mit einem einfachen Schraubenzieher könnte ich den Spiegel von der Wand lösen. Ich denke an die Sendung, die ich vor ein paar Wochen gesehen habe, in der ein Reporter aus Duty-free-Produkten eine Bombe gebaut hat. Laut dem *terrorist's cookbook* explodiert sogar ein mit Aluminiumfolie umwickelter Laptop und reißt ein ausreichend großes Loch in die Metallhaut des Flugzeugs. Er würde perfekt hinter den Spiegel passen.

Ich lasse mich auf den Toilettendeckel fallen und suche in meinen Hosentaschen nach dem Diazepam. Ich krame meinen Reisepass, einen zusammengeknüllten Notizzettel und den Boardingpass hervor und lege sie auf den Waschbeckenrand. Ganz unten im Zipfel der Tasche finde ich die Tablette. Ich beiße eine Hälfte ab und schlucke sie ohne Wasser. Dann lasse ich die Toilettenspülung unter mir gurgeln, damit vor der Tür niemand Verdacht schöpft.

Über meine Schulter blicke ich aus dem Bullauge. Die Sonne ist untergegangen, die Wolken hängen wie schmutzige Wäsche unter uns. Ein heller Glockenton erklingt, und das »Fasten your seatbelt«-Symbol über der Tür leuchtet auf, auch wenn es hier natürlich gar keinen Gurt gibt. Der Monitor zeigt eine sinkende Flughöhe an. Der Toilettensitz vibriert. Auch die Wirkung der Tabletten befindet sich schlagartig im Sinkflug. Schnell zerkaue ich die zweite Tablettenhälfte und blättere meinen Reisepass durch, um mich abzulenken. Surinam, Kirgisistan, Tschad, Brasilien – *hinter jedem Stempel steckt eine Geschichte.* Allerdings sind es keine charakterprägenden Anekdoten, wie sie jeder Traveller beim Reisepass-Posing erzählen würde, sondern sorgfältig durchinszenierte Corporate Stories. Dieser Pass ist meine Trophäenwand, an der ich irgendwann mal die Neulinge entlangführen werde.

Plötzlich finde ich es schade, dass es von Schengen-Ländern keine Stempel gibt, denn diese Missionen werde ich zwangsläufig vergessen – natürlich auch, weil uns diese überregulierten Länder kaum Raum für die Imagination lassen. Das öde Geschacher um Halbsätze in Gesetzesentwürfen und die korrekte Teilung der Rechnung nach Abendessen mit Entscheidungsträgern sind wirklich zum Vergessen. Aber auch so sind fast alle Seiten des Passes schon voll. Ich werde bald einen neuen beantragen müssen.

Ich entfalte den Zettel, auf dem ich die wichtigsten Fakten aus dem Gespräch mit Jens notiert habe. Ganz oben ist die Flugnummer und die Uhrzeit notiert, dann wird meine Schrift fahrig. Krisenkommunikation, kein Info-Dossier, keine Agentur-Infrastruktur vor Ort, höchste Diskretionsstufe, es werden noch andere Teams mit entgegengesetzten Agenden unterwegs sein.

Es klopft drei Mal. Ich sehe schon vor mir, wie die Tür von außen entriegelt wird und eine besorgt dreinblickende Stewardess mich auffordert, auf meinen Platz zurückzukehren und mich anzuschnallen, aber nichts passiert. Das Seatbelt-Zeichen ist auch schon wieder erloschen, der Toilettensitz vibriert nicht mehr. Christophs Stimme dringt durch die Plastiktür. »Alles in Ordnung?« Ich schlage ein paarmal dumpf gegen die Wand und rufe: »Bin beschäftigt.« Damit er es auch wirklich kapiert, füge ich noch »Mit der asiatischen Stewardess« hinzu, obwohl es mir vorkommt, als hätte Christoph schon einmal genau den gleichen Witz gemacht. Er lacht laut auf. Als ich gerade glaube, er sei wieder gegangen, sagt er: »Was wird deine schöne Marina dazu sagen?«

Ich habe jedes Gefühl dafür verloren, welche Uhrzeit es in Deutschland sein könnte. Vermutlich ist es Sonntagvormittag, und Marina joggt gerade am Kanal entlang, ihr blonder Pferdeschwanz wippt von links nach rechts über ihre nackten

Schultern. Die blinkende Reflexion des Sonnenlichts auf dem Wasser verspricht ihr einen Hauch von Freiheit. Vielleicht läuft sie sogar ein Rennen gegen mich, und die forsche Männerstimme der Jogging-App fordert sie auf, sich noch einmal zu pushen, sie läge nur 2,4 Sekunden hinter meinem Bestwert.

Wenn das Netz hier funktionieren würde, würde ich ihrem Weg auf der Karte folgen und ihr ab und zu aufmunternde Nachrichten schicken, genau wie dieser Typ im Crowdfunding-Spot der App. Wahrscheinlich ist Marina aber bloß mal wieder bei einem Kennenlern-Essen mit ihrem Thinktank, wie fast täglich in den letzten paar Wochen, oder sie sitzt mit diesem Professor Samida in einem angesagten Café und bespricht den Perspektivwechsel ihrer Dissertation in Richtung Nachhaltigkeit. Im Aschenbecher glimmt eine rote Gauloise, denn wenn ich weg bin, fängt sie immer wieder an zu rauchen. Samida streckt seinen Arm über den Tisch und nimmt eine Zigarette aus Marinas Schachtel. Sie wischt sich mit dem Handrücken den dünnen Milchschaumbart von der Oberlippe.

»Du hast deinen Glückskeks noch nicht gegessen«, sagt Christoph, als ich mich an ihm vorbei an den Fensterplatz dränge. Er wirft mir den Keks zu, den er von meinem Tablett genommen haben muss, bevor die Stewardess abgeräumt hat. »Was stand bei dir?«, frage ich und reiße widerwillig die Plastikhülle auf. »Bevor du dich daran machst, die Welt zu verändern, gehe dreimal durch dein eigenes Haus«, liest er vor und klemmt den Zettel in das Netz am Sitz vor ihm. Er zieht die Stirn kraus, als bringe ihn dieser Satz schwer ins Grübeln. Ich breche den Keks in zwei Hälften und entfalte den Zettel. »Niemand kann dich von einem glücklichen Leben abhalten«, sage ich und zerbrösele den Keks in tausend Krümel.

Vor Christoph stehen zwei Dosen Budweiser Light. Trotz seiner Bräune sieht er ungesund aus, als habe man ihm seine Haut zu straff über die Knochen gespannt. Er hat tiefe Augenringe, obwohl er selbst in der Flughafenlounge in Dubai mit offenem Mund geschnarcht hat. Ich muss an Jens' Worte von heute Morgen denken: »Sorg dafür, dass Christoph auf Kurs bleibt.« Immerhin hat mein Lieblingskollege sich etwas beruhigt und spricht wieder mit mir, denn seit der Party hat er mir Arbeitsaufträge nur über meinen Praktikanten ausgerichtet.

Christoph trinkt einen Schluck Bier und zerdrückt die Dose zu einem Haufen Metall. Anscheinend hat er sich in meiner Abwesenheit mit den beiden Typen aus der benachbarten Reihe angefreundet, denn als er sein zweites Bier aufgerissen hat, stoßen sie lautstark an. Ich beuge mich etwas nach vorne, um auf mich aufmerksam zu machen und die beiden besser in den Blick zu bekommen. Ich proste ihnen mit meinem Apfelsaft zu.

Die beiden sind ungefähr in unserem Alter und studentisch gekleidet. Der Typ am Fenster hat schütteres Haar, das er aus Verlegenheit einen Tick zu lang trägt, um die lichten Stellen zu kaschieren. Es sähe sicherlich besser aus, wenn er sie ganz abrasieren würde, denn sein Kopf hat eigentlich die perfekte Form für eine Glatze. Sein Dreitagebart würde den virilen Look sicherlich unterstützen. Der am Mittelgang versucht sich mit einer Hornbrille am Philosophenstil, ihm gelingt es aber noch schlechter als Marina.

Ich frage mich, zu welcher Agentur die beiden wohl gehören. BergstädtZucker betreuen zwar Stakeholder in dieser Angelegenheit, doch ich habe mir im Deli ihre Fressen eingeprägt, während sie Bandnudeln in den Mund gesaugt haben oder ihnen Ingwersuppe auf die samtweißen Oberhemden getropft ist. WILM setzt auf maximale Transparenz und präsentiert die Gesichter der Mitarbeiter auf der Website, sofern dies keine Stockfotos sind, wie Jens vermutet. Agenten von Förster schließe ich ebenfalls aus. Niemals würden sich diese Schnösel mit solchen Klamotten verkleiden.

Die beiden lallen schon, stürzen aber trotzdem weitere Biere in sich hinein. Sie erzählen, dass sie eigentlich auf eine frühere Maschine gebucht waren, ihnen aber am Flughafen zwei Typen Business-Class-Tickets angeboten hätten, wenn sie einen Flug später nähmen. Danach hätten sie in der Senators Lounge Cocktail auf Cocktail getrunken. Ich will fragen, wie die beiden Typen aussahen, beiße mir aber auf die Zunge. So einfach lockt ihr mich nicht aus der Reserve. Fast glaube ich ihnen aber auch die Story, denn so eine ausgeprägte Free-Drinks-Mentalität findet man kaum bei regelmäßigen Business-Class-Passagieren. Christoph vielleicht ausgenommen.

Die beiden sind auf der Suche nach einer Näherei für ihr Start-up, das online maßgeschneiderte Hemden und Anzüge verkauft. Einfach die Maße ins Web-Formular eingeben, und drei Wochen später ist das Hemd in der Post. Alles organic, fair und günstig. So weit das Konzept, mit dem sie bei einer Crowdfunding-Plattform ein Startkapital von 50.000 Euro eingesackt haben. Nur die optimale Schneiderei fehlt noch. Laut ihrer Aussage kommen ausschließlich kleine Familienbetriebe infrage, die sie jetzt persönlich besichtigen wollen. Gerade ist ja wieder so ein grausamer Unfall in einer Fabrik passiert.

Christoph erzählt im Gegenzug von unserer kleinen IT-Firma, die smart home devices herstellt. Auch wir wollen mit einer indischen Produktionsstätte zusammenarbeiten und vom Know-how vor Ort profitieren. »Faire Arbeit und Vermeidung von Konfliktmetallen, dafür stehen wir mit unserem Namen«, sagt Christoph und ext sein Budweiser. Die Stewardess kommt mit neuen Drinks durch die Reihen, aber ich signalisiere ihr, dass sie verschwinden soll.

»Vielleicht wäre EinsZweiSchneider auch was für euch«, sagt der Typ am Gang und mustert meinen Anzug. Mir schießt die Schamesröte ins Gesicht, denn erst jetzt wird mir klar, dass ich den alten, dunkelblauen Armani-Zweireiher trage. Das Jackett ist viel zu klein, vielleicht zwei Zentimeter fehlen am Oberarm und an den Schultern, da ich in den letzten Monaten so schnell an Muskelmasse zugelegt habe. Ich versuche mich zu erinnern, wie ich heute Morgen nur so danebengreifen konnte, aber seit Jens' Anruf erscheint mir der Tag wie hinter einem schimmernden Dunst verborgen. Möglicherweise sollte ich die Tranquilizer vorsichtiger dosieren, denke ich und versuche, mich zu entspannen, denn jede Muskelzuckung verschlimmert meine Lage. Der Typ reicht seine Visitenkarte zu mir durch. Ich fahre mit dem Fingernagel über eine Ecke der Karte, und sofort lösen sich die Papierfasern.

»Wenn eure Anzüge so gut verarbeitet sind wie eure Karten, bestelle ich einen«, sage ich und ziehe eine Karte aus meiner Geldbörse. Sie ist in dezenter Eierschalenfarbe gehalten, die serifenlosen Buchstaben sind silbern in das handgeschöpfte Papier eingeprägt, ein ungewöhnliches längliches Format. Ich drücke Christoph die Karte in die Hand, woraufhin er ebenfalls eine aus einem silbernen Etui zieht. Er legt seine Karte auf meine und gibt beide über den Mittelgang. Der Typ, dessen Namen ich zwar eben noch auf der Karte gelesen habe, aber schon jetzt nicht mehr weiß, wirft einen flüchtigen Blick auf Christophs Karte und steckt dann beide in seine Hosentasche.

Im Kopfteil des Sitzes vor mir läuft der Gandhi-Film mit Ben Kingsley in der Hauptrolle. Leider kann ich seine schauspielerische Leistung nicht wertschätzen, weil ich permanent Marinas Stimme im Ohr habe, die am Beispiel von Hollywood-Filmen über postkoloniale Geschichtsnarrative referiert. Ich schreibe ihr eine Nachricht. »Was machst du? Bin bald wieder da.« Während ich auf die Antwort warte, spiele ich eine Runde Bubbleshooter, aber es macht keinen Spaß mehr, da ich alle Level schon geschafft habe und nur einen neuen Highscore jage. »Bin beschäftigt. Viel Spaß. M«, schiebt sich Marinas Antwort über das Eichhörnchen und seine grünen Blasen.

Ich schalte auf einen Nachrichtensender um. Ein Reporter steht im strömenden Regen vor den schwelenden Trümmern einer Fabrik. Um seinen Hals hängt eine Atemschutzmaske, die er nur für die Liveschaltung abgenommen hat. Seine Augen sind rot vom beißenden Rauch, und er hustet, während er berichtet, dass sich wegen des Monsuns zu viel Wasser auf dem Dach der Textilfabrik gesammelt habe und in einer riesigen Kaskade in den zweiten Stock durchgebrochen sei, in dem glücklicherweise zu dieser Uhrzeit nicht viele Arbeiterinnen genäht hätten. Durch einen Kurzschluss der Starkstromleitung sei es jedoch zu einem Schwelbrand gekommen, der zunächst auf die Fässer mit Lösungsmittel und dann auf die Stoffballen im Lager übergesprungen sei. Der Fabrikbesitzer sei verschwunden, weitere Angaben könne er zur Stunde noch nicht machen. Im Hintergrund ist eine Gruppe indischer Männer zu sehen, die sich auf die Zehenspitzen stellen und dem Reporter über die Schulter sehen. Immer wieder werden neugierige Köpfe von der Seite ins Bild gestreckt, jeder möchte für eine Sekunde in den Aufnahmebereich der Kamera. Es ist kein wütender Mob, der den Kopf des Fabrikanten fordert, die Männer wirken eher wie höfliche Kinder, die noch nicht gelernt haben, ihre Neugierde zu verbergen.

Eine Nachricht von meiner Mutter erscheint auf dem Smartphone-Display. »Kommt ihr noch? Wir fangen schon mal mit dem Essen an. Julian wartet auf dich …« Ich lasse mich noch tiefer in den Sitz sinken und schließe die Augen. Wenigstens ans Absagen hätte ich denken können. Dabei hatte ich extra schon ein Geschenk für meinen Vater gekauft, so ein Fitnessarmband, das per GPS die zurückgelegte Entfernung und den Puls misst. »Musste kurzfristig arbeiten. Melde mich, sobald zurück. Grüß Papa. Gib Julian einen Kuss«, schreibe ich.

»Rat mal, wen ich gesehen habe«, sagt Christoph. Ich recke meinen Kopf und blicke dezent über die Sitze, doch mir fällt niemand auf. Christoph schüttelt den Kopf. »Economy Class«, sagt er grinsend. Bei jedem Flug verirrt Christoph sich absichtlich in die Economy Class. Innerhalb von Sekunden macht er das schönste Single-Mädchen in den ersten paar Reihen ausfindig, tippt auf seine Schulter und fragt verwundert, warum es jetzt auf seinem Platz sitze. Dann dreht er sich theatralisch zum trennenden Vorhang um und schlägt sich mit der Hand vor die Stirn. »Business Class«, sagt er und streicht sich den Anzug glatt. Wenn das Mädchen ihn daraufhin nicht komplett ignoriert, lässt er ihr ein paar Drinks bringen und wartet an der Gepäckausgabe mit seiner Karte auf sie. Christoph behauptet, seine Quote sei zwei von drei. Wahrscheinlich habe ich den Witz mit dem Toilettensex tatsächlich von ihm – nur, dass es damals keiner war.

Ich teile den Vorhang vorsichtig mit der Hand und blicke durch den Schlitz auf die Normalverdiener. In der vierten Reihe entdecke ich Schneider. Er sitzt eingezwängt zwischen zwei obszön fetten Frauen, deren Saris deutlich über die Armlehnen in sein Terrain quellen. Er blickt angestrengt auf sein Tablet und versucht die nackten Arme der Frauen zu ignorieren, die so dick sind wie Oberschenkel und bei jeder Bewegung an ihm reiben. Ich mache ein Foto mit meinem Smartphone und schicke es Jens: »Gruppenbild mit Armen.« Ich winke einen Steward heran und beauftrage ihn, Schneider einen Whiskey ohne Eis zu bringen. Von einem Freund, der lieber anonym bleiben will.

17

Der Regen peitscht aus dem Nachthimmel auf das Rikschadach. Hupend lenkt der Fahrer uns von Spur zu Spur. Motorräder, verbeulte Autos und Rikschas rasen an uns vorbei. Lkws mit Hakenkreuzen auf den Radkappen pflügen durch das Brackwasser und spritzen Schlamm in meine Sandalen. Wir überholen einen Bus, der überladen ist wie ein Viehtransport. Aus den Fenstern ragen Gepäckstücke und zappelnde Gliedmaßen.

Am Armaturenbrett tanzen LED-Lichter um ein verblichenes Bildnis der Göttin Kali. In jeder ihrer vier Hände hält sie einen Menschenkopf, aus dessen abgetrenntem Hals Blut schießt. Im Rückspiegel sehe ich die verfärbten Zähne des Fahrers. Aus seinen Mundwinkeln tropft roter Speichel, als hätte er gerade ein Tier gerissen. Die Tachonadel zittert über dem 60-mph-Strich. Ich schwöre, wenn ich lebend hier rauskomme, opfere ich der Göttin persönlich.

Der Angestellte der Fabrik, der bei unserer Ankunft schon vor dem Grand Hotel Oberoi auf uns gewartet hat, sitzt zwischen Christoph und mir. Er trägt ein Oversize-Hemd in hellgelb und eine graue Stoffhose, die deutlich über seinen Knöcheln endet. Wohlwollend könnte man sagen, sein dünner Schnurrbart ironisiert das dürftige Outfit und würde ihm bestimmt ein Foto in Berlin-Streetstyle-Blogs sichern. Er hat je eine Hand auf unsere Oberschenkel gelegt. Ich spüre seine

Finger durch den dünnen Stoff der Anzughose. Zwar bin ich mir sicher, dass diese Geste nicht sexuell motiviert ist, denn schon am Flughafen habe ich unzählige Männer Hand in Hand herumlaufen gesehen, doch die taktile Stimulation und das Rütteln der Rikscha unter meinem Po erregen mich unangenehm. *Landestypische Gewohnheiten sind zu akzeptieren*, sage ich mir den Verhaltenscodex der Agentur vor, *leicht sind Gefühle und Kultur der Einheimischen verletzt*. Und nichts liegt uns schließlich ferner. Ein paarmal frage ich den Mann etwas zur Dauer der Fahrt oder zu den touristischen Attraktionen der Stadt, Mutter Teresa und so, damit er vielleicht mit der Hand auf ein besonderes Bauwerk deutet, aber er legt immer nur den Kopf schief und lächelt.

Im kalten Licht der Neonstrahler schwirren Moskitoschwärme vor den Geschäften. Ich wische mir den Schweiß aus dem Nacken und fahre mit der feuchten Hand durch meine kraftlosen Haare. Am Hinterkopf ertaste ich eine schmerzhafte Schwellung. Ich krame die Packung mit der Malaria-Prophylaxe aus meiner Tasche und schlucke gleich zwei Tabletten.

Die Leute am Straßenrand schützen ihre Körper mit Plastiktüten und Kartonresten vor dem Regen, was mich ein bisschen an alternative Musikfestivals erinnert, auf denen es ja auch immer in Strömen gießt. Die Händler, die auf grob zusammengezimmerten Tischen Sandalen, Obst und durchnässte Backwaren anbieten, stehen bis zu den Knöcheln im Schlamm, und ich kann förmlich sehen, wie sich haufenweise Parasiten in ihre Füße bohren. Aber das ist kein Problem, denn am Ende der Regenzeit schneiden belgische Medizinstudenten, die einer NGO 1.000 Euro für dieses Praktikum zahlen, die Viecher begeistert wieder heraus. Wir sind nun mal alle Teil einer langen Wertschöpfungskette.

Ich schreibe Marina, dass wir gut angekommen sind und ich versuchen werde, ihr original indisches Currypulver mitzubringen. Das Ruckeln der Rikscha macht es mühsam, die richtigen Buttons zu treffen, und es schleichen sich einige Rechtschreibfehler in den Text, die ich aber nicht korrigiere. Dann schaue ich in der Jogging-App nach, ob sie meine Rekordzeit überboten hat. Marina, symbolisiert durch einen pinken Sportschuh, ist zwar 9,3 km gelaufen, doch die von ihr zurückgelegte Strecke kann ich nicht auf der Karte ansehen. Diese Option hat sie wohl neuerdings deaktiviert.

Die Luft drückt auf meine Lunge. Das feuchte Gemisch aus Abgasen, Fäulnis und dem süßen Qualm der Mentholzigaretten, von denen sich Christoph eine nach der anderen ansteckt, ist einfach nur widerlich. Wir haben extra an einem Geschäft gehalten, um drei verschiedene Marken zu besorgen, die Christoph testen will. »Hier, probier mal«, sagt er und hält mir die brennende Zigarette hin. Die Rikscha knallt in ein Schlagloch, und seine Hand federt mit der Kippe auf die Hose des Handlangers. Christoph lässt sie einen Moment länger liegen als nötig, und als er mir die Kippe hinhält, bleibt ein schwarzer Punkt auf der Hose zurück. »Schmeckt wie Kaugummi!«, sagt Christoph begeistert, doch ich winke ab. »Wenn man eigentlich aufgehört hat, befriedigen Mentholkippen die Sucht doppelt: nach Nikotin und dem Kaugummigeschmack!« Ich bin verwirrt, denn ich habe Christoph noch nie rauchen oder Nikotinkaugummis kauen gesehen. Das macht doch Jens. Oder verwechsle ich da gerade was? Ich klopfe mir ein paarmal mit der flachen Hand auf die Wangen, um wieder frisch zu werden. Christoph raucht immer noch. Jetzt bläst er sogar genüsslich den Qualm in meine Richtung. »Außerdem vertreibt der Rauch die Moskitos«, sagt er.

Am Fahrbahnrand ragen kleine Müllhaufen aus dem Wasser. Die Plastikreste, Tonscherben und aufgeweichten Textilien sind von einem braunen Film überzogen. Dabei müsste es eigentlich ein Leichtes sein, hier mit einer Awareness-Kampagne ein Bewusstsein für den verantwortungsvollen Umgang mit Reststoffen zu schaffen, wo doch das Konzept des Recyclings integral in Spiritualität und Mentalität dieses Kulturkreises eingeschrieben ist.

Ein Metzger reißt am Straßenrand Federn aus einem ausblutenden Huhn. Die Federn taumeln kurz in der Luft, bevor sie von den Regentropfen zu Boden geprügelt werden, was ein bisschen so aussieht wie bei einer Kissenschlacht. Im Holzkäfig unter seinem Stand trampeln sich die Hühner unter hysterischem Gackern gegenseitig fast zu Tode. Sie spüren, dass sie als Nächstes dran sind. Oben pendeln Fleischbrocken an einer Querlatte im Regen. Von diesem äußerst geschickten Umgang mit natürlichen Ressourcen könnten westliche Unternehmen noch einiges lernen. Die Fliegen werden regelmäßig abgewaschen, und das Fleisch bleibt schön frisch. Herzlichen Glückwunsch zu diesem Einfall, Mr. Khan, du wirst unser nächster Eco-Entrepreneur of the Month.

Vor einem Geschäft für Billigelektronik liegt ein regloser Körper im Matsch. Er wird von einem kaputten Neonschild angeblinkt: LOSED. Als hätte jemand »lost« falsch konjugiert, denke ich. Die Passanten steigen einfach über ihn, der Teeverkäufer daneben schichtet ungerührt seine Tonschälchen um. Ich tippe Christoph an und zeige in die Richtung des Körpers. Christoph zuckt mit den Schultern und pfeift die ersten Takte von *Circle of Life* von Elton John.

Unter wüsten Flüchen bremst unser Fahrer, denn vor uns staut sich der Verkehr. Durch eine Schneise zwischen den

Fahrzeugen sehe ich einen Bus, unter dessen Schnauze eine Rikscha eingequetscht ist. Wie ein erlegtes Tier liegt sie im Scheinwerferlicht auf der Seite. Ein Mann, wahrscheinlich der Fahrer, prügelt wie wahnsinnig mit einem Stock auf die Motorhaube des Busses ein.

Der Stillstand wird sofort von Straßenhändlern genutzt, die sich zwischen die Fahrzeuge drängen und Melonen, Taschentücher und frittierte Teigwaren anbieten. Christoph kauft noch eine weitere Packung Mentholzigaretten, ich nehme einen halben Liter Wasser, sehe aber sofort, dass der Verschluss mit einem Feuerzeug wieder zugeschmolzen wurde. Ungeöffnet lasse ich die Flasche in den Fußraum fallen.

Direkt neben uns leuchtet das neongrüne Logo eines Medical Shops. Ich überlege, ob ich versuchen sollte, in der Apotheke ein paar Beruhigungsmittel zu kaufen. Nur zur Sicherheit, falls der Engpass weiter anhält. Doch gerade fühle ich mich relativ gut, das Adrenalin der Rikschafahrt hat meine Gedanken angenehm klar gemacht, und ich bin zuversichtlich, dass ich diese Mission auch ohne chemische Unterstützung überstehe.

Ein paar Männer haben die zerstörte Rikscha wieder aufgerichtet und schieben sie an den Straßenrand. Der Fahrer schlägt mit seinem Stock immer noch auf den Kotflügel des Busses ein, doch seine Bewegungen werden langsamer. Es sieht nicht so aus, als hätte er der Metallhaut auch nur einen Kratzer zugefügt. Ohne ihn noch eines Blickes zu würdigen, klettert der Busfahrer in sein Führerhaus und lenkt den Bus von der Kreuzung. Der Verkehr rollt wieder an. Mit hängenden Schultern bleibt der Mann mitten auf der Straße stehen, während die Fahrzeuge in immer höherem Tempo an ihm vorbeifahren. Ich greife in meine Hosentasche und halte ihm ein Bündel Banknoten hin, doch er nimmt es gar nicht wahr. Der Stock pendelt lose in seiner Hand. Ein bisschen Blut läuft an seiner Stirn herab. Seine Augen kleben an dem zertrümmerten Metallkörper am Straßenrand.

Eine halbe Stunde später verschwinden die Betonbauten, und wir fahren plötzlich durch ein Dorf aus uralten Lehmhütten mit Strohdach, das wahrscheinlich irgendwann vom wuchernden Kalkutta aufgefressen wurde. Es grenzt an ein Wunder, dass sich die Hütten in der Regenzeit nicht auflösen, finde ich, aber diese Bauweise hat sich eben seit Jahrhunderten bewährt. Ganz im Gegensatz zu Stahlbetonkonstruktionen.

Die Lehmhäuser werden schnell von provisorischen Unterkünften abgelöst. Zwischen schief im Schlamm steckenden Holzpflöcken sind Planen gespannt, unter denen Familien um winzige Feuer kauern. Der Regen prasselt auf das Plastik und bildet rasant anschwellende Reservoirs. Wenn die Planen schon bedrohlich tief durchhängen, drückt jemand von unten gegen die Pfütze und gießt sie zur Seite in das Wohnzimmer des Nachbarn aus.

Die indische Nacht verschluckt uns. Die Scheinwerfer der Rikscha reichen keine fünf Meter weit. Hupend scheucht der Fahrer im Dunkel auftauchende Körper aus dem Weg, es ist wie in einem Zombiefilm. Wir streifen ein Fahrrad, auf dem drei Männer schwankend Schlaglöchern auszuweichen versuchen. Metall kreischt über Metall, dann gibt es einen dumpfen Ton, als würden, na ja, menschliche Körper ungebremst auf den Boden prallen. Erschrocken stecke ich meinen Kopf aus der Rikscha, aber außer ein paar Metern Schlammpiste, die von unseren Rücklichtern angestrahlt wird, und den grellen Scheinwerfern einer einzelnen Rikscha hinter uns ist nichts zu sehen. »Don't worry«, sagt der Angestellte und legt seine Hand wieder auf mein Bein, »they are Harijan.«

Am Rand der Fahrbahn trotten schwarze Menschenmassen schweigend in die Dunkelheit. Sie marschieren wie eine geschlagene Armee, eine abstrakte, amorphe Menge. Es könnten Hunderte oder Tausende sein. Stoisch ertragen sie den Regen. Ich frage mich nur, wie lange noch.

Obwohl nichts auf einen wütenden Mob hindeutet, frage ich den Angestellten, ob sie auf dem Weg zur Fabrik seien, um uns zu lynchen. »No«, sagt er, »come home from work.« Pendler also. Ich kneife meine Augen zusammen und glaube, sogar Kinder in Schuluniform in der Menge ausmachen zu können. Unwillkürlich muss ich daran denken, wie ich das erste Mal ein Sponsor Child eines Klienten im Slum besucht habe – ein obligatorischer Termin für Agenturmitarbeiter auf Auslandsreise, damit wir uns regelmäßig mit eigenen Augen überzeugen, wie viel Gutes wir mit unserer Arbeit tun.

Die Mutter zeigte mir stolz das Hausaufgabenheft der Tochter, in dem kein einziges Wort richtig geschrieben war, und versuchte mich zu überreden, doch ein bisschen was von ihrem Fischkopfeintopf zu probieren. Die Tochter stand verschüchtert in der Ecke und kaute panisch auf ihren Nägeln herum. Wahrscheinlich hatte sie Angst, ich könnte gekommen sein, um endlich den Preis für ihre Schulbildung einzutreiben, sie nach Europa zu entführen und als Lustsklavin zu halten. Dabei war doch alles geschenkt, von einem famosen deutschen Traditionsunternehmen, das nur wenige Kilometer entfernt von dieser Hütte Giftmüll vor der Küste verklappte. Der Vater beobachtete jede meiner Bewegungen mit funkelnden Augen, ich glaube, hinter seinem Rücken versteckte er eine Machete. Alles in allem herrschte also keine besonders entspannte Atmosphäre. Ich lieferte die mitgebrachten Almosen ab, zwei Tafeln Schokolade und ein Geodreieck, schoss ein Beweisfoto für Jens und stieg wieder in die klimatisierte Limousine, die schon von einer Horde staunender Jungs umringt war.

Die Meinung zu diesen Besuchen ist in der Agentur gespalten. Deborah beispielsweise liebt sie und zeigt nach jeder Mission stolz ihre Fotos herum, die sie auf Hochzeiten zeigen, zu denen sie von den Familien natürlich sofort eingeladen wurde. Ich dagegen kopiere mein Gesicht einfach mit Photoshop in Gruppenbilder, die ich auf irgendwelchen unreflektierten Travelblogs im Netz finde. Auch ohne die Besuche würde ich doch nie vergessen, dass ich die Welt jeden Tag zu einem besseren Ort mache.

Schon von Weitem merke ich, dass wir uns der Unglücksstelle nähern, denn der Gestank versengten Nylons steigt mir in die Nase. Ich frage mich, ob die Schadstoffe, die der Regen jetzt aus dem Rauch wäscht, nicht das gesamte Ackerland um die Fabrikruine kontaminieren werden. Im Budget, das uns für die kommunikative Bewältigung dieser Krise zur Verfügung steht, müsste noch Spielraum für eine kleine Ausgleichszahlung an die Bauern sein. Auch wenn Jens stets fordert, das Budget nicht auszureizen, um andere Agenturen preislich auszustechen, und unser Einsatz eigentlich nur eine befristete Intervention ist, sollten die langfristigen Folgen nicht außer Acht gelassen werden. Wenn hier in ein paar Jahren die Krebsrate explodiert, können die Konzernchefs beruhigt schlafen und werden sich an mich erinnern. *Good deeds always pay back.*

Der Fahrer der Rikscha schaltet die Scheinwerfer aus und drosselt die Geschwindigkeit. Mit einem leisen Knattern rollen wir auf einen Industriekomplex zu, der von einem hohen Zaun umgeben ist. Wir fahren aber nicht durch das grell erleuchtete Haupttor, sondern umrunden das Gelände, bis wir an einer kleinen Tür im Maschendraht halten. Der Angestellte drängt sich an mir vorbei in den Regen und entfernt das Vorhängeschloss. »Run«, ruft er, bevor er selbst durch den Schlamm auf ein pechschwarzes Gebäude zuschlittert. Ich setze vorsichtig einen Fuß aus der Rikscha, sinke ein paar Zentimeter in den Morast ein und sprinte los.

18

Der Handlanger klopft gegen die Stahltür. Ein Augenpaar taucht in dem vergitterten Sehschlitz auf, dann öffnet sich die Tür mit einem Quietschen. Ich stolpere über die Schwelle und pralle gegen einen warmen Körper. Hinter uns rasten die Riegel mit einem metallischen Geräusch ein. Christophs Feuerzeug klickt. Im Schein der Flamme flackert ein Treppenhaus auf. Dann ist es bis auf einen roten Punkt wieder finster. Der Geruch von Menthol breitet sich aus. Ich schalte die Taschenlampenfunktion an meinem Smartphone ein. Mit dem schmalen Lichtkegel taste ich die unverputzten Wände ab. Sie sind übersät von roten Betel-Spuckresten. Eine steile Betontreppe ohne Geländer führt hinauf in den zweiten Stock, allein das ist schon ein grober Verstoß gegen Arbeitsschutzrichtlinien.

Aus dem Nebenraum dringt das Stottern eines Generators, und eine Glühbirne an der Decke glimmt auf. Ein Mann tritt in den Türrahmen. Großflächige weiße Flecken laufen über sein Gesicht und den Hals, als hätte man ihm einen Liter Milch über den Kopf geschüttet. Auch wenn er keinen Schnurrbart trägt und damit seine Zugehörigkeit zum progressiven Indien demonstrieren will, sind seine Zähne rot vom Betel. Immer wieder saugt er die Spucke in seinem Mund zusammen und schluckt sie herunter, wie ein Jugendlicher mit einer neuen Zahnspange, der den Speichelfluss noch nicht unter Kontrolle hat.

»Very nice to meet you«, sagt er mit diesem Akzent, den der Quoten-Inder aus College-Filmen immer gerade genug andeutet, um darüber lachen zu können, aber die political correctness nicht zu gefährden. Ich finde das ziemlich rassistisch, aber Marina hat mich aufgeklärt, dass Akzente in der Einwanderernation USA identitätspolitisch enorm wichtig sind. Selbst Einwanderer in der dritten Generation würden ihre italienischen, irischen oder chinesischen Akzente mit Stolz kultivieren oder sogar in speziell dafür eingerichteten Schulen neu erlernen. Als Entschädigung ist der Inder in den Filmen aber auch immer total intelligent, kann gut mit Computern umgehen und kriegt am Ende eine okaye Frau ab, die sich im Showdown mit Lippenstift einen roten Punkt auf die Stirn malt.

Ohne unseren Gruß abzuwarten, klatscht der Mann in die Hände, ruft »Shall we?« und läuft die Treppe hinauf. Wir folgen ihm in den zweiten Stock, wo er uns durch eine gesprungene Glastür mit der Aufschrift *Manager's Office* in eine großzügige Abstellkammer führt. Wir steigen über bunte Stoffbahnen, die überall herumliegen, und werfen unser Gepäck auf den Tisch in der Mitte des Raums. In die Wände aus bröckelndem Stahlbeton sind Fenster gestanzt, die mit Stofffetzen abgedeckt sind. Dazwischen hängen ein paar gerahmte Zertifikate, so wie in Dönerbuden auch immer ein vergilbter Bericht der Lebensmittelbehörde an der Wand klebt, die aber garantiert schon seit Jahren nicht mehr da war. In der Ecke zischt alle paar Sekunden ein hell leuchtender Apparat, wenn ein Moskito auf dem elektrisch geladenen Gitter gegrillt wird. Ein Ventilator kreiselt in unregelmäßigen Bahnen an der Decke, sodass ich jeden Moment damit rechne, dass er herunterfällt und einen von uns köpft.

»Welcome to India. Ich heiße Patil.« Der Mann legt mir eine Kette aus gelb strahlenden Blumen um den Hals, wie ich sie schon an den Ständen entlang der Straße und an den Schreinen der Kali gesehen habe. Christoph reißt sich seine sofort wieder vom Hals und kratzt manisch an seiner Haut herum. »Schluss mit dem Quatsch«, sagt er und zerdrückt Blüten und Zigarette gleichzeitig mit dem Fuß. Er wirft sein triefendes Jackett über einen Stuhl und knöpft sein Hemd auf. Sein Oberkörper ist perfekter, als ich angenommen hatte, Ende dreißig hin oder her. Während ich wegen der Muskelaufbaupräparate schon Probleme habe, meinen Bauch fettfrei zu halten, präsentiert Christoph hier ein makelloses Sixpack. »Ist das eine Textilfabrik oder nicht? Bring mir neue Sachen«, herrscht er Patil an. Obwohl ich ebenfalls komplett durchnässt bin, ziehe ich mich nicht aus, auch wenn ich in Christophs Augen eine leichte Enttäuschung ausmache.

»Durstig?« Patil deutet auf einen Kühlschrank. Anscheinend hat er die Mail mit unseren Catering-Wünschen erhalten. Christoph öffnet die Tür. Fein säuberlich aufgereiht liegen Bierflaschen in den Fächern. »Kein Cobra?«, fragt er und drückt die Flasche an der Tischkante auf. »Cobra ist britisches Bier«, sagt Patil abschätzig. »Sie haben *landestypisches* Bier bestellt.« Ich zögere. Patil hält einen Pappbecher unter den Wasserspender und stellt ihn mir hin. Eine schimmelnde Motte treibt an der Oberfläche. Ich nehme mir ebenfalls ein Bier aus dem Kühlschrank und öffne es, ohne auf das Verfallsdatum zu schauen. Auf dem Etikett ist ein Eisvogel abgebildet, darunter steht in geschwungenen Buchstaben *Kingfisher.* Am Flughafen habe ich schon eine Airline mit exakt dem gleichen Logo gesehen, und ich weiß gar nicht, welchem Produkt ich nun mehr misstrauen soll. Ich nehme einen tiefen Schluck. Das Bier ist lauwarm und hat kaum Kohlensäure.

»Wo ist ... Anrash?«, frage ich und suche in meinem Smartphone nach der Mail mit dem Foto unserer Kontaktperson. »Geflohen. Er fürchtet den Zorn der Arbeiter«, sagt Patil. »Zu Recht«, sagt Christoph und lässt sich auf einen Stuhl fallen. Er sucht eine Nummer in seinem Smartphone und hält es ans Ohr. »Ja, er ist weg. Finde ihn.« Wir brauchen den Fabrikbesitzer als Sündenbock. Sobald unser Headhunter ihn in irgendeinem Bordell in Bangalore aufgestöbert hat, wird er mit einiger Wahrscheinlichkeit vor den Kameras sämtlicher TV-Stationen von einem wütenden Mob gelyncht. Dieser animalische Gewaltausbruch wird uns bildpolitisch eins a in die Karten spielen. Die Kameras werden Aufnahmen wilder Tiere in die Wohnzimmer übertragen, die sich nicht auf ein demokratisch legitimiertes Rechtssystem verlassen, um ihre Probleme zivilisiert zu lösen, sondern auf brutalste Weise Selbstjustiz üben. Es ist wirklich tragisch. Die Menschen verstehen nicht, dass sie mit derartigem Verhalten unbewusst die Logik unterstützen, die sie in der Ausbeutung gefangen hält. Implizit werden so die skandalösen Arbeitsbedingungen dieser Menschen entschuldigt – sie sind in diesem Bildzusammenhang eben nur Arbeitstiere.

Klingt zynisch? Ich habe mir das aber nicht ausgedacht, das ist das A und O in jedem Handbuch zur Krisenkommunikation: *Gibt es Proteste, sorgen Sie dafür, dass sich der Protest durch Gewalt selbst die Legitimation entzieht.* So arbeitet die Bundespolizei, das FBI, selbst Sozialpädagogen arbeiten so.

»Unser Klient ist sehr besorgt, dass in dieser Fabrik nicht die im Vertrag vereinbarten Fertigungs- und Arbeitsstandards eingehalten wurden.« Christophs Stimme hat einen scharfen Ton angenommen. Er holt eine Kopie des Vertrags aus seiner Aktentasche und knallt sie auf den Tisch. »Soll ich es dir vorlesen?« Patil schüttelt den Kopf, aber Christoph lässt es sich natürlich nicht nehmen, seine Show abzuziehen, und beginnt, ausführlich aus den Vertragsinhalten zu zitieren. Ich nippe an meinem Bier und kippele auf einem Stuhl vor und zurück. Während Christoph jetzt Paragraf für Paragraf durchgeht, meditiere ich ein bisschen über die entfesselte globalisierte Marktwirtschaft, die uns überhaupt in diese verzwickte Situation gebracht hat. Will man in umkämpften Märkten flexibel agieren und für jedes Produkt die kostengünstigste Fertigungsstätte neu ermitteln, kann man nicht jedes Glied der Supply Chain einzeln überprüfen. Da man durch das Outsourcing juristisch sowieso nichts zu befürchten hat, verlässt man sich auf unabhängige Kontrollen, die solche Zertifikate ausstellen, wie sie hier überall an den Wänden hängen – und auf Vertrauen. Das ist dann eine Grundsatzfrage. Und wo kämen wir hin, wenn wir einem Anbieter misstrauten, nur weil er spottbillig produziert und zufällig Inder ist? Christoph zieht eine Rolle mit Banknoten aus seiner Hosentasche und wirft sie auf den Tisch. »Du arbeitest jetzt für uns.«

»Also. Wie konnte das geschehen?«, frage ich im Duktus eines News Anchor und drehe mich zu Patil, als würde ich die Kamera wechseln. Patil streckt seinen Rücken durch und fixiert erst mich, dann Christoph, als müsse er herausfinden, wen zu adressieren wichtiger ist. Er entscheidet sich für Christoph. Das ist okay, denn anscheinend spielt der heute den Bad Cop. Dann bricht ein Wortschwall aus Patil hervor, in dem er im Wesentlichen erklärt, dass er nicht weiß, wie so etwas passieren konnte, seine Gedanken bei den Familien seien und es im Endeffekt wohl Zufall war, dass es ausgerechnet ihre Fabrik getroffen habe. Dabei hebt er mehrmals hervor, dass sich überhaupt nur so viele Arbeiterinnen retten konnten, weil man sie nicht wie in den anderen Fabriken eingesperrt habe. Nach einer Viertelstunde sackt er in sich zusammen, wie ein Bote, der Tausende Kilometer geritten ist, um eine Nachricht von kriegsentscheidender Bedeutung zu überbringen. Ich reiche ihm meine Bierflasche, deren Inhalt er sofort herunterstürzt. Diese Good-cop-Rolle macht wirklich Laune. Ich öffne eine neue und lasse das mittlerweile leicht gekühlte Bier meine Kehle herunterlaufen. Es schmeckt schon viel besser.

»Opfer?«, frage ich. »Der Regen hat die Bergungsarbeiten erschwert«, sagt Patil und spielt mit den Gummibändern der Geldrollen. »Über Betroffene kann ich noch nichts sagen.« Das ist für den Moment eigentlich auch egal, denn in der ersten Pressemitteilung spricht man sowieso immer nur von Vermissten, um die Hoffnung aufrechtzuerhalten und Informationen zu verschleppen. »Proteste?«, fragt Christoph. »Alles ruhig bisher«, antwortet Patil, »aber es gibt Gerüchte, die Arbeiterinnen würden von eingeschleusten Agent Provocateurs aufgewiegelt, und morgen früh gäbe es einen Protestmarsch auf die Fabrik.« Christophs Gesicht hellt sich ein bisschen auf. Ganz ausgezeichnet.

Auch, wenn immer von »Zeitkritischer Krisenkommunikation« die Rede ist, gibt es nach solchen Katastrophen ein Phänomen, das in PR-Kreisen »Latenzzeit« genannt wird. In der Latenzzeit berichten nur regionale und nationale Medien über das Unglück. Der richtige Krieg beginnt, wenn die Storyteams eingeflogen sind. Ein, zwei Tage nach dem Unglück peakt die Berichterstattung plötzlich. Pressesprecher melden sich auf Anfragen, Experten tauchen auf, die wahlweise be- und entlasten, Augenzeugen können sich auf einmal in den grellsten Farben an die Ereignisse erinnern, die Polizei präsentiert Beweise, eine Bilderflut überschwemmt die Sozialen Netzwerke, und das Unglück bekommt einen 30-Sekunden-Slot in der *Tagesschau*, in dem die Moderatorin leidenschaftslos eine Braue hochzieht, vor dem überdimensionierten Foto hin- und herstakst und sagt, dass es noch keine näheren Informationen gebe, bevor sie sich auf das Sahnestück der Sendung stürzt: Irgendein Politiker hat nach einem Wahlkampfauftritt auf dem Land einen Zuchtbullen besprungen.

Während der Latenzzeit herrscht vor Ort aber noch vollkommene Lähmung. Das ist wie auf einer Baumwollplantage. Keiner weiß, was zu tun ist, alle warten auf die Kolonialherren. Uns. Wenn es mal schlecht läuft, kann es passieren, dass sie einen bei Ankunft auf eine brennende Mistgabel spießen. Aber dieses Risiko beträgt höchstens 1 Prozent. Nicht viel unwahrscheinlicher ist es, auf dem Weg zu einem langweiligen Bürojob von einem Auto erfasst zu werden.

Aus unserer Sicht ist die Verzögerung allerdings eher eine Art Inkubationszeit. Denn um erfolgskritisch zu arbeiten, brauchen wir Zeit, uns vorzubereiten. Wir machen Stakeholderanalyse, arbeiten Akten und Rechtslage durch, bereiten eine maßgeschneiderte Story vor, rekrutieren Testimonials, recherchieren Wissenschaftler, deren Erkenntnisse opportun sind. »Faktenorientierte Krisenkommunikation« ist das Stichwort. Genau genommen sitzen wir die meiste Zeit auf Tranquilizern im Flieger und saufen, wenn ich ganz ehrlich bin.

Zwar existieren auch Dependancen der großen Agenturen vor Ort, komplett bestückt mit talentierten Einheimischen, die der regionalen Besonderheiten und Dialekte kundig sind und schneller reagieren könnten als extra aus Europa eingeflogene Weißbrote. Doch von Indien existiert kein differenziertes Bild im europäischen Aufmerksamkeitsmarkt, warum ihn also ungefragt mit Komplexität überfrachten? *PR is all about sending clear messages,* hat einer der Urväter der Public Relations mal gesagt. Würden Einheimische diese Mission übernehmen, käme in Europa nur ein Rauschen an – ein Rauschen wohlgemerkt, das der Sache, der Kultur, den Menschen und so weiter viel gerechter würde, als wir es je könnten oder wollten. Es wäre aber immer noch ein Rauschen. Deswegen gibt es Leute wie Christoph und mich. Vereinfacher. Übersetzer. Erzähler.

»Presseschau?«, schlage ich vor. Patil wirft einen Haufen Fotos auf den Tisch. Soweit ich sehen kann, handelt es sich um die üblichen, mit ein paar regionalen Details angereicherten Katastrophenmotive: ein lichterloh brennendes Gebäude, überforderte Rettungskräfte, weinende Frauen verbergen ihre Köpfe in den Händen. Christoph fischt ein Bild aus dem Stapel. »Was ist das denn?«, fragt er angewidert und wendet die Augen ab. Ohne noch einen Blick darauf zu werfen, reicht er mir das Foto.

Ein Mann trägt ein etwa zehnjähriges Mädchen, dessen Arme und nackter Oberkörper giftgrün leuchten. Das Gesicht des Mädchens ist schmerzverzerrt, die Augen des Vaters leer vor Angst. Im Hintergrund sind verschwommen die Trümmer der Fabrik zu sehen, dahinter türmen sich schwarze Wolken auf.

Erschrocken lasse ich das Bild zurück auf den Tisch fallen, nur um es im nächsten Moment wieder anzusehen. Es wirkt, als hätte ein riesiger, grüner Schimmelpilz das Mädchen überwuchert. Ich schlucke. Das Foto hat zweifellos die Qualität, sich in der Hitliste der kollektiven Schreckensbilder auf dem zweiten Platz hinter diesem vietnamesischen Napalm-Mädchen zu etablieren. Es ist aufrüttelnd, zeigt ein ungewöhnliches Motiv und ist mit einem brutalen Sinn für Ästhetik komponiert. Ausnahmsweise funktioniert hier das Motiv eines leidenden Kindes auch erstaunlich gut, da es den konventionellen Rahmen der Elendsdarstellung sprengt und anstatt moralistischer Eindeutigkeit Fragen im Betrachter aufwirft: Was ist hier bloß geschehen? Die Offenheit des Bildes führt nicht in die Einbahnstraße, in der die Tränendrüsen des Betrachters mit dem Schraubstock malträtiert werden, sondern erzwingt Anschlusskommunikation. Und das katapultiert den Impact Factor des Fotos ins Unermessliche.

»Diese Bilder werden morgen auf der Titelseite jeder Zeitung sein«, sagt Patil und zieht ein weiteres aus dem Stapel. Eine Ärztin wischt dem tränenüberströmten Mädchen mit einem Schwamm eine schäumende Paste von den Armen. Darunter kommt das bloße Fleisch zum Vorschein. »Menthol-Zahnpasta«, sagt Patil. »Die haben sie zur Kühlung auf die Brandblasen geschmiert.« Mein Magen verkrampft, und das Bier gurgelt meine Kehle rauf. In der Zusammenschau der Bilder ergibt sich eine Narration, die noch mächtiger ist als das Einzelfoto. Es ist für jeden etwas dabei. Einfache Gemüter können sich in der Ungerechtigkeit, die dem Mädchen widerfahren ist, versenken, und wem das zu platt ist, der kann sich mit der existenziellen Tragik des Vaters identifizieren. Das Bild zittert in meiner Hand. Wie hilflos ein Mann seinem Schicksal, der eigenen Unwissenheit und Armut ausgeliefert sein muss, um mit dem letzten Geld sämtliche Zahnpastavorräte im Dorfladen zusammenzukaufen, damit er die Brandblasen seiner Tochter kühlen kann? Weil das einzige Kühle, das man in diesem scheißschwülen Land kennt, Zahnpasta ist.

»Was hat das Mädchen in der Fabrik zu suchen?«, brüllt Christoph, als würde er die Antwort auf diese Frage nicht ahnen. Ich lasse mich auf einen Stuhl fallen und lehne den Kopf gegen die Wand. Patil deutet mit einem Schulterzucken auf die Urkunden. »Scheiß auf die Zertifikate, du Arschloch!«, schreie ich ihn an und reiße eine der gerahmten Urkunden von der Wand. Eine Compliance-Richtlinie der *All Indian Association for Textile Workers*. Ich lasse die Urkunde auf den Boden krachen. Schon habe ich den nächsten Rahmen in der Hand – ein Ingenieurbüro aus Kalkutta bescheinigt regelmäßige Kontrollen der Maschinen –, und Sekunden später zersplittert auch dieser zwischen meinen Füßen. »Chakpachuria factory exceeds the industry standard on worker safety«, *Textile International* bedankt sich für die erfolgreiche Zusammenarbeit, regelmäßige Kontrollen durch unabhängige Zertifizierungsorganisationen. Eigentlich fehlt nur noch das Fresenius-Institut, das beste Trinkwasser-Qualität bescheinigt. Wie ein Schutzgelderpresser im Film, der Ladenregale mit seinem Baseballschläger leer fegt, gehe ich mit ausgestrecktem Arm an der Wand entlang und lasse die Urkunden reihenweise vom Nagel springen. Ein kleiner Splitter bohrt sich in meinen Fuß. Es tut kaum weh. Ich bücke mich nicht, um ihn zu entfernen. Patil verfolgt unsere Reaktionen mit gleichgültiger Miene, als führten wir ein mies choreografiertes Theaterstück auf. Und vielleicht tun wir das ja auch. Nur für wen eigentlich?

»In der Nachtschicht, in der das Unglück geschehen ist, arbeiten keine Kinder«, sagt Patil diplomatisch. Christoph packt ihn an seinem Oversize-Hemd und drückt ihn gegen die Wand.

Einen Moment lang sieht es so aus, als würde Christoph zuschlagen, doch dann lösen sich seine Finger aus dem Stoff, und er sackt auf einem Stuhl zusammen. »Wie kann man nur so …«, flüstert er.

»Wie viel will er dafür?«, frage ich und denke an Jens, der immer sagt: *Prävenieren ist besser als dementieren* – und das heißt, wir müssen zahlen. Wenn ein Fotograf schlau ist, bietet er ein aussagekräftiges Bild erst der kompromittierten Firma an. Wenn er noch schlauer ist, gleichzeitig auch der Konkurrenz. Wenn er integer ist, veröffentlicht er es grobkörnig und schwarz-weiß im lokalen West-Bengal-Gewerkschafts-Kurier und bloggt es auf seiner WordPress-Seite mit fünf Followern, von denen einer ein Cop ist, der ihn zwingt, es wieder runterzunehmen, weil er auf unserer Gehaltsliste steht. Doch Integrität ist meiner Erfahrung nach eine Wohlstandserscheinung. Ausnahmen bestätigen die Regel.

Ich betrachte die Ausgaben für Fotos gerne als Entwicklungshilfe. Von dem Geld kann der Fotograf nun jahrelang Albino-Wasserbüffel knipsen oder was ihn auch immer an dieser Welt interessiert. Trotzdem macht es mich fast traurig, dass niemand je dieses grandiose Foto sehen wird, wenn wir genug Geld auf den Tisch legen. Ein kleiner Trost ist allerdings Jens' Behauptung, dass wir in diesen Ländern das staatliche Stipendiensystem ersetzen. Er habe schon Fotografen gefördert, die ihre Werke später im ICP, New York, ausgestellt hätten. Mit etwas Glück erscheint das Bild also mal in einer Retrospektive, wenn der Vorfall längst verjährt ist.

»Wie viel?«, frage ich noch einmal und fotografiere die Bilder für Jens ab. »Niemand will verkaufen. Wir wissen nicht mal, wer der Fotograf ist.« Ich starre Patil entgeistert an. Eine unangenehme Vorahnung macht sich in meinem Bauch breit.

»Woher haben wir dann die Bilder?«, frage ich. »Die kamen per Kurier von einer deutschen Firma, die Stoffmuster bestellen will.« Patil kramt in seiner Hosentasche und holt die Visitenkarte von EinsZweiSchneider hervor, deren Ränder schon ganz zerfleddert sind.

Ich reiße Patil die Karte aus der Hand und zerknülle sie zu einer winzigen Kugel. Guter Move, Jungs. Uns zusätzlich auch noch Kinderarbeit anzudichten, wo doch die zersplitterten Urkunden zweifelsfrei beweisen, dass unabhängige Kontrolleure die Arbeitsbedingungen regelmäßig überprüfen. Ich muss herausfinden, für welche Agentur die beiden arbeiten, denn das ist wirklich vom Feinsten. Ich raufe mir die Haare. Bisher war das alles tragisch, sicher, aber nichts, was man mit ein paar Sozialprogrammen und Beteuerungen, es ab jetzt besser machen zu wollen, nicht wieder ins Lot bringen könnte. Denn es besteht eine ziemlich große Bereitschaft in der Zielgruppe, Fabrikeinstürze am anderen Ende der Welt schnell wieder zu vergessen, wenn das Glitzershirt aus der Pre-Fall-Kollektion nur verführerische 4,99 Euro kostet. Aber wenn dir einmal jemand Kinderarbeit nachgewiesen hat, kannst du den Laden dichtmachen. Für immer. Die Konsumenten haben da eiserne Prinzipien.

Ich schnipse die Kugel zu Christoph herüber. »Scheiß drauf«, sagt er und trinkt sein Bier auf ex. »Lass uns einfach abhauen.« Christoph knallt die Flasche auf den Tisch. Er streift sein nasses Hemd und das Jackett über. Dabei wankt er übertrieben hin und her, obwohl er erst drei Bier getrunken hat. Ich positioniere mich in der Nähe der Tür. Die erste Möglichkeit, bei der ich im Flugzeug nicht neben ihm saß, hat er genutzt, um sich mit den beiden anzufreunden. Welches Angebot haben sie ihm gemacht? Warum haben sie nicht mich gefragt? Nach der Brasilien-Geschichte bin ich eigentlich eine kleine Berühmtheit in der Szene, und mein Marktwert hat sich fast verdoppelt. Aber das kannst du schön vergessen, Christoph. Da hilft es nicht mal, einen auf moralisch zu machen.

»Und wir lassen EinsZweiSchneider damit durchkommen?«, sage ich und versperre ihm den Ausgang. Ich spanne all meine Muskeln an. Christoph hält sich nicht besonders gerade, weshalb wir ungefähr auf Augenhöhe sind. Seine tiefblauen Augen sind eingetrübt und strahlen eine gewisse Sanftheit aus. Er wird nicht gehen. Ein paar Mücken verbrutzeln in der Maschine. Patil schlägt zwei volle Bierflaschen aneinander, um uns zu einem Brudertrunk zu animieren. Christoph zuckt mit den Schultern, und die Energie weicht aus meinem Körper. Er trottet zu seinem Stuhl zurück. Fast finde ich es schade, dass es nicht zu einer Rangelei gekommen ist, um die latente Spannung, die permanent zwischen uns herrscht, einmal abzubauen. Auch wenn ich am Ende vermutlich unten gelegen hätte.

»Dann lass mal hören, du Wunderkind«, sagt Christoph, als er das Bier wieder abgesetzt hat. Ich öffne mir selbst noch eins und rekapituliere den Stand der Dinge: Der Fabrikbesitzer ist immer noch flüchtig. Morgen werden die Proteste beginnen. Dank EinsZweiSchneider wird auf sämtlichen Titelseiten das Bild des Mädchens prangen. Die Schlagzeile: irgendwas mit Kinderarbeit. Das wird unseren Klienten vernichten. Wir müssen dringend was tun. Doch ich habe nicht die leiseste Ahnung, was.

19

Ich schiebe einen Stofffetzen beiseite und blicke aus dem vergitterten Fenster auf die Überbleibsel der Näherei. Es hat aufgehört zu regnen, und über den Trümmerhaufen sind in unregelmäßigen Abständen Fackeln verteilt, fast so, als würde es noch ein bisschen brennen. Zwischen den flackernden Lichtkegeln huschen Schatten umher und schleppen Stein für Stein an den Rand. Zwei kleine Bagger schieben im Licht von Neonstrahlern Schuttreste zusammen. Ab und zu hört man jemanden über den Trümmerhaufen rufen, dann eilen weitere Schatten herbei, zerren gemeinsam ein paar Steine zur Seite und ziehen etwas aus den Trümmern. Sonst ist es gespenstisch still, nur das Flappen des Ventilators ist zu hören.

Ich lasse den Stoff wieder vor das Fenster gleiten. Erst jetzt fallen mir die Etiketten mit den Waschanweisungen an den Fetzen auf, bei denen es sich offenbar um aufgeschnittene T-Shirts handelt. Ich muss an diese Billigshirts denken, die vor ein paar Monaten aufgetaucht sind und in die vermeintliche Hilferufe von Arbeiterinnen eingenäht waren. Ich war mir damals sofort todsicher, dass es sich um einen PR-Stunt handelte, um einen Konkurrenzkonzern zu diskreditieren, aber dann stellte sich doch heraus, dass es irgendwelche Kiffer mit einem Regenbogen im Hirn waren. Mir fällt so eine PR-Weisheit ein, die ich einmal in einem Wargaming-Seminar aufgeschnappt habe: *Wenn du dich selbst nicht retten kannst, zieh alle anderen mit in die Scheiße.*

In meinem Kopf fügen sich plötzlich die Dinge zusammen, als würde ich ein Puzzle für Einjährige lösen. Ich drücke dem Handlanger ein Bündel Scheine in die Hand und weise ihn an, in einer 24-Stunden-Mall so viele Klamotten zu kaufen, wie er in ein Taxi packen kann. Der Typ starrt ungläubig auf das Geld und fragt Patil etwas, das ich nicht verstehe, aber der nickt nur abschätzig Richtung Tür. Ich halte Christoph meine Hand für ein High five hin. Mit einem saftigen Klatschen schlägt er ein. Ich wische die Fotos vom Tisch. »Und jetzt überlegen wir, wie wir uns rächen können«, sage ich und kippe das restliche Bier auf ex.

Lautlos betritt eine Frau den Raum und stellt mit gesenktem Blick ein Tablett auf den Tisch. Aus einer Metallkanne gießt sie dampfenden Tee in zwei Tonschalen und legt je einen Butterkeks obenauf. »Esst jetzt«, sagt Patil und folgt der Frau die Treppe hinab. Obwohl mir wegen des ekelhaften Brandgeruchs jeder Hunger vergangen ist, stochere ich mit der Gabel auf dem Teller herum. Ich zerteile die gebackene Banane in gleichmäßige Stücke und schlucke eins davon runter. Das riesige, hart gekochte Ei, das in einer braunen Soße treibt, rühre ich nicht an. Die Butterkekse sind mittlerweile vom Dampf aufgeweicht und bröckeln in den Tee. Erst jetzt, als das Adrenalin langsam aus meinem Kreislauf verschwindet, merke ich, dass ich friere. Mein Anzug ist noch kein bisschen getrocknet und klebt wie eine erkaltete Milchhaut an mir. Ich sauge etwas Tee durch die schmale Lücke zwischen meinen Schneidezähnen, damit die Keksflocken in der Schale zurückbleiben. Er ist ekelerregend süß, und sofort legt sich ein pelziger Belag auf meine Zunge.

Christoph nimmt eine silberne Box vom Fenstersims. Er holt ein paar kleine Päckchen hervor, die aussehen wie eingelegte Weinblätter. Rotes Pulver rieselt auf den Boden, als er die Blätter auseinanderzupft. Ohne zu zögern, steckt Christoph sich ein Päckchen in den Mund und beginnt zu kauen. Sein Gesicht verzieht sich vor Schmerz, und aus seinem Mund rinnt ein Faden roter Flüssigkeit. Er hält mir die Box hin. Nachdem ich ein paarmal auf die Blätter gebissen habe, brennt es, als wäre meine Mundhöhle übersät von offenen Wunden, in die ich hochprozentigen Alkohol gieße. Ich betrachte Zähne und Zahnfleisch im Display meines Smartphones. Ich kann nicht sagen, ob mein Speichel vom Betel bloß rot und zähflüssig geworden ist oder das Zahnfleisch wirklich blutet.

Als der erste Schmerz nachlässt, stellt sich langsam eine Wirkung ein. Es ist nicht gerade Speed, aber ich spüre doch einen leichten Zoom. Vielleicht ist es auch die Kombination mit den Tranquilizern, die laut Aussage meines Vaters immerhin noch zwölf Stunden im Blut bleiben und auf keinen Fall mit Alkohol gemischt werden sollten. Von anderen Substanzen ganz zu schweigen.

In einem Regal finde ich zwei Squash-Rackets. Jeder Schläger hat im Griffbereich einen Knopf, auf den ein Blitz gezeichnet ist. Ich halte den Knopf gedrückt und schlage nach einem Moskito, der augenblicklich gegrillt wird, als er das Netz des Schlägers berührt. Ich werfe Christoph den anderen zu. Bevor er genug Zeit hat, sich das Teil genau anzuschauen, schlage ich ihm auf die Hand und ziehe sofort wieder zurück, wie bei einem Fechtkampf. Christoph schreit vor Schreck auf und schüttelt seine geschockte Hand. Dann spuckt er auf das Netz seines Schlägers, das hellweiß aufleuchtet und wie beim Ablöschen einer Pfanne zischt. Ich umrunde den Tisch und bringe etwas Distanz zwischen uns. Christoph rennt links um die Platte. Ich zerre einen Stuhl in seinen Laufweg, doch er tritt ihn im letzten Moment zur Seite. Er reißt den Tisch um, die Blechteller klappern auf den Boden, die Bananen werden unter unseren Sandalen zermatscht. Nach ein paar Runden falle ich auf eine Finte von Christoph herein, und er trifft mich am Ellenbogen. Mich durchzuckt ein leichter Schmerz. Wie damals am Elektro-Weidezaun, denke ich. Mit meinem Bruder. An den wir beide gefasst haben, wer länger kann. »Knallt ganz gut, was?«, lacht Christoph und kaut heftig auf dem Betel-Päckchen herum.

Irgendwann rüttelt mich Patil wach. Ich bin auf einem Holzstuhl eingenickt, mein Kopf liegt auf Christophs nackter Schulter. Auf dem Tisch stapeln sich riesige Plastiktüten, aus denen T-Shirts, Hosen und Unterwäsche quellen. Der Handlanger schleppt gerade weitere Tüten in den Raum. Ich stecke mir noch einen Betelbissen in den Mund und checke mein Smartphone. Es ist drei Uhr nachts. Ich trete ans Fenster. Auf dem Trümmerhaufen sind immer noch vereinzelte Suchtrupps unterwegs.

Bevor wir uns an die Arbeit machen, gehe ich den Klamottenstapel durch und wähle ein Hemd mit einem dezenten Karomuster, es ist nicht gerade Hugo Boss, aber der Stoff ist überraschend weich. Die Auswahl an Hosen ist sehr beschränkt, und nur wenige kommen von der Größe infrage. Ich entscheide mich schließlich für eine grässliche Jeans im Stonewash-Look, denn bei ihr muss jedem klar sein, dass ich sie nur ironisch tragen kann. Ich ziehe mein Hemd aus, wende aber dafür Christoph den Rücken zu, denn diesem habe ich beim Training doppelte Aufmerksamkeit gewidmet, weil in meiner Familie Bandscheibenvorfall vererbt wird. Obwohl das Hemd bis über meinen Po reicht, spanne ich ihn an, als ich die Hose wechsle. Als ich mich wieder umdrehe, steht Christoph nur noch in einem schwarzen Slip da. Seine Schamhaare sind anrasiert und gehen nahtlos in eine dünne Linie über, die sich bis zu seinem Bauchnabel hochzieht. Ich stopfe meinen Anzug in eine Plastiktüte, hole noch ein Bier aus dem Kühlschrank und setze mich mit dem Rücken zu ihm an den Tisch. Ich schreibe dem Praktikanten eine Nachricht und beauftrage ihn, das Netz nach PR-Aktivitäten vor Ort zu durchforsten. Wir müssen rausfinden, was EinsZweiSchneider vorhaben – ungeschoren werden wir die nicht davonkommen lassen.

Christoph hat mittlerweile ein Outfit gewählt. Ein riesiges, hellgelbes Hemd hängt wie ein Sack über seinem Körper, darunter schaut eine viel zu kurze Hose hervor. Er breitet seine Arme aus und dreht sich wie ein Mannequin im Kreis. »Indian Style«, sagt er.

Wir fangen an die Hemden mit Feuerzeugen zu durchlöchern, was eine ziemlich mühsame Angelegenheit ist, denn nur die Klamotten mit einem hohen Nylonanteil brennen ordentlich ab. Innerhalb von Minuten stinkt es wie in einer Räucherstube, und ich reiße die Stofffetzen von den Fenstern, damit etwas Frischluft hereindringt. Christoph entwickelt nach einiger Zeit eine besonders effektive Technik. Er legt die Shirts direkt auf das Gitter des Moskitogrillgeräts, wo sie schmauchend verkokelt werden. Trotzdem haben wir nach einer Stunde noch nicht mal die erste Einkaufstüte geschafft. Gerade als ich Angst bekomme, dass wir bis zum Morgengrauen niemals fertig werden, trägt Patil ein paar Kohleeimer in den Raum, und wir halten die Klamotten einfach für einen Augenblick an einem aufgebogenen Kleiderbügel in den Eimer und trampeln den brennenden Stoff dann auf dem Boden aus.

Nach zwei Stunden ist der halbe Raum mit einem rauchenden Haufen Billigkleidung gefüllt. Meine Augen brennen, und ein Reizhusten schüttelt mich. Christophs Haut ist von roten Flecken übersät, an denen er ständig kratzt, während er einen Haufen schwelender Socken aus einem Kohleeimer fischt. Ich mache ein Foto von unserer kleinen Manufaktur und sende es an Jens. Dann packe ich dem Handlanger ein Bündel verkohlter T-Shirts auf den Arm, denn er kann ja unten eigentlich schon loslegen, während wir hier oben weiterarbeiten. Ich öffne ein neues Bier, lehne mich ans Fenster und blicke auf die eingestürzte Näherei. Plötzlich frage ich mich, ob die Trümmer wohl noch heiß sind, denn ich erinnere mich daran, dass in New York deshalb viele Leichen erst am 14. oder 15. September geborgen werden konnten.

Ich versuche, unseren Handlanger zwischen den anderen Schatten auszumachen, aber es gelingt mir nicht. Ich betrachte es als unseren kleinen Beitrag zu einer besseren Welt, wenn der Mob unter den Augen der europäischen Journalisten morgen früh die T-Shirts der Konkurrenz aus dem Trümmerhaufen zieht. Im Grunde genommen tun wir damit etwas Gutes. Denn auch die Konkurrenzunternehmen, die nur ein paar Kilometer entfernt zu gleichen Bedingungen produzieren, werden sich jetzt zu mehr Arbeitsschutz verpflichten müssen. Danken kann man uns später.

20

Völlig übernächtigt wanken Christoph und ich in den Frühstückssaal des Hotels. Pikiert blicken sich die anderen Gäste nach uns um, denn wir sind pechschwarz vom Ruß und riechen, als hätten wir die ganze Nacht am Lagerfeuer Friedenslieder gesungen. Christoph hat sogar noch eine halbvolle Bierflasche in der Hand, die er für die Rückfahrt mitgenommen hat, ich trage eine Plastiktüte mit ramschigen Kleidungsstücken, die übrig geblieben sind. Am Buffet schaufele ich mir haufenweise Würstchen und Speck auf den Teller, obwohl mein Mund vom Betel noch ganz taub ist und ich bestimmt keinen Bissen herunterbekomme.

Eins und Zwei von EinsZweiSchneider sitzen in orangefarbenen Sesseln unter einem Kronleuchter und schlürfen Milchkaffee. Sie haben sich der Umgebung aus Marmor und Glas mittlerweile angepasst und tragen hochwertige Anzüge, wenn auch der Schnitt mit dem breiten Revers etwas antiquiert wirkt. Ich registriere, dass sie die untersten Knöpfe an ihren Sakko-Ärmeln geöffnet haben, um ihre Maßanzüge von Konfektionsware abzugrenzen, bei der bloß Schmuckknöpfe aufgenäht werden. Ich finde ihr Verhalten etwas prätentiös und greife Zwei ans Revers, um das Material zu befühlen. Stolz präsentiert er den Stoff und sagt, das seien die ersten Muster, die sie gestern probeweise hätten anfertigen lassen. Sie hätten aber noch eine andere vielversprechende

Fabrik in Aussicht, bei der sie aber erst gestern Muster geordert hätten.

Christoph und ich lassen uns von den Bediensteten zwei Sessel bringen und bestellen Drinks. Ich ordere einen Gin Tonic, Christoph einen Wodka-Lemon. Ich verarsche die beiden ein bisschen und frage, ob wieder jemand zufällig sein Bett im Nobelhotel gegen ihre harten Jugendherbergspritschen getauscht hätte, und sie stammeln irgendetwas von Frühbucherrabatt, einem günstigen Wechselkurs und dass sie nun mal viel zu viel Geld beim Crowdfunding eingenommen hätten. Während wir auf unsere Drinks warten, plaudern wir über das miese Wetter, die indische Küche und den lebensmüden Verkehr in Kalkutta. Dass wir original wie Schornsteinfeger aussehen, kommentieren die beiden nicht.

Es kommt mir ein bisschen so vor wie nach einem Fußballspiel, bei dem sich die Mannschaften, die sich eben noch auf dem Platz weggegrätscht und beschimpft haben, fairplaymäßig die Hände geben und abklatschen. Sie wissen, dass ihre Konkurrenz nichts Persönliches ist und sie nächste Saison bei einem besseren Angebot auf die andere Seite wechseln werden. Eine Art Trikottausch haben wir ja auch schon hinter uns, nur wissen die beiden noch nichts davon. Fußballer sind Söldner, genau wie wir. Und genauso gut kann ich nach Feierabend mit den Kollegen von EinsZweiSchneider aka PR Unlimited aka Greenwash, Inc. einen Drink nehmen und Small Talk machen. Auf dem Platz werden wir sie trotzdem gnadenlos vernichten.

Ich nippe an meinem Getränk. Der Gin Tonic schmeckt fantastisch. Ich verziehe angewidert das Gesicht und winke den Kellner zurück. Ich drücke ihm das Glas in die Hand und sage ihm, er solle dem Barkeeper ausrichten, Hendrick's Gin mische man am besten mit Indian Tonic Water, Fentimans Tonic eigne sich dagegen wegen seiner ausgeprägten Kräuterextrakte überhaupt nicht für eine Kombination mit dem korianderlastigen Hendrick's. Fentimans solle man besser mit Monkey 47 mischen, da dessen Geschmack ebenfalls von Aromen exotischer Kräuter und Beeren dominiert sei. Eins nickt anerkennend. Angespornt fahre ich fort. »Wusstet ihr, dass Gin Tonic hier in Indien erfunden wurde? Das Chinin im Tonic hilft in hohen Dosen gegen Malaria. Damit die englischen Soldaten das Zeug überhaupt tranken, hat irgendein Arzt Gin dazugekippt.« Die anderen gucken unbeeindruckt, Zwei checkt sogar seine Mails. Offensichtlich haben sie alle das gleiche Buch gelesen wie ich. Der Kellner kommt zurück und reicht mir den neuen Drink, mit Empfehlungen des Hauses. Ich drücke ihm einen kleinen Schein in die Hand. »Also, auf die Prophylaxe!«, sage ich und hebe mein Glas.

Das Smartphone vibriert in meiner Hosentasche. Eine Nachricht von meinem Praktikanten. Ich öffne die von ihm zusammengestellte Liste aller für die nächsten Tage angekündigten PR-Aktivitäten. Ich scrolle ein bisschen durch die Tabelle, die sich wie ein Who's Who der Textilkonzerne und Agenturen liest. Natürlich veranstaltet jetzt jeder sein kleines Stück heile Welt. Heute Nachmittag besichtigt eine Gruppe Textilunternehmer eine neue Fabrik, die Führung wurde kurzfristig auch für Journalisten geöffnet. Im Feld zur Agenturrepräsentation steht fett UNBEKANNT. Ich markiere die Zeile und halte Christoph das Display verdeckt hin, doch der saugt nur teilnahmslos an seinem Strohhalm. Wahrscheinlich erlebt er gerade einen harten Betel-Comedown.

»Und was macht ihr heute?«, frage ich beiläufig, während ich meinem Praktikanten schreibe, dass er uns anmelden und wenn möglich auch in Erfahrung bringen soll, welche Journalisten kommen. »Wir sehen uns das Victoria Memorial an«, sagt Eins oder Zwei – ich bin mir gerade nicht mehr sicher, wer wer ist – und dehnt dabei das Wort »Victoria«, dass es kaum auszuhalten ist. »Interessant«, antworte ich kühl. »Wir wollen uns vielleicht den Kali-Tempel anschauen. Da soll es ja früher Menschenopfer gegeben haben.«

In meiner Suite ziehe ich die Visitenkarte hervor und öffne die EinsZweiSchneider-Homepage. Die Seite ist in pastellfarbenen Tönen gehalten und nutzt die gleiche standardmäßige Serifenschrift wie ihre Karte, wahrscheinlich Garamond. Hochauflösende Fotos von jungen Männern, die vor Sonnenuntergängen, Wolkenkratzern und Limousinen Maßanzüge tragen, laufen im Dreisekundentakt durch einen Slider. Weiter unten wird das Geschäftsmodell vorgestellt, die Bestellsektion ist noch »under construction«. Ich mache einen Domain-Check und sehe, dass die Seite von irgendeinem Strohmann in Usbekistan registriert ist. Als Nächstes klicke ich mich durch die Internetpräsenzen aller mir bekannten Agenturen. Nirgendwo ist ein Bild der beiden zu finden. Die Suche nach ihren Namen liefert lediglich Zahnarztpraxen in Wuppertal und historische Todesanzeigen in digitalisierten Lokalzeitungen. Ich schicke Jens das unscharfe Foto, das ich im Flugzeug noch schießen konnte, als die beiden mit offenen Mündern einen Teil ihres Rauschs ausgeschlafen haben. »Kennst du die? Sie machen Probleme«, schreibe ich darunter.

Mein Smartphone brummt im Sekundentakt. Fotos von Zeitungen stapeln sich im Chatfenster, darunter Screenshots von Websites der internationalen Presse. Überall dominiert das fluoreszierende Grün auf den Armen des Mädchens. Die

Zeitungen haben die Farbe sogar noch ein bisschen hochgeregelt, sodass es aussieht, als hätte ein Alien das Kind mit seinem Glibber bespritzt. Kommentarlos schickt Jens noch ein Foto von Marina hinterher. Sie sitzt überglücklich lächelnd im Außenbereich eines Restaurants und trägt ein eng anliegendes Oberteil, das ich nicht kenne. Über ihre unbedeckten Schlüsselbeine läuft die Topaskette, die ich ihr vorletztes Weihnachten geschenkt habe. Ich kopiere das Bild und sende es an Marina. Darunter setze ich einfach nur ein Fragezeichen. Jens antworte ich nicht, denn er wird schon noch sehen, dass wir alles im Griff haben. Ich spüre ein Stechen hinter den Schläfen. Prophylaktisch nehme ich eine Schmerztablette und lasse mich ins Bett fallen.

Ich bin gerade eingeschlafen, als es an der Zimmertür klopft. »Room Service«, dringt es dumpf durch das schwere Edelholz. Mein Smartphone zeigt zehn Uhr vormittags an, keine neuen Nachrichten. Schlaftrunken wanke ich zur Tür. Durch den Spion blicke ich mitten in Christophs grinsendes Gesicht. »Verschlafen?«, fragt er aufgekratzt, als ich die Tür öffne. Er trägt etwas, das wohl wie Zivilkleidung aussehen soll. In seiner beigen Stoffhose steckt ein rosafarbenes, kurzärmeliges Hemd, darüber eine wattierte Weste. In seiner Hand baumelt ein Regenschirm mit Schottenkaros. Er riecht so stark nach parfümiertem Shampoo, als habe er die Gratispackung im Bad benutzt. »Schon wieder auf Betel?«, brumme ich und bedecke meine Brust mit einem Arm. »Zeit für Frühstücksfernsehen«, flötet Christoph und drängt sich an mir vorbei. Hinter ihm wird ein Servierwagen sichtbar, der jetzt von einer Servicekraft ins Zimmer geschoben wird. Christoph zieht die schweren Gardinen zurück, und grelles Sonnenlicht flutet den Raum.

Im Bad streife ich einen der bereitliegenden Bademäntel über und schaufele mir kaltes Wasser ins Gesicht, bis meine Wangen einen halbwegs rosigen Ton angenommen haben. Obwohl ich mir im Hotel meist erst nach dem Frühstück die Zähne putze, weil sonst der frisch gepresste Orangensaft nicht schmeckt, drücke ich einen Streifen Zahnpasta auf die Bürste. Christoph fragt durch die Tür, wo die Fernbedienung ist. Ich tue so, als hätte ich ihn nicht gehört, und hoffe, dass er sie nicht findet, weil er sonst sieht, auf welchem Sender ich gestern Nacht zuletzt gelandet bin. Aber da höre ich schon, dass er allein klarkommt. Für ein paar Sekunden dreht er den Ton voll auf, und die Duschkabine vibriert von animalischen Lauten.

Christoph hat es sich auf der unbenutzten Seite des Doppelbetts gemütlich gemacht. Er balanciert einen vollgehäuften Teller auf seinem Bauch und zappt durch verschiedene News-Kanäle. Die Servicekraft steht immer noch in der Zimmertür. »Ich habe es auf deine Nummer schreiben lassen, gibst du auch das Trinkgeld?«, fragt Christoph, während er sich Rührei in den Mund schaufelt. Ich drücke dem verschämten Mädchen einen Schein in die Hand und knalle die Tür hinter ihr zu. Dann stehe ich unschlüssig im Raum. Ich will nicht spießig erscheinen, habe aber auch wenig Lust auf ein Pärchenfrühstück im Bett. Das Ei riecht allerdings ziemlich verlockend, also setze ich mich neben Christoph und stopfe mir das Kissen im Rücken zurecht. Mittlerweile hat er einen lokalen Sender gefunden, der von den Protesten an der Fabrik berichtet. Aufgebrachte Männer zerren verkohlte Kleidungsstücke aus den Trümmern und halten die Etiketten in die Kameras. Das Logo unseres Klienten ist zwar auch darunter, aber die der Konkurrenz überwiegen eindeutig. Kurz zucke ich zusammen, als ein Mann exakt das gleiche Hemd in die Höhe hebt wie das, das ich gestern Nacht getragen habe und das nur einen Meter von mir entfernt über dem Sessel hängt. Christoph reicht mir einen angewärmten Teller mit Rührei, goldgelbem Toast und gewürfelten Früchten. Ich platziere ihn ebenfalls auf meinem Bauch und lasse ein Stück Honigmelone in meinem Mund zergehen.

Nachdem ich den ersten Teller mit einem Stück Toast sauber gewischt habe, werden die Proteste auch von anderen Sendern aufgegriffen. Einige der internationalen 24-Stunden-News-Kanäle nutzen die Bilder des Lokalsenders und schalten sich live ein. Immer wieder werden die Kleidungsstücke gezeigt, die jetzt auf einem verrußten Stahlträger wie auf einer Anklagebank aufgereiht sind. Am unteren Bildrand laufen die Markennamen durch, die ab jetzt auch in den Skandal verstrickt sind. Ab und zu wird das Bild des Mädchens eingeblendet, einmal folgt ein kleiner Clip, in dem eine Investigativreporterin das Mädchen im Krankenhaus besucht. Christoph reicht mir einen zweiten Teller, diesmal mit fingerdicken Pancakes, die von harzigem Sirup bedeckt sind, und eine Champagnerflöte.

Irgendwann später wird auf die kraus gezogene Stirn der Reporterin übergeblendet, die mit wehendem Haar vor den Trümmern steht. Sie brüllt über den Lärm der skandierenden Arbeiterinnen in ihr Mikro, die Demonstranten hätten das Gebäude gestürmt und den Fabrikbesitzer nach draußen gezerrt. Kurz werden Bilder eingeblendet, wie ein paar Männer auf einen am Boden liegenden Körper eintreten. Ich halte mit dem Kauen eines Pancakes inne. Christoph schaltet auf einen lokalen Sender um, der sich traut, näher ranzugehen. Irgendwer hat ein Metallrohr besorgt, andere schleppen Trümmerstücke heran und begraben den Körper darunter. Für einen Moment glaube ich, Patils weiß geflecktes Gesicht im Schlamm zu erkennen, aber ich schaue schnell weg und konzentriere mich auf das zentimetergenaue Zerteilen des Pancakes. Als die Szenen für das Morgenprogramm etwas zu heftig werden, schaltet Christoph den Fernseher aus. »Krass«, sagt er und schenkt sich Champagner nach. »Übertrieben«, stimme ich zu. Dann halte auch ich ihm mein Glas noch mal hin.

Mein Smartphone vibriert auf dem Nachttisch. Eine Nachricht von Jens, komplett in Großbuchstaben. »SEID IHR WAHNSINNIG? IHR HABT GERADE ZWEI WEITERE KLIENTEN IN DIESE SCHEISSE MIT REINGEZOGEN!« Ich werfe Christoph das Smartphone auf die Brust. Ihm entweicht nur ein mattes »Fuck«, dann lässt er seinen Kopf an die Wand sinken. »KOMMT SOFORT ZURÜCK!«, schiebt sich eine weitere Nachricht auf das Display. Ich schüttele den Kopf. Noch nicht. Erst werden EinsZweiSchneider bluten.

21

Als wir an der Fabrik ankommen, werden gerade die Textilunternehmer aus dem Reisebus gelassen. Christoph und ich beobachten durch das Taxifenster, wie sie ihre Mittelstandskörper durch den Regen zum Gebäude schleppen. Der Anstrich ist zu einem dunklen Ocker verwittert und blättert in Streifen vom Beton. Die ursprünglich eidottergelbe Farbe ist nur noch dort zu erkennen, wo ein riesiges Schild abgenommen und durch ein viel kleineres ersetzt wurde: *Barrackpore Textile Manufacturing Unit I.* Verrostete Stahlträger schauen wie ein Gerippe aus der bröckelnden Fassade hervor. In 20 Metern Höhe scheint sich auf dem Dach ein kleiner Stausee zu befinden, aus dem in regelmäßigen Abständen Wasserfälle auf den Boden stürzen.

Christoph setzt die Fensterglasbrille auf, die er zusammen mit einer Schachtel Mentholzigaretten bei einem Straßenhändler gekauft hat, als wir vor dem Hotel auf das Taxi gewartet haben. Ich habe mir ein neues Outfit aus der Restetüte zusammengesucht, garniert mit einer Spiegelreflexkamera. Als ich den Taxifahrer bezahle, fällt mein Blick auf den alten Journalistenausweis, den ich noch immer in der Geldbörse habe, um mich bei den leisesten Selbstzweifeln daran zu erinnern, was für ein verdammter Loser ich damals war. Auf dem Foto reichen mir die Haare noch bis über die Ohren, und der Schatten von Bartstoppeln umspielt meinen Mund. Damals war ich sicher, dieser Look gehöre zum Habitus eines Journalisten, genau so, wie ich heute ganz selbstverständlich eine gewachste Kurzhaarfrisur trage und stets perfekt rasiert bin. Der Style ist schließlich schon die halbe Miete. Der Ausweis ist zwar 2012 abgelaufen, aber ich denke, hier wird keiner so pingelig sein und das Datum kontrollieren.

Christoph öffnet die Taxitür und spannt seinen Schirm in den Regen. Schnell rutsche ich über die Sitzbank und ducke mich darunter. Eng gedrängt laufen wir auf die Unternehmer zu, die unter einem kleinen Vordach Schutz gefunden haben und ungeduldig auf ihre Armbanduhren schauen.

»Journalisten?«, begrüßt uns eine Frau mit einem Batik-Schal, als wir uns zwischen die Wartenden schieben. Sie hat einen roten Knirps in der Hand und ist wahrscheinlich die Reiseleiterin, die sonst in Kelkheim bei Frankfurt einen Online-Versandhandel für Nähgarn betreibt und sich mangels Familie im Dachverband der textilverarbeitenden Unternehmen engagiert. »Sieht man sofort«, sagt sie. »Ach, wirklich?«, fragt Christoph und schiebt seine Brille zurecht, die ihm von der Nase gerutscht ist. »Dabei sind wir eigentlich inkognito unterwegs.« Er zündet sich eine Zigarette an und bläst den Rauch in die Reisegruppe. »Ist ja klar, dass die sich das nicht entgehen lassen, bei dem, was vorgestern passiert ist«, murmelt einer, der trotz Branchenzugehörigkeit einen kriminellen Stilmix aus Bermudashorts und Button-down-Hemd trägt. Ich schnappe auf, dass die Fabrikbesichtigung die letzte offizielle Station ihrer Tour ist, danach geht es noch für ein paar Tage in eine Tiger Lodge im Dschungel. Die Reiseleiterin tippt mir mit ihrem Schirm auf die Brust. »Ich hoffe, Sie zeichnen ein differenziertes Bild der Branche und schreiben nicht wieder bloß diese Horrorgeschichten!« – »Deswegen sind wir hier«, sage ich mit ernster Miene und drehe mich weg.

»Endlich normale Menschen«, stöhnt eine junge, etwas sonnenverbrannte Frau in einer gelben Regenjacke und drängt sich an zwei Polyesteranzugträgern zu uns durch. Sie bricht fast unter dem Gewicht ihres Equipments zusammen, mindestens vier Gurte schneiden in ihre schmalen Schultern, eine Tonangel schaut aus ihrer Sporttasche hervor. »Mein Kameramann hängt im Hotel über der Kloschüssel«, sagt sie entschuldigend und lächelt. Dann mustert sie Christoph. »Haben wir uns nicht schon im Flugzeug getroffen?«, fragt sie erstaunt. Christoph nimmt ihr die größte Tasche von den Schultern und grinst ertappt, wobei ihm seine Zigarette aus dem Mundwinkel fällt und zischend in einer Pfütze erlischt. Die junge Frau lacht auf und streift sich ihre langen, braunen Haare hinter die Ohren, obwohl sie bereits dort stecken. »Ronja, aus der Economy Class. Vielleicht war ich etwas harsch ...« Sie streckt Christoph ihre Hand entgegen. »Christoph«, sagt er überglücklich. Spätestens jetzt müsste ich ihm eigentlich gegen das Schienbein treten. Aber ich tue es nicht. Ich gebe Ronja ebenfalls die Hand und nenne einen Namen, während ich offensiv ihren Körper taxiere. Die Regenjacke lässt zwar keine wirklichen Rückschlüsse zu, aber es gibt ja diesen Typ Frau, bei dem man da einfach ein gutes Gefühl hat. Christoph fummelt schon wieder an seiner Haut herum. Ich lege meine Hand auf seinen Rücken. Ronja stellt sich als Freie vor. Sie dreht für die Öffentlich-Rechtlichen eine Reportage über die Textilbranche, weshalb sie die Reisegruppe ihrer Tante begleitet. Sie deutet auf die Reiseleiterin, die irritiert zu uns herüberschaut, als hätte sie ihre eigene Nichte noch nie gesehen.

Christoph erzählt, dass wir schon länger in Indien seien und Material für einen Langfilm über die Machenschaften der PR-Industrie sammeln würden. Er sei der Autor, ich sein Redakteur. Zuletzt habe er den Film »Brandrodung – Die Natur im Fadenkreuz der Großindustrie« gemacht, ob sie den vielleicht kenne? Ronja schüttelt den Kopf. »Aber vielleicht habe ich ein paar Sachen, die für euch interessant sein könnten ...«, sagt sie. »Leider reisen wir heute Abend ab«, unterbreche ich schnell, denn ich muss unbedingt verhindern, dass Christoph sie ins Oberoi einlädt und ihr seinen Fadenkreuz-Film auf dem 32-Zoll-Plasma-TV zeigt. »Während der Proteste heute Morgen bin ich ins Bürogebäude gelangt. Ihr glaubt nicht, was ich da gefilmt habe ...«, versucht Ronja uns zu locken. »Was denn?«, frage ich und mache einen Schritt auf sie zu. Sie weicht zurück und stößt einen der Unternehmer in den Regen. Fluchend dreht er sich um und will gerade die nervige Journalistin zur Schnecke machen, die ihn schon die ganze Zeit mit Fragen zu den ausländischen Produktionsstätten seines Betriebs in Verlegenheit bringt, aber als er Christophs und meine Statur sieht, trottet der Idiot lieber ein paar Meter weiter in eine andere Lücke.

Schweigend warten wir auf den Beginn der Tour. Immer wieder stoßen Journalisten dazu, die im strömenden Regen von ihren Taxis unter das Vordach sprinten, wo es jetzt immer enger und heißer wird. Jede Sekunde rechne ich damit, dass Schneider auftaucht, ich kann das regelrecht wittern, wenn er in der Nähe ist. Seitdem ich ihm im Flugzeug den Whiskey spendiert habe, ist er zwar nirgendwo mehr aufgetaucht, aber ich bin mir hundertpro sicher, dass er an der Fabriksache dran ist, so was ist genau sein Ding. Doch vielleicht haben wir ja

Glück, und er hat sich heute für den falschen, unspektakulären Termin akkreditiert.

»Sorry, sorry, sorry!« Ein Mann in einem grauen Nadelstreifenanzug, der sich mit einer Zeitung vor dem Regen schützt, flüchtet sich zu uns unters Vordach und klopft an die Fabriktore. Die Reiseleiterin streckt ihren roten Knirps in die Luft, und die ganze Truppe setzt sich in Bewegung. Zunächst werden wir in einen pastellfarbenen Raum geführt, wo jeder eine Plastiktüte mit verschiedenen Garn- und Stoffproben und druckfrischem Informationsmaterial erhält. Außerdem stehen einige Erfrischungsgetränke und Obst bereit. Ich öffne gerade meine zweite Cola Light und beobachte, wie Christoph Ronjas Kamera auf ein Stativ setzt, da klatscht der Mann in die Hände und stellt sich in einwandfreiem Deutsch als Kirshan Irgendwas vor. Er habe an der Hochschule Niederrhein Textil- und Bekleidungstechnik studiert und sei hier vor Ort für die Produktion zuständig. Als Konzern wolle man mit dieser Fabrik ein Zeichen setzen. Schluss mit der Intransparenz des Outsourcings, Schritt für Schritt werde man nach dem Vorbild dieser Produktionsstätte ein Lizenzfabriksystem etablieren. »In einer Zeit, in der die ganze Branche durch einzelne schwarze Schafe in eine Vertrauenskrise geschlittert ist«, sagt er und entfaltet die durchnässte Zeitung mit dem altbekannten Titelmotiv, »stehen wir zu unserer Verantwortung als Hersteller und Arbeitgeber.« Ein zustimmendes Klatschen der Unternehmer brandet auf. Ronja fährt mit der Kamera einen 180-Grad Schwenk. Sie schlägt sich ganz tapfer alleine. Wobei, Christoph ist ja jetzt quasi ihr Kameramann.

Auch in mir erwachen so etwas wie alte Journalistengene, denn plötzlich melde ich mich und frage, ob es dafür schon einen Zeitplan gebe oder ob es wieder bloß bei diesem öffentlichkeitswirksamen Pilotprojekt bleibe. Christoph funkelt mich böse an und legt den Zeigefinger an den Mund. »Ah«, sagt Kirshan und nimmt Blickkontakt mit mir auf. »Journalisten sind auch anwesend, wie schön. Für Fragen ist später beim Essen, zu dem alle herzlich eingeladen sind, noch genug Zeit. Jetzt wollen wir erst mal die Fabrik besichtigen.«

Als sich die Gruppe am Zugang zur Fabrikhalle etwas staut, ziehe ich Christoph beiseite. »Vorsicht mit dieser Ronja«, flüstere ich. Er schlägt meinen Arm weg. »Je näher ich an ihr dran bin, desto wahrscheinlicher bin ich nicht auf den Aufnahmen.« Er setzt mir seine Fensterglasbrille auf die Nase. Dann stößt er ein paar Unternehmer zur Seite, um zu Ronja aufzuschließen. Die EinsZweiSchneider-Typen sind natürlich nirgendwo zu sehen. Wahrscheinlich beobachten sie die ganze Show auf den Überwachungskameras und ziehen dabei Lines. Ich winke ein paarmal direkt in die Kameras, damit die beiden einen ordentlichen Herzinfarkt bekommen. Einmal zeige ich ihnen sogar den Mittelfinger. Gleich, ihr Wichser, wird's was geben.

In der Fabrikhalle führt Kirshan uns an unzähligen Reihen von Arbeiterinnen vorbei, die mit antiquierten Nähmaschinen T-Shirts zusammentackern. Sie tragen Ohrenschützer, denn das Klappern der Maschinen erfüllt die Halle mit einer unangenehmen Grundlautstärke. Eine Plastiktüte mit Ohrenstöpseln aus Gummi wird herumgereicht. Ich gebe sie direkt weiter, ohne hineinzugreifen. Männer mit Schubwagen gehen durch die Reihen und räumen die fertigen Kleidungsstücke ab, die sich zwischen den Arbeiterinnen zu kleinen Türmen stapeln, und teilen dafür neue, unvernähte Stoffstücke aus. Neonröhren baumeln von schmalen Metallbrücken herab, auf denen Aufseher patrouillieren und von oben die Arbeit der Näherinnen und das reibungslose Funktionieren der Maschinen kontrollieren. Von den Brücken führen Wendeltreppen weiter hinauf bis fast unter die Decke der Fabrik. Mitten in der Halle stehen vier riesige Kessel, bestimmt 15 Meter hoch und mit einem komplexen Rohrsystem untereinander verbunden.

Kirshan duckt sich unter einem Absperrband hindurch und bittet uns, die Ohrenstöpsel für eine kurze Rede zu entfernen. Über den Lärm schnappe ich ein paar Sätze auf wie »Wenn die öffentliche Infrastruktur versagt, muss der private Sektor selbstständig vorsorgen«, aber ich höre ihm nicht wirklich zu, denn jetzt kippt ein Mann in blauer Feuerwehr-Uniform einen Kanister Benzin über einen Stoffballen. Aus sicherer Entfernung wirft er ein brennendes Streichholz auf den Stoff, und der Ballen geht in Flammen auf. Der Feuerwehrmann rennt zum Alarmknopf an der Wand. Sekunden später heult eine Sirene durch die Halle. Ich presse meine Hände auf die Ohren. Während ich versuche herauszufinden, wer gerade die Tüte mit den Ohrenstöpseln hat, schalten die Näherinnen ihre Maschinen aus und laufen in Reih und Glied auf die Fabriktore zu. Auch die Männer auf den Metallstegen eilen die Wendeltreppen herunter. Gleichzeitig öffnet sich eine Tür, und drei unifomierte Männer stürmen mit einem Wagen, von dem sich ein armdicker Schlauch abrollt, direkt auf uns zu. Es ist eine sauber einstudierte Choreografie, wie ein Truppenaufmarsch in Nordkorea.

Es ist offensichtlich, dass die Feuerwehrmänner nur kostümiert sind und mit etwas Glück vielleicht gerade mal wissen, wie man einen Wasserhahn bedient. Der Vorderste wird vom Rückstoß der Spritzpistole fast umgeworfen, und ein kurzer Aufschrei geht durch die Reisegruppe, denn einige haben ein paar Tropfen abbekommen. Es dauert ein bisschen, bis der Typ den Schlauch domptiert hat und nicht mehr nur den Putz von der Fabrikwand spritzt, sondern auch das Feuer trifft. Die ganze Sache ist schon ziemlich billig, aber ich mache EinsZwei-Schneider keinen Vorwurf, dass hier eine proletarische Laientheatergruppe à la Brecht die Werksfeuerwehr mimt. Wir hätten an einem uninspirierten Tag wahrscheinlich auch nur ein paar Karnevalskostüme gekauft und über Nacht einen Crashkurs für eine Feuerwehr veranstaltet, die dafür sorgt, dass Verbrennungen von kleinen Mädchen von nun an dem dunklen Mittelalter angehören.

Wieder brandet Applaus auf. Auch die Journalisten lassen ihre Handflächen ungehemmt aufeinanderklatschen. Ronja duckt sich unter dem Absperrband hindurch, um das Publikum aus der Perspektive der Feuerwehr zu filmen. Ich schaue rüber zu Christoph. Er klatscht zwar alibimäßig, aber ihm steht deutlich ins Gesicht geschrieben, was er von der Scheiße hält. Wir tauschen ungläubige Blicke. Diese Bastarde. Christoph zieht den Zeigefinger waagerecht an seinem Hals entlang. In diesem Moment spüre ich eine tiefe Verbundenheit mit ihm, für die es keine Worte braucht. Wir wissen beide, was zu tun ist. Christoph löst sich aus der Gruppe und verschwindet in einen Bereich, wo offensichtlich keine Kameras hängen. Der Bad Guy steht ihm echt ganz gut. Er macht sich.

Unsere kleine Reisegruppe steigt eine Wendeltreppe hinauf, bis wir auf einer Metallbrücke genau unter dem Fabrikdach stehen. Zwei Meter unter uns öffnet sich ein riesiger Bottich mit roter Farbe. Die Lösungsmitteldämpfe brennen in meinen Bronchien. Mit einer von der Decke hängenden Konsole steuert ein Arbeiter ein Gitter voller Kleidungsstücke, die zum Färben in den Kessel getaucht werden. Kirshan erklärt irgendetwas zum Färbprozess und dem Mischverhältnis organischer Farbstoffe und führt die Gruppe zum nächsten Kessel. Auf einer Zwischenebene entdecke ich Christoph, der mit einem der Arbeiter spricht, welcher immer wieder aufgebracht den Kopf schüttelt. Christoph hat die Hand auf seine Schulter gelegt und redet unbeirrt weiter auf ihn ein.

»Hab ich was verpasst?« Ich wirbele herum und blicke in Schneiders grinsendes Gesicht. Sein Zahnfleisch ist schmal geworden, die Zahnhälse liegen frei. »Sind ja echte Profis, die ihr da engagiert habt«, sagt er und blickt über die Brüstung nach unten, wo die Feuerwehr gerade den verkohlten Stoffballen aus der Halle rollt. Was für ein beschissenes Timing. Ich bekomme kurz Blickkontakt mit Christoph, aber der hält nur grinsend den Daumen hoch. Der Arbeiter, mit dem er sich unterhalten hat, ist verschwunden. Ich forme stumme Worte mit meinen Lippen, »Abbruch!«, aber Christoph zuckt bloß mit den Schultern und verschwindet aus meinem Blickfeld. Von dem blinden Verständnis ist überhaupt nichts mehr zu spüren.

»Du entschuldigst mich«, sage ich und will mich an Schneider vorbeidrängen, aber er packt mich an der Knopfleiste. »Schönes Hemd. Kommt mir irgendwie bekannt vor.« Ich drücke seine Hand weg. »Was willst du?«, frage ich. »Ich bin euch gestern zur Fabrik gefolgt …« – »Verpiss dich.« Ich schubse ihn weg, sodass Schneider mit dem Rücken gegen die Brüstung prallt. Hinter ihm geht es 20 Meter nach unten. Klar. Die Rikscha hinter uns auf der Landstraße. Wie in einem billigen Agentenfilm. Wo zum Teufel ist Christoph hin? »Ich habe euren Handlanger beim Einkaufen in der Mall fotografiert«, sagt mein ehemaliger Chef triumphierend, als wollte er dafür gelobt werden. »Und für Marina hab ich auch ein bisschen Material gesammelt.« Er zieht sein Handy hervor und zeigt mir das Bild, auf dem Christina und ich in Handtüchern auf der Terrasse stehen.

Plötzlich pulsieren meine Schläfen wie verrückt, und ich fange an, unangenehm zu schwitzen. Ich reiße Schneider das Handy aus der Hand und werfe es in den Bottich, wo es sofort in der Farbe versinkt. Aber der lacht nur über meine Hilfslosigkeit. »Im Oktober fliege ich übrigens nach Brasilien, um eure Bäuerin noch mal zu ...« Ein gellender Schrei unterbricht ihn.

22

Entgeistert starren wir in den Farbbottich. Ein Arbeiter schwimmt in der zähen, roten Brühe und ruft nach Hilfe. Mit einer Art Hundepaddeln kann er sich ganz passabel über der Oberfläche halten, aber besonders souverän sieht das nicht aus. Seine schwarzen Haare sind rot verklebt wie bei einem Neugeborenen, das sich gerade den Weg hinaus aus dem Mutterleib gekämpft hat. An der spiegelglatten Wand des Kessels gleiten seine Hände immer wieder ab.

Die Reisegruppe quetscht sich um uns herum und beugt sich weit über das Geländer, um den bestmöglichen Blick zu erhaschen. Natürlich rechnen alle damit, dass dies bloß eine weitere Katastrophenübung ist und der verzweifelt strampelnde Arbeiter ein Stuntman, der innerhalb von Minuten durch die Betriebsfeuerwehr gerettet wird.

Kirshan brüllt die Jungs von der Einsatztruppe am Boden auf Hindi an, aber die laufen nur aufgescheucht hin und her und lösen die Sirene aus. Ich presse die Hände auf meine Ohren. Die Arbeiterinnen springen wieder von ihren Maschinen auf und verlassen die Fabrik.

Ronja schwenkt hektisch mit ihrer Kamera herum. Die Reiseleiterin wickelt ihren Batik-Schal ab, legt sich auf den Boden der Brücke und streckt ihren Arm durch die Brüstung. Das Schalende und die Hand des Arbeiters sind aber mindestens noch einen halben Meter voneinander entfernt. Seine

Finger greifen ins Leere. Hektisch ziehen einige Unternehmer ihre Hemden aus und knoten sie zu einer Kleiderkette zusammen.

»Wir müssen was unternehmen!«, schreit Schneider und merkt nicht mal, wie dämlich das klingt. Aber klar. Er hat schon recht. Denn langsam verlässt den Mann die Kraft. Seine Arme bewegen sich immer langsamer durch die zähe Farbe. Sein Kopf gerät unter die Oberfläche. Kirshans Gesichtszüge sind völlig entgleist, die Zähne mahlen aufeinander, und seine Augen treten hervor wie bei einem Crackjunkie. Genau so stelle ich mir die Fressen von EinsZweiSchneider vor, die gerade bestimmt vor ihren Monitoren ausrasten. »Tun Sie doch was«, brüllt Schneider Kirshan an. »Da, das Gitter!« Der Fabrikchef starrt wie gelähmt in den Bottich, und erst als Schneider wütend auf ihn losgeht, stürzt er zur Konsole und drückt nervös auf den Knöpfen herum. Das Gitter mit den Kleidungsstücken ruckt hin und her, bewegt sich entlang der Schienen in die falsche Richtung, stoppt ab, und irgendwie schafft Kirshan es schließlich, es genau über den Farbbottich zu lenken.

Unendlich langsam senkt sich das Gitter in den Bottich hinein. Als der Arbeiter das Metall mit ausgestrecktem Arm erreichen kann, versucht Kirshan das Gestell zu stoppen, doch es kommt nicht zum Stehen. Panisch drückt er auf einen roten Knopf und dann auch auf alle anderen, aber das Gitter bewegt sich unaufhaltsam auf den Arbeiter zu, wie bei so einem Greifspiel auf der Kirmes, bei dem man den Greifer auch nicht mehr anhalten kann, sobald man den Knopf zum Absenken betätigt hat. Schreiend wird der Arbeiter unter die Oberfläche gedrückt. Mit einem Glucksen verschwindet das Gestell in der Farbe, und die Oberfläche glättet sich darüber, als wäre nichts gewesen. Entsetzt starren die Unternehmer auf die Kette, die sich immer noch weiter in den Farbkessel hineinbewegt. Schneiders Kopf sieht aus, als würde er gleich explodieren. Tolle Idee, du Aktionist, denke ich, aber vielleicht hast du ja wenigstens Glück und dein Handy verfängt sich in einem der Shirts.

Nachdem das Gitter ganz unten im Kessel angekommen ist, hebt es sich automatisch wieder. Langsam kommt die rot gefärbte, tropfende Kleidung zum Vorschein. Vom Arbeiter keine Spur. Als das Gestell endlich wieder unter dem Fabrikdach hängt, liegt die rote Farbe wie ein stiller See unter uns, nur ab und zu wird die glatte Oberfläche vom Tröpfeln der gefärbten Shirts durchbrochen. Aber der schwarze Haarschopf des Arbeiters taucht nicht mehr auf.

Ich weiß nicht, warum, vielleicht weil das so ein perfekter Filmmoment ist, der bewusstlose Junge am Grunde des Swimmingpools, aber plötzlich packt mich so etwas wie ein urmenschlicher Instinkt, etwas ganz Archaisches, Reflexhaftes. Vielleicht will ich auch nur, dass Schneider mich wieder mag oder zumindest nicht gleich einen Herzinfarkt bekommt, obwohl das für uns sicher nicht das Schlechteste wäre. Jedenfalls mache ich jetzt einen Schritt nach vorne, meine Arme drängen die Unternehmer auseinander, die Kamera fällt zu Boden, Smartphone und Geldbeutel landen in den Händen von Schneider, das Karohemd gleitet über meinen Kopf, und auf einmal stehe ich auf der Brüstung und springe. Die Sekunde, in der ich durch die Luft segle, ist fast ein bisschen so, wie ich es mir im Flugzeug vorgestellt habe. Dann schlage ich mit einem dumpfen Ton hart in die Farbe ein.

Meine Bewegungen laufen nur noch in Zeitlupe ab, so zäh ist die Farbe. Ich tauche auf und schnappe nach Luft. Der Geschmack von Lösungsmittel dringt in meinen Mund. Ich wische mir übers Gesicht und sehe Schneider, oben auf der Brücke. In seinen Zügen lese ich so etwas wie echte Sorge, und da weiß ich plötzlich, dass er mich noch nicht ans Messer liefern wird, in der Hoffnung, dass ich zu ihm zurückkomme.

Ich sauge noch einmal Luft ein, dann lasse ich mich unter die Oberfläche gleiten. Sofort ist es still, die Sirene höre ich kaum noch. Ich denke an eine Spielshow von früher, bei der ein Kandidat in einer transparenten Wassersäule die Luft anhielt, während der Kandidat draußen Fragen beantworten musste. Ich stelle mir vor, wie Christoph von Ronja und Schneider gelöchert wird: Wer ist der Begründer der modernen PR? Wie lautet das Paradigma des Green Marketing? Wie heißt die Göttin des Todes in der indischen Mythologie? Welche Krawatten passen besonders gut zu Louis-Vuitton-Anzügen? Und welche Zigarren passen am besten dazu? Kennen Sie den Paragrafen 9 des »Code of Athens«? Wenn ja, wie lautet er? Ihre Meinung zum grausamen Unglück im Farbkessel? Sind Sie insgeheim in Ihren Partner verliebt? Oder ist etwa Ronja Ihr Herzblatt?

Während ich nach unten tauche, mache ich ausgreifende Schwimmbewegungen mit den Armen, um den treibenden Körper nicht zu verpassen. Meine Fingernägel berühren das Metall des Kessels, und mir läuft eine Gänsehaut über den Rücken. Je tiefer ich gleite, desto stärker presst die Wassersäule auf meinen Kopf. Ein dumpfer Schmerz breitet sich in meinen Schläfen aus. Meine Hände berühren einen Körper. Sie rutschen an seiner glitschigen Kleidung ab. Ich umgreife seine Brust und drücke mich am Boden ab, aber der Körper hängt irgendwie fest. Meine Lunge zieht sich zusammen. Die Bewegungen fühlen sich an, als würde ich sie im Fitnessstudio gegen ein viel zu großes Gewicht ausüben. Mir entgleitet die Orientierung. Ich weiß nicht mehr richtig, wo oben und unten ist, strampele einfach in eine Richtung. Irgendwann ist da ein Knirschen, und die Farbe gerät in Bewegung, fängt an zu strudeln. Alles zieht plötzlich nach unten. Ich merke noch, wie mein Kopf aus der Farbe auftaucht, Luft in meine Lungen drängt und der Pegelstand unter meine Schultern fällt. Ich lasse mich erschöpft an die Kesselwand sinken.

Ein stechender Schmerz weckt mich. Jemand schlägt mir mit der flachen Hand ins Gesicht. Ich wische mir die Farbe von den Augen. Christoph kniet neben mir im leer gelaufenen Kessel und drückt mit gestreckten Armen auf der Brust des Arbeiters herum. »Los, hilf mir!«, brüllt er mit panisch geweiteten Augen. Kirshan steht vor einer Luke in der Wand des Behälters, die die Trottel offenbar irgendwann aufbekommen haben, und bittet die Journalisten, sich aus Gründen der Pietät mit Fotos zurückzuhalten.

Ich knie mich neben den Kopf des Arbeiters und wische die Farbe aus seinem Gesicht. Seine Züge sind verkrampft, aber die Haut ist noch warm. Ich beuge mich über ihn und drücke Luft in seinen Mundraum, der komplett mit Farbe verklebt ist. Nach ein paarmal Pusten pumpt Christoph weiter, dann beatme ich wieder. Ich weiß nicht, wie lange wir das abwechselnd machen, aber der Arbeiter will einfach nicht plötzlich spuckend die Augen aufschlagen wie bei Baywatch.

Ich ziehe die mit Farbe verklebte Plastiktüte aus der Hosentasche des Arbeiters. Es ist eine von denen, die wir im Konferenzsaal von Kirshan bekommen haben. Darin liegt ein ganzes Bündel Dollarnoten. »Das wollte ich nicht«, wimmert Christoph, als ich ihm die Tüte hinhalte. Dann bricht er schluchzend über dem reglosen Körper zusammen.

Ich klettere an Kirshan vorbei aus dem Bottich und wate durch den See aus Farbe. Sofort umringen mich die Textilunternehmer und klopfen mir auf den Rücken. Es ist ihnen völlig egal, dass sie ihre Kleidung dabei ruinieren; auch sie wollen Teil dieser Geschichte sein. Jemand reicht mir meine Sachen. Ronja kommt mit laufender Kamera auf mich zu, doch ich fasse ihr auf die Linse und verschmiere sie mit Farbe. Ich wanke zu einem der T-Shirt-Stapel und wische mein Gesicht frei. Dann lasse ich mich auf den Fabrikboden fallen. Das wäre jetzt der Moment, in dem Schneider mich in den Arm nehmen könnte. Aber von dem ist nichts mehr zu sehen.

Irgendwann trifft ein Krankenwagen ein und verscheucht die glotzenden Arbeiterinnen von den Notausgängen. Unter Fotoblitzen wird der Arbeiter auf einer Trage aus dem Bottich geschleppt. Er gibt keinerlei Lebenszeichen von sich, aber ein Krankenwagen ist natürlich ein hoffnungsvolleres Motiv als ein Leichenwagen. Zumindest das haben EinsZweiSchneider noch hinbekommen. Glückwunsch, ihr Loser. Auch ich schieße ein Foto aus der Ferne und sende es an Jens. Ein Sanitäter fragt mich, ob ich zum Durchchecken mit ins Krankenhaus kommen wolle, aber ich winke ab.

23

Als ich aus dem Schlaf hochschrecke, weiß ich einen Moment nicht, ob ich träume oder wach bin. Mein Blick fällt genau auf einen winzigen Gecko, der merkwürdig langsam über den Teppichboden kriecht. Der Fernseher läuft, irgend so ein religiöser Kanal, wie man sie aus den USA kennt. Ein freundlich aussehender Priester hält Farbtafeln mit Gottheiten darauf in die Kamera und nennt ihre Namen. Ich ziehe die Fernbedienung unter meinem Rücken hervor. Ich muss mich im Schlaf darauf hin und her gewälzt haben, denn dies scheint mir nicht mehr der Sender zu sein, der latent sexualisierte Soap-Operas aus der indischen Upperclass zeigt, den ich zum Einschlafen gewählt habe, weil dort Betel, Staub und Textilindustrie garantiert kein Thema sind. Ich raffe mich aus dem Bett auf und knie mich neben den Gecko. In meinem Kopf dröhnt es, und ich habe immer noch den Geschmack von Lösungsmitteln im Mund. Er sieht ganz anders aus als die Eidechsen, die mein Bruder und ich früher am See gesehen haben. Er hat einen einfarbigen, stahlblauen Körper, und ich finde, er hat was von mir in meinem Anzug. Völlig unterkühlt schleppt er sich über den Teppich, das Blut eingedickt, die Muskeln träge – ein auf 15 Grad runterklimatisiertes Hotelzimmer ist auch wirklich kein Lebensraum für ein wechselwarmes Geschöpf. Ich lege den Hotelnotizblock genau in seinen Laufweg. Es dauert eine halbe Ewigkeit, bis der Gecko endlich seinen ganzen Körper auf das Papier gewuchtet hat. Ich öffne die Balkontür und lege ihn auf das Fenstersims mitten in die pralle Sonne, damit er ein bisschen auftauen kann.

Mit der Speisekarte erschlage ich ein paar Moskitos, die an der Zimmerdecke kleben, und lege sie ihm vor die Nase. Seine Zunge schießt hervor, ein Moskito bleibt daran kleben und verschwindet in seinem Maul. Ich ziehe einen der Baststühle heran und leiste meinem neuen Freund beim Essen Gesellschaft. Ich überlege, ob ich ihn auf dem Rückflug wohl irgendwie mit nach Hause schmuggeln und ihm in dem leeren Zimmer unserer Wohnung ein großes Terrarium mit allen Annehmlichkeiten einrichten kann. Julian könnte dann immer mit ihm spielen, wenn er kommt, denke ich, aber als der Gecko den letzten Moskito verspeist hat, verschwindet er, ohne sich zu verabschieden, in einer Mauerritze.

Das Bad sieht aus, als hätte ich jemanden darin geschlachtet. Die gekachelten Wände sind mit roten Spritzern übersät, weil ich die Kleidung so schnell wie möglich von mir geschleudert habe, um die juckende Farbschicht von meinem Körper zu waschen. Ich betrachte mich im Badezimmerspiegel und stelle erleichtert fest, dass der Ausschlag auf meiner Haut schon zurückgegangen ist. Ein paar gerötete Flecken am Haaransatz und um den Mund herum sind noch zu sehen, ich sehe wohl ein bisschen aus wie Christoph mit einem Neurodermitisschub. So hat diese Beeinträchtigung auch ihr Gutes, denn meine Empathiefähigkeit für ihn vergrößert sich in diesem Moment. Außerdem sind meine Haare über dem rechten Ohr noch leicht rot getönt, aber ich habe jetzt keine Lust, das extra herauszuwaschen.

Im Bidet finde ich die Plastiktüte mit meinem Smartphone, auf dem noch meine roten Fingerabdrücke zu sehen sind. Jens hat auf mein Bild nicht reagiert. Ich wische das Display mit feuchtem Klopapier ab und zwinge mich, mir die Fotos der letzten Tage anzusehen. Als ich das Bild von Marina im Restaurant sehe, fällt mir schlagartig wieder ein, dass ich ihr noch Currypulver besorgen wollte. Aber weil ich seit unserer Landung nichts von ihr gehört habe und auch wenig Lust verspüre, einen Fuß auf die Straße zu setzen, werde ich das wohl erst im Duty Free am Flughafen erledigen.

Abends klopfe ich an Christophs Tür, um ihn zu ein paar Drinks in der Lobby zu überreden. Doch im Zimmer bleibt es still. Ich hämmere mit der Faust gegen das Holz und rufe seinen Namen. Plötzlich mache ich mir Sorgen, dass er sich mit seiner Krawatte vom Balkon gehängt hat. Ich versuche ihn auf seinem Smartphone zu erreichen, aber es ist abgeschaltet. Als Nächstes rufe ich ihn über das Haustelefon an, doch auch dort nimmt er nicht ab. Ich schreibe ihm eine Nachricht: »Wo bist du? Trinken wir einen?«

Die Keycard zu Christophs Zimmer liegt in ihrem Fach an der Rezeption. Ich gebe mich als er aus und verlange nach der Karte. »Habe meine Brieftasche vergessen«, sage ich zur Bekräftigung und trommele mit den Fingern auf dem Tresen herum. Der Rezeptionist zögert. »Selbstverständlich«, sagt er schließlich, nachdem er mich ausgiebig gemustert hat. Mit einem Lächeln legt er die Karte auf den Marmor. Manchmal hat es auch Vorteile, dass Christoph und ich uns so ähnlich sehen.

»Einen Moment!«, ruft er plötzlich, als ich mich schon zum Fahrstuhl gewendet habe. Ich drehe mich ertappt wieder um, aber der Rezeptionist reicht mir bloß freundlich eine Visitenkarte über den Tresen, die für Christoph abgegeben wurde. Ich erkenne sofort Schneiders Handschrift: »Falls Sie jetzt doch noch reden wollen …« Wenigstens duzen sie sich noch nicht. Ich recke meinen Kopf und blicke am Rezeptionisten vorbei zu den Fächern. In meinem liegt ebenfalls eine Karte.

In Christophs Zimmer riecht es trotz der geöffneten Balkontür nach kaltem Rauch. Auf dem Nachtschränkchen quillt ein Aschenbecher über, ein paar Zigaretten hat er sogar daneben auf dem Holz ausgedrückt. Das Bett ist zerwühlt. Am Fußende liegt Christophs Smartphone in zwei Teilen, der Akku ist vom Gehäuse getrennt. Ich schalte den Fernseher ein. Zuletzt hat er einen indischen News-Kanal geschaut, gerade wird über die Sicherheitsvorkehrungen bei den Regionalwahlen in einem entfernten Bundesstaat berichtet. Ein paar Wahlberechtigte halten ihre tintenblau gefärbten Daumen in die Kamera. Ich wechsle auf den Erotiksender, drehe den Ton hoch und schalte den Fernseher wieder aus.

Im Bad liegen rot verfärbte Kleidungsstücke auf dem Boden verstreut. Ich steige vorsichtig darüber, um keine Farbe unter die Sohlen zu bekommen. Eine leicht süßliche Note liegt in der Luft, doch bevor mir der Name des Dufts einfällt, sehe ich das Flakon mit BOSS Orange Man auf dem Waschbeckenrand. Christophs lederne Kulturtasche liegt im Spiegelschrank. Neben irgendwelchen Salben und Cremes finde ich drei Medikamentenschachteln. Citalopram nimmt Marina auch seit ein paar Monaten. Bereits die Hälfte der Tabletten sind aus dem Aluminium gedrückt. Ich überfliege die Beipackzettel der anderen Packungen. Ebenfalls Gute-Laune-Drops. In einer Seitentasche finde ich Tranquilizer, von denen ich prophylaktisch ein paar einstecke. Ich schmiere mir noch etwas von Christophs Salbe auf die geröteten Stellen im Gesicht, spüle Schneiders Visitenkarte das Klo runter und verlasse das Zimmer.

Ich passiere die Sicherheitsschleuse und trete auf den mit Palmen gesäumten Vorplatz. Eine feuchte Wand aus Hitze drückt mich fast zurück ins Hotel, aber dann gehe ich schnell an den rauchenden Security-Typen vorbei auf die Sudder Street, um Christoph zu suchen. Auf der Straße hängen sofort ein paar dreckige Jungs an meiner Hose, die offensichtlich schon in der Nähe gelauert haben. Ich drücke ihnen jeweils ein paar Münzen in die Hand, denn ich verstehe zwar die grundlegende Notwendigkeit, dass sie arm sind, damit ich reich sein kann, aber das individuelle Schicksal mit seiner eigenen Geschichte und den großen braunen Augen kann ich nicht so erfolgreich ausblenden wie andere Mitteleuropäer hier oder drüben – auch wenn ich so die Pfeiler unseres Wohlstands untergrabe.

Ich bin keine fünfzig Meter weit die Straße runter, da kommt schon die nächste Bettlerin auf mich zu. Diesmal schaue ich dem Mädchen erst gar nicht in die Augen, sondern schüttle energisch den Kopf und sehe mich über es hinweg nach Christoph um, der hier bestimmt irgendwo Zigaretten kauft. Das Mädchen dreht sich um, und auf seinen Rücken ist in Tüchern ein winziges Baby geschnallt, dessen Wangen schwarz vor Dreck sind, bis auf ein paar hellere Bahnen, wo sich Tränen durch den Schmutz gefressen haben. Willenlos lasse ich mich am Hemdsärmel zu einem Kiosk ziehen, wo das Mädchen abwechselnd auf eine Dose Nestlé-Trockenmilchpulver und das schlafende Baby zeigt. Einen Moment lang bin ich erstaunt, dass der Kiosk Ernährungspulver in seinem Sortiment hat, zahle dann aber ohne Protest die Dose und schlendere weiter die Straße entlang.

An einem Stand stapeln sich haufenweise Plastiksäckchen mit bunten Farben darin. Kurz denke ich, dass sie für das Farbenfest Holi verkauft werden, aber dann sehe ich, wie ein paar Touristen daran schnuppern. Interessiert bleibe ich stehen und betrachte das in den unglaublichsten Farben leuchtende Sortiment, es existieren offenbar sogar Gewürze in neonpink, lila und blau. Nachdem die Touristen mit einem Sack voll original indischer, synthetisch gefärbter Gewürze abgezogen sind, kaufe ich einen kleinen Plastikbeutel mit rotem Curry und lasse ihn in meine Sakkotasche gleiten. Ich laufe die Straße noch ein paarmal auf und ab, aber ich kann Christoph nicht unter den Touristen entdecken, die Mango-Lassi schlürfend in Plastikstühlen sitzen oder Saris in schummrigen Läden anprobieren.

Als ich zurück zum Hotel gehe, sehe ich zufällig, wie das Mädchen von eben das Pulver zurück an den Kiosk-Besitzer verkauft. Anstatt des Scheins klimpern aber nur ein paar Münzen in seine Hand. Bei einem derart lukrativen Geschäft ist mir natürlich sofort klar, warum der Besitzer so ein humanistisches Sortiment in seinem Kiosk führt. Ein von der Bettelmafia maßgeschneidertes Angebot für misstrauische Touristen, die sicher sein wollen, dass ihr Geld auch wirklich dem Baby zugute kommt. Absolute best practice im Fundraising, würde ich sagen.

Im Hotel schlittere ich mit meinen Sandalen über den spiegelglatten Marmor auf EinsZweiSchneider zu. Was für eine freudige Überraschung! Bleich wie Opfertiere sitzen die beiden in der Lobby und starren trübsinnig vor sich hin. Sie können ihre Longdrinks kaum noch in den Händen halten, so betrunken sind sie. Ich winke einen Sessel herbei und bestelle Gin Tonic. »Und? Wie war das Victoria Memorial?«, frage ich. Ich schlage meine Beine übereinander und streiche meine Anzughose glatt. »Nicht so glamourös wie erhofft«, sagt Eins nach einer längeren Pause. »Das beruhigt mich. Ich werde den Besuch boykottieren. Ich habe im Reiseführer gelesen, dass beim Bau so viele Arbeiter umgekommen sein sollen«, sage ich und grinse comicmäßig. Der Kellner reicht mir meinen Gin Tonic, in dem eine Gurkenscheibe treibt. Ich halte meinen Drink in die Mitte zum Anstoßen, aber die beiden machen nicht mit. Schlechte Verlierer. Eindeutig die Kategorie, die nach dem Spiel ohne abzuklatschen direkt in die Kabine verschwindet und sich nicht mal bei den mitgereisten Fans bedankt. Da sie weiter schweigen, sauge ich geräuschvoll an meinem Getränk.

»Warst du beim Holi oder was?«, fragt Eins nach einer langen Pause und zeigt auf meine Haare. Ich fasse mir an die rot gefärbte Stelle über dem Ohr. »Klar, bisschen raven«, sage ich und nehme noch einen Schluck aus meinem Drink. Die beiden gucken sich fragend an. Ich kann es nicht fassen, dass sie zwar das traditionelle Fest kennen, aber nicht die kommerzielle Version, die immerhin Indiens Exportschlager Nummer eins ist – nun ja, nach Gin Tonic und unter optimierbaren Bedingungen hergestellter Kleidung vielleicht. In fast jeder deutschen Kleinstadt bewerfen sich doch mittlerweile Jugendliche zu Techno mit Farbbeuteln, bis sie komplett kackbraun sind. Das scheint so eine Art Kulturleistung der westlichen Welt zu sein, würde Marina jetzt theoretisieren, religiöse Feste aus dem Nahen und Fernen Osten zu kommerziellen Events zu adaptieren, Weihnachten ist dafür auch so ein Beispiel.

»Boah, bin immer noch ganz drauf«, rufe ich, um die beiden noch ein bisschen zu ärgern, und ahme mit dem Mund die Geräusche einer Bass Drum nach: »Umz, umz, umz, umz.« Ich stehe aus dem Sessel auf und fange an dezent zu einer imaginären Musik zu tanzen. Ich wippe in den Hüften und balle die rechte Faust, bewege sie im Rhythmus der Bass Drum vor und zurück. In der linken Hand halte ich den Gin Tonic, genau so, wie ich im Club immer einen Drink festhalte, denn selten bin ich so gelöst, dass ich mit beiden Händen etwas anzufangen weiß. »Umz, umz, umz, umz« mache ich noch einmal. Aus den Augenwinkeln sehe ich, wie die ersten Gäste in der Lobby stehen bleiben. Das spornt mich noch mehr an und ich strecke meine Hände ekstatisch in die Luft. Eins und Zwei starren mich völlig entgeistert an. Ich glaube, ich bin ihnen peinlich.

Ich nehme den Currybeutel aus meiner Jacketttasche. Tanzend nähere ich mich Eins und reiche ihm meinen Drink, den er verwirrt entgegennimmt. »Happy Holi!«, rufe ich. Dann knalle ich ihm den Beutel mit voller Wucht ins Gesicht. Das Currypulver fliegt über seine Wangen, die Nase, sein Hemd. Die Drinks zerschellen auf dem Boden. Eins schreit panisch auf, doch noch bevor er flüchten kann, packe ich ihn am Kragen und ziehe sein Gesicht ganz nah an meins. »Dachtet ihr, ihr könnt uns ficken?« Ich spüre meinen eigenen heißen Atem, so nah sind wir uns. Eins wird von Hustenanfällen geschüttelt und reibt wild in seinen Augen herum, auch mir brennt das Curry in den Atemwegen. Dann umklammert er kläglich meine Unterarme und versucht meinen Griff zu lösen. Aber das Fitnessprogramm nimmt man in seiner Agentur offenbar nicht so ernst. »Für wen arbeitet ihr?«, flüstere ich.

Ein Faustschlag trifft mich in der Nierengegend. Ich pralle auf den Marmor und werde ein paar Meter über den Boden geschliffen. Die grimmigen Gesichter der Security-Typen von der Sicherheitsschleuse beugen sich über mich. »It's only curry«, sage ich und setze mich auf. Eins ist zurück in seinen Sessel gefallen. Japsend greift er sich an den Hals. Der Rezeptionist eilt herbei und fragt die beiden, ob er die Polizei rufen solle. »No, it's okay«, presst Eins hervor und wischt sich mit dem Jackett das Pulver aus dem Gesicht. Ich säubere meine Hände mit einem Taschentuch und lasse es auf den Boden fallen. »Sagt eurem Chef, er soll sich bei mir melden, wenn ihr gefeuert seid«, rufe ich Zwei zu, der sich besorgt über seinen Kollegen beugt. Dann drehe ich mich um und pralle gegen Christoph. Er blickt mich völlig entgeistert an. Dicht hinter ihm steht Ronja. Das rote Aufnahmelicht ihrer Kamera leuchtet.

Jeder kennt das Gefühl, wenn etwas schiefgeht. Die Abschlussklausur, das Meisterschaftsspiel, eine langjährige Beziehung. Wir schämen uns. Wir liegen tagelang im Bett und trauen uns nicht vor die Tür.
In so einer Situation braucht man Menschen, auf die man zählen kann. Menschen, die einen aufrichten, egal, was war. Freunde.
Es ist ein Kompliment, wenn Menschen und Organisationen sich mir in schwierigen Zeiten anvertrauen und sich auf meine Hilfe verlassen. Dieses Vertrauen muss ich rechtfertigen. Und dafür arbeite ich jeden Tag.
Es geht nicht darum, was man getan hat. Am Ende ist nur wichtig, dass man daraus lernt. Das ist unsere feste Überzeugung als Agentur, als Freund an der Seite unserer Klienten.

Mars & Jung – We care for trust.

VIER

24

Ich sitze auf einem pinken Gymnastikball, die Hände auf meinen Knien. Mir gegenüber wippt meine Sprechtrainerin mit geschlossenen Augen auf und ab. Geräuschvoll atmet sie mir vor. Einatmen durch die Nase, ausatmen durch den Mund. »Deine Lunge folgt dem Ball.« Sie atmet ein und drückt sich gleichzeitig mit den Beinen nach oben, sodass der Ball bei maximaler Lungenfüllung vollkommen rund ist und ihr Po ihn nur noch ganz leicht berührt. Beim Ausatmen lässt sie ihren Oberkörper zusammensacken und verringert den Muskeltonus ihrer Beine, sodass der Ball nach und nach von ihrem Gewicht in die Breite gedrückt wird. »Jetzt du.« Ich schließe die Augen, lasse die Luft in meine Lunge strömen und drücke mich langsam nach oben.

Durch die geöffneten Fenster dringt Gezwitscher. Die Äste der riesigen Kastanie an der Straße wippen vom Landen und Abfliegen der Vögel. Ab und zu hört man die Kastanien auf dem Gehweg aufplatzen. Ich bin ungemein entspannt. Mein Smartphone habe ich ausgeschaltet, nur ab und zu erschrecke ich wegen einer Phantomvibration am Oberschenkel. Mit jedem Atemzug fühle ich mich besser, als würde mein Inneres gereinigt. Vielleicht liegt das auch an den Dämpfen des ayurvedischen Kräutertees, den meine Trainerin vor Beginn des Trainings aufbrüht und den wir dann schweigend aus großen Keramiktassen trinken. Ich fange davon immer an zu schwitzen wie verrückt, aber es ist so ein gutes, heilsames Schwitzen, so eins, das nicht stinkt. Nicht alles, was aus Indien kommt, ist schlecht, denke ich und verdränge den Brandgeruch, der kurz wieder in meiner Nase hängt.

Meine Trainerin steht auf und legt eine Hand von hinten auf meine Brust, die andere auf meinen Bauch. Automatisch spanne ich meine Muskeln an. »Pluster dich nicht so auf«, sagt sie. »Hier, schau.« Sie stellt sich seitlich zu mir und legt meine Hand so auf ihren Bauch, wie man es bei einer Schwangeren tut. Sie atmet tief ein, und ihr Bauch quillt wie aufgehender Hefeteig über den Bund der engen Gymnastikhose. Ich ziehe meine Hand schnell weg, denn ich glaube, ich habe das System verstanden. Sie fährt mit ihren unlackierten Fingernägeln über mein Sixpack. »Die Muskeln behindern die Atembewegungen deines Bauches. Das Zwerchfell senkt sich herab und saugt durch den Unterdruck Luft in die Lunge. Dafür braucht es Platz im Bauch. Mit der Brustatmung vergrößerst du nur künstlich das Volumen des Thorax. Auf die Dauer ist das ungesund.« Es ist ein Dilemma. Einerseits will ich gut atmen und meine Trainerin nicht enttäuschen, andererseits wird mein Fitness-Coach mich auslachen, wenn ich gerade jetzt, kurz vor einer Erhöhung der Gewichte, die Trainingsintensität reduziere. »Einfach aus dem Bauch heraus«, sagt meine Trainerin ermunternd. Ich nicke. Einfach aus dem Bauch heraus.

»Brrrrr.« Meine Trainerin lässt ihre Lippen flattern wie ein Kleinkind, das das Geräusch eines Treckers nachahmt, und summt dabei einen Ton. Ich fühle mich dabei zwar immer noch ziemlich lächerlich, steige aber problemlos in die Übung ein. Meine Lippen flattern, bis sie anfangen von der Vibration zu kitzeln. Ein paar kleine Speicheltropfen spritzen in den Raum. »Gut so!«, ruft meine Trainerin. »Und jetzt wie bei einem Looping in der Achterbahn.« Graduell steigert sie die Tonlage, verweilt kurz beim höchsten Ton und lässt ihre Stimme abwärts bis zum tiefsten Ton sinken, um sie dann wieder ansteigen zu lassen. Ich steige in die Kreisbewegung ein, doch es gelingt mir nicht, die Tonhöhe stufenlos zu modulieren. Meinem Mund entfährt so etwas wie ein Pferdewiehern, und wieder fliegt Speichel auf den Boden.

Ich beuge mich vornüber, bis meine Finger meine Zehenspitzen berühren. Ich lasse die Arme pendeln. Meine Trainerin klopft mir den Rücken ab. Den Kontakt zu ihr verdanke ich einem Wochenendseminar der Agentur. Neben den Pflichtkursen zur Psychologie der Persuasion oder den 10 Golden Rules of Green Marketing werden regelmäßig optionale Kurse angeboten, mit denen wir zum Beispiel unsere Rolle in ehemaligen Kolonien besser reflektieren lernen sollen und wertvolle Fortbildungspunkte sammeln können, die für die stufenweise Gehaltssteigerung Voraussetzung sind. Oft beinhalten die Kurse Rollenspiele in stickigen Seminarräumen oder die Lektüre absurder Texte über body politics, blackfacing oder misrepresentation of indigenous tribes in postmodern American literature, die man ohne Wörterbuch und Bereitschaft zur intellektuellen Selbstkasteiung kaum durcharbeiten kann. Ich denke aber, dass ich bisher durchaus einiges mitnehmen konnte. Trotzdem mag ich natürlich die Teambuilding-Kurse, bei denen wir mitten im Wald ausgesetzt werden und uns tagelang nur von Beeren und dem eigenen Urin ernähren, am liebsten.

Dem Praxisseminar »Othello revisited. Ein aktualisierendes Hörspielprojekt« wurde ich nur zugeteilt, weil ich die

Deadline verpasst hatte und alle anderen Kurse schon voll waren. Weil ich zu spät zur ersten Sitzung kam, platzte ich mitten in diese peinliche Stille bei der Rollenverteilung, bei der alle sich sorgfältig die Flusen von der Kleidung zupfen. Um die Qualen abzukürzen, meldete ich mich freiwillig für die Rolle des Othello. Die Seminarleiterin begutachtete mich von Kopf bis Fuß und meinte dann, Nein, mir wolle sie lieber den Jago geben. Ich wurde furchtbar rot und stotterte etwas von einem Missverständnis, ich wollte mich ja keineswegs in den Vordergrund drängen. Gleichzeitig war ich sehr enttäuscht, dass sie mir die Hauptrolle nicht zutraute. Erst später habe ich verstanden, dass natürlich Jago der eigentliche Star ist und derjenige, der die Handlung vorantreibt. Schon Shakespeare wusste, dass die Bösen visionär agieren und die Triebfeder der Geschichte sind, während die Guten lediglich in Kompromissen endende Konferenzen ausrichten. Man muss bloß die Nachrichten einschalten, um zu sehen, wer heute wen zum Handeln zwingt. Eben. Das nennt man dann wohl eine Tragödie.

In der Abschlussdiskussion hob mich die Leiterin für meine Interpretation des Jago aus der Gruppe hervor. Sie sagte, meine Stimme wäre mit seiner verschmolzen. Nach dem Seminar ging ich zu ihr und wollte eigentlich nur noch ein paar Komplimente abfischen, als sie erwähnte, dass sie auch Privatunterricht gebe: Rhetorik für Manager, Stimmanalyse, Persönlichkeitstraining. Noch am Abend buchte ich von der bevorstehenden Gehaltserhöhung einen wöchentlichen Kurs über ihre Website.

Auf dem Boden sind verschiedenfarbige Yogamatten ausgerollt. Je nach Stimmung soll ich mir eine aussuchen. Heute wähle ich die gelbe. »Jetzt stell dir eine glückliche Szene aus deiner Kindheit vor und atme den Moment so tief wie möglich ein«, sagt sie. Ich setze mich auf und will gerade protestieren, da drückt meine Trainerin mich sanft wieder nach unten, bis mein Hinterkopf die Matte berührt. »War nur ein Witz«, sagt sie. »Schließ die Augen.« Sie legt eine Hand auf meinen Bauch, die andere auf meine Brust. Ich stelle mir vor, wie ich meinen Schreibtisch in der Agentur leer räume und alles in einem Karton verstaue. Ich laufe durch die Glaskuben an den Mitarbeitern vorbei, die aus ihren Schreibtischstühlen zu mir aufsehen. Ich trete in Jens' Büro, der gerade seine Schubladen leert. Ich halte ihm die Hand hin, und er legt seinen Spindschlüssel hinein. Während Jens packt, schlittere ich mit dem Schreibtischstuhl durch den Raum. Marina steht mit einem Kinderwagen an der Tür und will mich zum Lunch abholen. »Eine Sekunde«, sage ich zu ihr. »Ich muss kurz noch Dings verabschieden.«

Meine Trainerin rüttelt an meiner Schulter. Ich muss kurz eingeschlafen sein. Als ich die Augen öffne, baumeln mir ihre braunen Korkenzieherlocken ins Gesicht, dazwischen schwache Strahlen der Herbstsonne. Von Nahem sehe ich plötzlich die vielen Fältchen um Mund und Augen meiner Trainerin und korrigiere meine Altersprognose von 40 auf 45, denn der Körper dieser Yoga-Frauen hält sich ja immer irreführend gut. »Welchen Text hast du vorbereitet?«, fragt sie. Ich ziehe den gefalteten Zettel mit Jens' Rede für den Nachhaltigkeitstag aus meinen Sweatpants, die ich auf ihren Flow überprüfen will, obwohl er mich seit dem Indien-Desaster nur noch Praktikantenjobs machen lässt. Aber ein paar Monate runterschalten hat ja noch keinem geschadet.

Meine Trainerin setzt sich mit ihrem Notizblock an einen Tisch. »Bereit?« Ich lockere meine Beine, springe ein bisschen auf und ab, entfalte den Zettel und räuspere mich. »Frosch im Hals oder rhetorische Geste?«, unterbricht sie mich sofort. Ich bin verwirrt. Es kratzt zwar etwas im Hals, aber ich glaube, das Räuspern war eher eine unbewusste Übersprunghandlung. »Räuspern bedeutet Unsicherheit. Unsicher bist du entweder wirklich, oder du willst suggerieren, dass du gleich etwas sagen wirst, das dir schwerfällt, eine unangenehme Wahrheit. Willst du unsicher wirken?« Sie deutet auf die bunten Zettel an der Pinnwand, auf die ich in der ersten Sitzung notieren musste, was ich an meiner Stimme verändern möchte. »Bestimmt, aber nahbar«, »Aufmerksam und über den Dingen«, »Behutsam, aber zielstrebig«, »Mittendrin, aber nicht verloren«, lese ich dort. *Wer seine Stimme verändern will, muss auch sein Wesen verändern*, steht in Schreibschrift fett darüber. Ich schüttele den Kopf. »Außerdem schadet Räuspern den Stimmbändern, weil sie dabei ruckartig gedehnt werden«, sagt meine Lehrerin.

Ich versuche, meine Stimmbänder im Zaum zu halten, aber es ist schwierig, ohne das rhythmisierende Räuspern ansatzlos loszulegen. Die ersten Sätze sprudeln deshalb ohne optimales Timing aus mir heraus, und das launige Intro über die hoffnungslose UN-Klimakonferenz in Paris, die trotz nächtelanger Beratungen und einer Last-Minute-Initiative der EU wieder zu keiner verbindlichen Lösung kommen wird, versäbele ich ziemlich. Den Seitenhieb auf die Regierungsflugzeuge, die grundsätzlich ohne CO_2-Ausgleichszertifikate fliegen, setze ich nicht pointiert genug, weshalb es mir nicht recht gelingt, meine Argumentationskette von den kleinen Schritten, die nötig sind für die Weltrettung, richtig aufzubauen. Ich lasse meinen Kopf hängen und vernuschele die letzten Worte, von wegen die Wirtschaft sei bereit, mutig voranzugehen. *Lead, don't follow.* »Ganz ruhig«, sagt meine Lehrerin mit sanfter Stimme. »Atme einfach vor dem ersten Satz tief ein und zähl bis drei. Du hast das im Griff.«

Ich folge ihrem Hinweis und absolviere souverän den langweiligen, aber obligatorischen Part, zu dem man auf jeder Klima-Veranstaltung Bullshit-Bingo spielen kann: klimatische Fakten, Austrocknung des Aralsees, zurückgehende Artenvielfalt, Grafiken, die das geflutete Manhattan und Holland bei einer 4-Grad-Erderwärmung zeigen, blub blub blub. »Achte auf deine Hand«, unterbricht mich meine Trainerin. Erst jetzt merke ich, dass ich an den Bartstoppeln über meinem Kehlkopf zupfe.

Jetzt kommt mein Lieblingsteil: Ich nehme die Zuhörer mit durch die Lebenswelt der Konsumenten, zu den kleinen, aber anschaulichen Auswirkungen des Raubbaus an der Natur im Alltag. Ich spreche von Lebensmittelskandalen, der Vogelgrippe und Atommüllendlagern in der Nachbarschaft. »Die Konsumenten sind bereit, für die Rettung des Planeten mehr zu bezahlen. Sie sind bereit, für ein gutes Gewissen mehr zu bezahlen«, sage ich, und jede Silbe sitzt. Während ich diese magischen Worte spreche, beobachte ich meine Sprechtrainerin aufmerksam. Sie ist schließlich so etwas wie unsere Zielgruppe in Reinkultur. Enttäuschenderweise lässt sie meine malerische Vision eines guten, nachhaltigen Lebens völlig unkommentiert, was mich ein bisschen verunsichert.

Jetzt kommt der Moment, in dem auf den Beamern das Logo des neuen Zertifikats »Earth+« erscheinen wird, und ich bin endlich voll drin, genieße den Klang meiner Stimme, den pointierten Rhythmus: »Das Zertifikat ›Earth+‹ vermittelt den Konsumenten die positive Einstellung Ihres Unternehmens zur Umwelt. Der ›Earth+-Codex‹ sieht Selbstregulation vor: Die Implementierung eines CO2-Reduktionsprogramms auf allen Produktionsebenen, nachhaltiger Rohstoffeinkauf, alternative Verpackungskonzepte und Investitionen in die Erforschung zukunftsfähiger Technologien sind nur die Eckpfeiler einer tief gehenden Reform. ›Earth+‹ steht für ein nachhaltiges Leben mit gutem Gewissen. ›Earth+‹ steht für die Zukunft.«

Meine Stimme wird immer fester und ich spüre, dass ich mir jetzt selbst zu glauben beginne. Ich muss gar nicht mehr aufs Papier blicken, mir fließen die Worte nur so aus dem Mund: *Wachstum, Wachstum, Wachstum. Shop the fucking planet green.*

Während ich zum Ende komme, frage ich mich, was meiner Trainerin wohl gerade durch den Kopf geht. Sie vermittelt mir immer ein uneingeschränkt positives Gefühl, obwohl ich eigentlich jemand bin, der ihrer Lebensphilosophie diametral entgegensteht. Doch wahrscheinlich hört sie wirklich nur den Klang meiner Stimme und blendet den Inhalt komplett aus, wie ein Tontechniker am Schneidetisch. Vielleicht ist es aber auch wie bei Psychologen oder Rechtsanwälten, denen man schon im Grundstudium eingeprügelt hat, dass persönliche Meinung in ihrer Profession nichts zählt.

»Du wirst immer besser«, sagt sie, als ich fertig bin und sie fragend anschaue. »Und das mit dem reibungslosen Anfang kriegen wir auch noch hin.« Ich lächle und bleibe noch ein wenig auf der Yogamatte stehen. Eine Amsel zwitschert draußen im Baum. Ich schließe die Augen und stelle mir einen glücklichen Moment aus meiner Kindheit vor. Es läutet an der Tür. Meine Trainerin legt mir ihre Hand auf die Schulter. »Die Zeit ist um. Wir sehen uns nächste Woche.«

Als ich aus dem Hauseingang trete, fallen mir die Kastanien auf, die über den Gehweg verstreut sind. Manche liegen glänzend und braun auf den Steinen, andere stecken noch in ihrer grünen Schale. Ich bücke mich und hebe eine besonders große auf. Ich streiche über die weichen Stacheln und drehe sie in meiner Hand hin und her. Die Schale ist an einer Seite bereits schlitzartig geöffnet. Ich breche die Kastanie heraus. Sie ist kühl und glatt, es fühlt sich an, als würde ein millimeterdicker Flüssigkeitsfilm ihre Oberfläche bedecken, der jetzt wie eine Lotion von meinen Poren aufgesogen wird. Ich überlege, ob ich noch mehr aufsammeln sollte, aber plötzlich fürchte ich, dass die anderen nicht so schön und glatt wären wie die in meiner Hand. Ich stecke sie in die Hosentasche und steige auf mein Rad.

25

Christoph sitzt vor seinem Spind und starrt ins Leere. Als er mich sieht, richtet er sich ein wenig auf, sackt dann aber gleich wieder in sich zusammen. Ich setze mich auf die Bank ihm gegenüber. »Was ist los?«, frage ich und stupse sein Knie freundschaftlich mit der Hand an. Christoph seufzt und schüttelt den Kopf. Ich versuche empathisch zu gucken. »Ich kann nicht mehr richtig schlafen«, sagt er. Aufmerksam betrachte ich sein Gesicht. Zwar hat er versucht, sie mit Abdeckstift zu kaschieren, aber unter seinen Augen haben sich tatsächlich winzige, gelbe Schlafkörner gebildet. Christophs Fassade ist brüchig. Viel fehlt nun nicht mehr.

»Ich habe immer wieder diesen Traum«, presst er hervor. »Ich knie über dem Arbeiter und versuche, ihn wiederzubeleben. Aber er ist schon ganz kalt, wie ein toter Fisch. Ich wische die rote Farbe aus seinem Gesicht und gucke plötzlich in mein eigenes.« Christoph lässt den Kopf hängen und atmet schwer, als hätte ihn die Erzählung völlig erschöpft. Ich bin etwas enttäuscht, dass er sich nichts Besseres hat einfallen lassen, obwohl er ja fürs Geschichtenerzählen bezahlt wird. »Hatte ich nach Brasilien auch«, sage ich und klopfe dreimal auf meine Oberschenkel, um zu signalisieren, dass das Gespräch für mich beendet ist. »Das geht vorbei.«

Ich öffne meinen Spind und zerre meine Kleidung hervor. An der Innenseite der Tür hängt das Bild, das wir zusammen beim Squash aufgenommen haben. »Zieh dich um«, sage ich. »Time is money.« Christoph richtet sich schwerfällig auf und fängt an, sich umzuziehen. Als er das Hemd wechselt, sehe ich, dass seine Oberarme an Volumen verloren haben und irgendwie weiß wirken. Und ist das ein Hauch von Fett über seiner Bauchmuskulatur? Ich habe ihn überholt, denke ich, aber das Triumphgefühl, das ich mir für diesen Moment ausgemalt habe, bleibt aus. Im Gegenteil, Christophs Anblick macht mich sogar furchtbar traurig. Er ist zwar immer noch besser trainiert als 99% aller Männer auf der Welt, aber es kommt mir so vor, als würde ich einem aufgeschwemmten Psychiatrieinsassen gegenüberstehen. Nicht ich habe gewonnen. Christoph hat aufgegeben.

Plötzlich habe ich Tränen in den Augen und wende mich ab. Mir ist auf einmal klar, dass dies das Ende einer Ära ist. Ich muss an meinen allerersten Tag denken, wie Christoph mich in der Agentur herumgeführt hat und ich ihn ungeheuer schnöselig fand, mit seinen Muskeln, der Gelfrisur und seiner zerfledderten Ratgeberbibel *The Dressman – Welcher Anzug passt zu mir?* Fast muss ich darüber ein bisschen lachen, doch es ist so ein Lachen wie beim Leichenschmaus nach einer Beerdigung. Befreiend, aber gleichzeitig auch unendlich traurig.

»Wir sind Freunde, oder?«, sagt Christoph. »Ja, sind wir«, antworte ich und knöpfe mein Hemd zu. Ich schlüpfe schnell in die Hose und werfe die Sachen in den Spind. Christoph legt mir seine Hand auf die Schulter. »Wir können aussteigen.« Er sieht mich geradezu flehend an. »Mit einem großen Knall. Ich habe da was entdeckt … Wegen der Afrikareise.« Ich halte mir demonstrativ die Ohren zu. »Das ist alles nur ein Fake«, sagt Christoph eindringlich. Ich lache. »Nur ein Fake? Was für eine

Katastrophe!« Christoph hat wirklich gar nichts verstanden. Ich knalle die Spindtür zu und drücke ihm meine letzte Tablette in die Hand. Für einen guten Freund tue ich doch alles.

»Christoph ist nicht mehr zuverlässig.« Ich schließe die Glastür zu Jens' Büro hinter mir. »Darauf habe ich schon gewartet ...« Jens rollt mit seinem Stuhl vom Schreibtisch zurück und schlägt die Beine übereinander. Ich habe Jens in letzter Zeit kaum zu Gesicht bekommen, denn zu den Führungsebene-Briefings muss ich gerade echt nicht auftauchen. Seit dem Indien-Desaster schreibe ich nur noch empörte Kommentare in Online-Foren, bewerte Produkte von Klienten oder erledige andere Aufgaben, die wir normalerweise nach Tschechien outsourcen. Der einzige Lichtblick ist die Afrika-Reise, die nächsten Monat ansteht und für die mir unsere Auszubildende heute die Tickets zugemailt hat.

Auf Jens' Schreibtisch liegt eine angebrochene Schachtel Mentholzigaretten. Ich setze mich Jens gegenüber und zünde mir ungefragt eine an. »Ich dachte, du wärst davon runter?«, sagt Jens. »Wenn man eigentlich aufgehört hat, befriedigen Mentholkippen die Sucht doppelt: nach Nikotin und dem Kaugummigeschmack!«, antworte ich triumphierend. Jens zündet sich ebenfalls eine an, bläst den Rauch durch die Nasenlöcher und schaut zu, wie er sich verflüchtigt. »Christoph ist ein ernsthaftes Risiko«, sage ich. Jens blickt mich belustigt an. Er wirkt kein bisschen besorgt. »Dasselbe sagt er über dich.«

Ich rutsche auf dem Stuhl hin und her. »Er will aussteigen«, sage ich. »Ich vertraue Christoph. Er war immer zuverlässig. Bis du kamst.« Jens lässt das Feuerzeug gelangweilt auf- und zuschnappen, hält dann aber plötzlich inne, als bekäme er

Zweifel an den eigenen Worten. »Hast du es aufgenommen?« »Nein, aber …«, stottere ich. Jens verdreht die Augen. »Aber Christoph meinte irgendwas mit Afrika«, schiebe ich schnell hinterher. »Details?« Ich zucke mit den Schultern. »Du musst verstehen, dass solche Anschuldigungen nicht gerade vertrauensbildend sind«, sagt Jens. Er umrundet den Tisch und klopft mir auf die Schulter. »Es ist wohl besser, wenn du dich weiterhin auf einfache Aufgaben konzentrierst.«

Mein Smartphone vibriert in meiner Hosentasche. Simultan ziehen Jens und ich unsere Handys hervor. Es ist eine Nachricht von Marina. »Vortrag zum Symposium angenommen! Schon in zwei Wochen! Lampenfieber!« – »Super!«, schreibe ich. Als ich aufblicke, tippt Jens ebenfalls auf seinem Smartphone. Dann öffnet er mir die Tür nach draußen. Ich sitze noch kurz unschlüssig herum, dann werfe ich die Kippe in den Aschenbecher und verlasse sein Büro.

Über der normalen Benutzeroberfläche des Agentursystems wird ein Memo eingeblendet, das noch einmal ausdrücklich daraufhinweist, dass alle Daten vertraulich zu behandeln sind, weil in letzter Zeit immer wieder interne Infos in der Presse aufgetaucht seien. Ich überfliege die Informationen und sende die Lesebestätigung ab. Ich klicke auf den Ordner, in dem die Unterlagen zur Afrika-Mission liegen. Ein Dialogfeld erscheint. »Sie haben nicht die erforderlichen Rechte, um auf diesen Ordner zuzugreifen.« Als einzige Option wird mir der Klick auf das »OK«-Feld angeboten. Ich klicke noch ein paar andere Ordner an, doch jedes Mal wird mir der Zugriff verweigert. Nur den Organisations-Ordner für den Nachhaltigkeitstag kann ich noch öffnen und mir die Angebote der Catering-Firmen ansehen, die der Praktikant eingeholt hat.

Ich betrachte mein Spiegelbild in der Oberfläche des Glaskubus und zupfe eine widerspenstige Strähne zurecht. Dann ändere ich den Fokus und blicke durch die Scheibe. Christoph betritt gerade Jens' Büro und setzt sich auf den Stuhl, auf dem eben noch ich gesessen habe. Es ist nur eine Frage des Blickwinkels, denke ich, einmal falsch fokussiert, und ich sehe nur noch mich und meine Strähne. Und verpasse das Essentielle.

Ich öffne mein Porträt von Olli, dem Kantinenchef, das ich für das Krankenhaus-Mitarbeitermagazin *hautnah* schreiben musste, dessen Redaktion seit Indien zu meinen Hauptaufgaben zählt. Ich lese noch einmal den letzten Abschnitt durch. »Manchmal stellt Olli sich auch noch selbst an die Essensausgabe. Dorthin, wo er vor 20 Jahren angefangen hat. Er streift die Netzhaube über seine angegrauten Haare und lässt das Servierbesteck wie ein Cowboy in seiner Hand rotieren. Er sagt, der Kontakt zu den Gästen sei das Wichtigste in der Gastronomie. Das sei seine Philosophie. Er will die erste Reaktion der Gäste auf Geruch und Aussehen der Mahlzeiten wahrnehmen und sich stetig verbessern, so wie auch das Unternehmen ständig wächst und die Dienstleistungspalette optimiert. Während Olli den knackfrischen Salat in kleine Schälchen füllt, zeigt er mit dem Salatbesteck auf ein paar Gäste. ›Der da, der hat zeitgleich mit mir hier angefangen. Jetzt ist er Chefarzt.‹ Olli kennt jeden hier. Und für jeden hat er ein nettes Wort, mit jedem macht er einen Witz. ›Bisschen vegetarisches Kartoffelpü? Na klar!‹ Mit einem Zwinkern klatscht Olli eine Extraportion auf den Teller. ›'N Guden!‹, sagt er. Um 14:00 Uhr schließt die Kantine eigentlich, aber Olli bedient noch Gäste bis 14:30 Uhr. ›Wer Hunger hat, soll essen!‹, sagt er immer wieder und ist damit ein Paradebeispiel für die vorbildliche Servicekultur des Unternehmens. Und das nimmt er sich nach Dienstschluss selbst zu Herzen. Gefragt nach seinem Lieblingsessen, grinst er: ›Ganz einfach: Speckbohnen mit Salzkartoffeln.‹« Dafür, dass Olli ein ziemliches Arschloch war, der mit dem Besteck ausschließlich auf blutjunge Auszubildende gezeigt hat, ist der Artikel ganz okay geworden. Meine subtilen Anspielungen auf das knackfrische Gemüse werden aber wohl die wenigsten verstehen. Ich ändere ein paar Wörter, die sowieso der Zensur zum Opfer fallen würden. Aus »klatschen« wird »füllen«, »angegraut« streiche ich sofort, denn selbst ein Euphemismus wie »silbern« würde von den übervorsichtigen Corporate-Publishing-Leuten garantiert aus dem Text entfernt.

Das Highlight meines Vormittags ist das Korrekturlesen von Jens' neuem Buch *Das nachhaltige Selbst*. Der Klappentext lautet: »Die Maxime ›Handle nachhaltig!‹ ist der kategorische Imperativ der Gegenwart. Ein nachhaltiges Selbst ist man nicht, man soll es werden. Und man wird es, indem man sich in allen Lebenslagen vernünftig, sparsam, ökologisch, bedacht und ressourceneffizient verhält sowie regional, fair und bio konsumiert. Das Leitbild ist zugleich Schreckbild. Was alle werden sollen, ist auch das, was allen droht. Die Nachhaltigkeit unterwirft das Selbst dem Diktat fortwährender moralischer Selbstkontrolle, aber keine Anstrengung vermag seine Angst vor dem Scheitern zu bannen, denn im Hintergrund drohen vom Individuum unlösbare globale Probleme: Klimawandel, Ressourcenknappheit und Verteilungskriege. Jens Mars' Studie nimmt die psychologische Ambivalenz des Nachhaltigkeitsgedankens für den Einzelnen in den Blick und spitzt sie zu einer Diagnose der gegenwärtigen Gesellschaft zwischen Konsumismus und Selbstkasteiung zu.« Ich bin immer wieder erstaunt, wie zeitdiagnostisch Jens schreibt. Er versteht sich nicht nur als Agenturmensch, sondern auch als engagierter Intellektueller, der immer wieder gesellschaftliche Diskurse aufgreift und selbst Themen setzt. Das Buch wird einschlagen, da bin ich mir sicher, vor allem in den USA. Die Amis lechzen ja nach solchen ökonomiephilosophischen Traktaten. *The Sustainable Self* klingt auch noch mal viel besser als so ein deutscher Titel.

Ich gehe rüber zu meinem Praktikanten. Christina steht hinter ihm, gemeinsam betrachten sie Zahlenkolonnen auf dem Bildschirm. Obwohl es bereits Herbst ist, trägt sie so einen Schulmädchenrock mit einer durchsichtigen Strumpfhose. »Hi!«, sage ich. »Wir machen später weiter«, sagt Christina, streicht mit der Hand über die Schulter des Praktikanten und verlässt den Kubus, ohne mich eines Blickes zu würdigen. Verwirrt blicke ich ihr nach und frage mich, ob sie immer noch sauer ist, dass auf Jens' Party nichts lief, oder ob ich nach dem Indien-Fiasko im agenturinternen Status-Ranking wirklich schon unter dem Praktikanten angesiedelt bin. Ich setze mich mit einem Bein auf den Tisch. »Wir sollten auch mal etwas außerhalb der Agentur unternehmen«, sage ich und lasse das Bein hin und her baumeln. »Spielst du Squash?« – »Ich habe früher Tennis gespielt.« – »Das reicht«, sage ich und springe auf. Der Praktikant blickt zu mir hoch und dann wieder auf den Bildschirm. »Jetzt!« Ich deute einen Schlag mit dem Squash-Racket an. »Ich muss noch das Catering für den Nachhaltigkeitstag endgültig berechnen.« – »Hast Christina doch gehört: Ihr macht später weiter.« Ich ziehe demonstrativ das Netzteil aus seinem Laptop, aber es passiert nichts, außer dass der Bildschirm etwas gedimmt wird. »Jens hat mich gebeten, noch ein paar Dinge für ihn zu erledigen.« – »Alles abgesprochen«, sage ich und zeige zwei Daumen nach oben in Richtung von Jens' Klarsichtbüro.

Wir radeln zu einer nur wenige Minuten entfernten Mehrzweckhalle, denn die Halle, in der ich im Frühsommer mit Jens gespielt habe, ist gerade von einer Internetfirma exklusiv in ihren Campus integriert worden.

Auf der Fassade ist unter dem neonfarbenen Sportpark-Schriftzug noch das verwitterte Logo des lokalen Sportvereins zu erkennen, der die Halle vor Kurzem wegen zu hoher Betriebskosten verkaufen musste und sie nun für den Trainings- und Spielbetrieb gezielt wieder anmietet. Ich drücke die Tür des Windfangs auf, und sofort steigt mir der Geruch des Gummibelags in die Nase, vermischt mit der stechenden Note der Chlorreiniger und den Ausdünstungen nylonlastiger Sportbekleidung.

Ins Foyer ist ein kleiner Shop integriert, der von David betreut wird, einem ehemaligen Tennisprofi, der aber wegen eines Knieleidens nie über die 2. Bundesliga hinausgekommen ist. Wie lange er diesen Shop aber noch halten kann, ist unklar, denn seine Miete erhöht sich kontinuierlich. Weiter hinten gibt es noch eine kleine Bar mit verstaubten Kunstpalmen und einem Springbrunnen, die »Cuba libre« heißt, aber um diese Uhrzeit noch geschlossen ist.

David sitzt mit aufgestütztem Kopf hinter dem Anmelde-Counter und zockt irgendein Computerspiel. Obwohl er seinen Körper heute bestimmt noch gar nicht von seinem Hocker gewuchtet hat, trägt er ein atmungsaktives Trainingsshirt mit winzigen Mesh-Waben. »Auf Rechnung der Agentur?« Ich nicke und sehe zu, wie David mit dem Zeigefinger meinen Namen in die Tastatur hackt. Er zieht die Stirn nachdenklich kraus und tippt dreimal heftig auf Enter. Auf dem Bildschirm taucht ein Fenster mit einem roten X auf und verschwindet wieder, bevor ich den Text daneben lesen kann. Gerade als ich denke, dass jetzt der Moment kommt, in dem David sagt, dass es ein Problem gibt und mein Konto leider gesperrt wurde, fragt er den Praktikanten: »Name?« – »Sebastian.« – »Einmal den Ausweis bitte.« – »Wofür?«, fragt der zurück. »Damit ich dich ordnungsgemäß in unserem System erfassen kann und du deine Fitnesspunkte gutgeschrieben bekommst«, belehrt David ihn. Sebastian zuckt mit den Achseln. »Habe ich nicht dabei.« Er lügt. Beim Aufschließen der Räder habe ich gesehen, wie er auf der Suche nach seinem Schlüssel eine Geldbörse in der Hand hatte. »Bitte, dann trag alles selbst ein.« David dreht den Monitor noch etwas weiter zur Kundenseite und schiebt die Tastatur zu uns rüber. Sebastian tritt vom Counter zurück. »Ich mag es einfach nicht, wenn meine Daten überall gespeichert sind.« David und ich schauen uns an und fangen dann gleichzeitig an zu lachen. Nachdem wir uns wieder etwas beruhigt haben, sage ich versöhnlich: »Mach eine Ausnahme.« – »Platz 2. Beim nächsten Mal aber nur mit Ausweis«, sagt David glucksend.

»Hast du noch einen Schläger für unseren Datenschützer?«, frage ich. David nickt und trottet in den Lagerraum. Dabei zieht er sein rechtes Bein nach, sodass sein Sportschuh auf dem genoppten Boden leise quietscht. Als er hinter dem Vorhang mit einer Luftbild-Aufnahme des Wimbledon-Stadions verschwunden ist, greife ich schnell nach der Maus und klicke mich durch den Agentur-Ordner, um herauszufinden, wer als Letzter die Plätze genutzt hat. Jens und Christoph, gestern, 21:00-22:00 Uhr.

Beim Aufwärmen frage ich den Praktikanten ab, so wie Christoph es in meinem ersten Jahr täglich eine halbe Stunde mit mir getan hat. Ich schlage den Ball zunächst hart ins Zentrum der Wand, damit er stark genug abprallt und der Praktikant eine Chance hat, ihn zu erreichen. »Erste organic Haute-Couture-Kollektion?«, frage ich. »John Patrick«, antwortet der Praktikant und schlägt den Ball mit wenig Kraft nur knapp über die Tin. Von dort kommt er zweimal auf dem Parkett auf, bevor ich ihn erreichen kann. Ich hole einen schnelleren Anfängerball hervor, denn anscheinend kann der Praktikant trotz seiner Tennis-Vergangenheit noch nicht genügend Druck auf den Ball ausüben. »Der perfekte Drink zu einer Maduro?«, frage ich und bringe den neuen Ball ins Spiel. »Mojito«, stößt der Praktikant hervor und schlägt den Ball so hart, dass er gegen die Rückwand prallt, bevor ich ihn erreichen kann. Wieder kullert der Ball über das Parkett. Fuck. Er hat schnell gelernt in den sechs Monaten, die er bei uns ist. »Der erste Bio-Whiskey?«, fragt der Praktikant, als ich mich bücke, um den Ball aufzuheben. Ich blinzele ins kalte Licht der Neonröhren. Ich habe keine Ahnung. Ich zucke mit den Schultern. »1992er Springbank«, sagt er. Er lässt den Schläger in der Hand rotieren: »Wusstest du, dass es im LUCIA eine Riesenauswahl an Organic Whiskeys gibt?« Ich hole den schwarzen Profiball mit den zwei gelben Punkten aus meiner Hosentasche. »Ab jetzt wird gezählt«, sage ich, stelle mich ins Aufschlagfeld und knalle den Ball mit aller Kraft gegen die Wand.

26

Auf dem Weg zum Treffen mit meiner Mutter fahre ich noch schnell an Schneiders Haus vorbei. Die Rollläden sind runtergelassen, und der Briefkasten quillt über. Offenbar hat er Ernst gemacht mit Brasilien. Oder er gönnt sich endlich mal den wohlverdienten Wellness-Urlaub an der Costa del Sol. Ich steige vom Rad und zerre die Post heraus. Zwischen durchgeweichten Prospekten und Arztrechnungen finde ich einen Brief von der Deutschen Rentenversicherung, der Schneider vorrechnet, wie viel er bekommt, wenn er sich schon jetzt pensionieren lässt. Ich bin sein letzter Fall. Nachdem ich die Post wieder in den Schlitz gestopft habe, gehe ich über den wuchernden Rasen um das Haus herum, aber auch auf der Rückseite ist alles verrammelt. Ich muss an die Gartenpartys denken, die wir hier früher gefeiert haben und bei denen es immer ein hart umkämpftes Volleyballmatch Online gegen Print gegeben hat. Das Netz hängt noch traurig zwischen den Pfosten, und ich werde ganz melancholisch, sodass ich lieber schnell wieder nach vorne laufe und auf mein Rad steige.

Ich treffe meine Mutter in einem angesagten Café. Sie sitzt bereits draußen unter einem Heizpilz und rührt Zucker in ihren Latte. Ich nehme meine Ray-Ban ab und gehe auf sie zu. Erst als ich direkt vor ihr stehe, bemerkt sie mich. Wir umarmen uns herzlich, aber etwas steif. Ich winke den Kellner herbei und bestelle einen Espresso.

Neben dem Kaffee meiner Mutter liegt eine Schachtel Marlboro Lights. »Weiß Papa das?«, frage ich und nehme eine Zigarette aus der Packung. Meine Mutter gibt mir Feuer und zündet sich selbst auch eine an. Wir blinzeln eine Zeit lang in das diffuse Herbstlicht. Ich habe das Gefühl, das neutrale Terrain tut unserer Beziehung gut. Wir können uns hier viel ehrlicher begegnen als in der mit Erinnerungen belasteten Umgebung meines Elternhauses. Wir verhalten uns mehr wie zwei Fremde, die sich auf Anhieb sympathisch sind, und nicht wie Mutter und Sohn. Aber das ist natürlich Quatsch, denn meine Mutter kennt mich wie ihre Handtasche. Ich dagegen weiß eigentlich gar nichts über sie, fällt mir auf. Wenn sie nicht vor mir sitzen würde, wüsste ich wahrscheinlich nicht einmal, dass ihre Augenfarbe grün ist.

Ich finde, meine Mutter ist immer noch sehr ansehnlich für ihr Alter, auch wenn ich das Gefühl habe, dass ihr lavendelfarbener Blazer an den Hüften mittlerweile minimal zu eng ist. In ihr schulterlanges blondes Haar schleichen sich die ersten grauen Strähnen. Plötzlich tut es mir unfassbar leid, dass ich mich nicht regelmäßig bei ihr melde, nicht mal am Muttertag, obwohl meine Mutter sowieso sagen würde, so was sei reaktionärer Kitsch. »Alles in Ordnung?«, frage ich. »Sieht man das nicht?«, sagt sie. Ich zeige auf ihr Haar. »Das ist neu.« Meine Mutter lacht auf. »Ich färbe mir die Haare, seit ich Mitte dreißig bin.« – »Warum jetzt nicht mehr?«, frage ich, und sie lächelt nur. Plötzlich bekomme ich Angst, dass meine Mutter alt wird und nichts mehr ist wie früher. Das ist schon ein ziemlich paradoxer Gedanke, denn natürlich will ich absolut nicht, dass jemals wieder etwas wird wie früher. Trotzdem breitet sich jetzt so ein drückendes Gefühl in meiner Brust aus, wie bei einem Asthmaanfall.

»Seht ihr Julian manchmal?« Ich drücke die Zigarette aus und nehme mir gleich eine neue. »Zum letzten Mal an Papas Geburtstag«, sagt sie. »Er hatte extra den Bagger mitgebracht. Weil du nicht gekommen bist, hat er die ganze Zeit alleine damit rumgebuddelt.« Ich stütze meinen Kopf in die Hände und reibe an meinen Schläfen, um meiner Mutter glaubhaft zu demonstrieren, dass ich mich gräme. Und das tue ich ja auch. Vielleicht mache ich diese Geste also nicht nur für meine Mutter, sondern auch, um für mich selber auszudrücken, dass ich mich schlecht fühle. Ich verharre noch etwas in dieser Pose, dann trinke ich meinen Espresso aus.

»Wie geht es Marina?«, fragt meine Mutter und rührt noch mehr Zucker in ihren Latte macchiato. Ich zucke mit den Schultern. »Sie ist auf einem Kongress.« Meine Mutter legt ihre Stirn in Falten. Ich weiß, dass sie sich jetzt Sorgen um uns macht. Trotzdem gebe ich mir keine besondere Mühe, meine Unzufriedenheit zu verbergen, denn Sorgen mache ich mir ja insgeheim auch.

Wir schweigen. »Dein Vater …«, sagt sie schließlich. Ich winke ab. Seit er in der Zeitung ein Bild gesehen hat, auf dem ich stellvertretend für einen Pharmakonzern einen überdimensionierten Scheck an die Leiterin einer Kindertagesstätte überreicht habe, läuft es nicht mehr zwischen uns. Zum Geburtstag hat er mir sogar das *Schwarzbuch Pharmaindustrie* geschenkt. Mein Vater gehört zu dieser Generation, die zu sämtlichen Auswüchsen des Kapitalismus Schwarzbücher anfertigt. Sei es der Pinochet-Putsch in Chile, Coca-Cola, Vietnam oder der FC Bayern München – zu allem findet man in links-alternativen Buchhandlungen so ein Buch, das aussieht wie am Uni-Kopierer zusammengeschustert. Doch diese Bücher sterben aus wie die soziale Bewegung, aus der sie kommen. Der Mainstream kauft im Bahnhofsbuchhandel derweil lieber Taschenbücher von *Spiegel*-Enthüllungsjournalisten mit alarmierenden Titeln wie *Die Pharma-Verschwörung*, *Die bittere Pille. Wie die Pharmaindustrie uns krank macht* oder *Pillendreher – Die geheime Macht der Pharmalobby*. Aber soll ein integrativer Kindergarten deswegen eine 25.000-Euro-Spende ausschlagen, die übrigens nur ein Bruchteil eines millionenschweren CSR-Programms unseres Klienten ist, und ich nicht dafür sorgen, dass ein Foto von der Scheckübergabe in der Zeitung abgedruckt wird? Das Lachen der Kinder, die jetzt mit ihrem Rollstuhl barrierefrei direkt in den Sandkasten fahren können, spricht für mich eine klare Sprache.

Seit der Scheckübergabe betont mein Vater bei jeder Gelegenheit, was für einen ehrlichen Job mein Bruder doch macht, indem er Autos zusammenschraubt und das Felgendesign optimiert. Ich könnte erwähnen, dass er für eine Firma arbeitet, die ausschließlich Autos ab 15 Litern herstellt und gerade einen Rüstungsauftrag an Land gezogen hat. Aber ich beiße mir auf die Zunge. Denn mein Bruder lächelt dann immer so selig, und ich gönne ihm das gute Gefühl von Herzen.

Meine Mutter schiebt mir einen zusammengefalteten Zettel über den Tisch. An der charakteristischen Blaufärbung erkenne ich sofort den Rezeptblock meines Vaters. »Habe die Unterschrift gefälscht«, grinst meine Mutter. Ich entfalte den Zettel und werfe einen Blick auf den Wirkstoff und die Packungsgröße. Es sind andere Tabletten als die, die ich sonst nehme, und auch die Dosierung scheint mir höher, aber ich sage nichts. Sie wird schon die richtige Wahl getroffen haben, denke ich, denn Mütter wissen ja immer, was gut ist für ihre

Kinder. Ich hole mein Portemonnaie hervor und stecke den Zettel zu den Geldscheinen. »Danke«, sage ich und versuche meine Stimme zugleich verbindlich und gleichgültig klingen zu lassen, denn ich will zwar meine Dankbarkeit zum Ausdruck bringen, aber nicht wie ein Abhängiger wirken. »Hast du jemanden zum Reden?«, fragt meine Mutter. In diesem Moment bricht sich die Sonne so schön in ihrem Latte-Macchiato-Glas, dass ich mir gar nicht mehr vorstellen kann, jemals bedrückt gewesen zu sein. Ich fühle mich ungewöhnlich klar und für alles Kommende gewappnet. Kurz erwäge ich sogar, das Rezept demonstrativ zu zerreißen, aber der Aufwand, irgendwie ein neues zu besorgen, wäre dann doch etwas übertrieben für den kleinen Effekt. »Es ist nur wegen meiner Flugangst«, sage ich stattdessen. »Sonst geht es mir eins a.« Ich hebe beide Daumen nach oben. Mama nickt. Ich stehe auf und gebe ihr einen Kuss auf die Wange, was ich sonst nie tue. Wahrscheinlich denkt sie jetzt, ich bringe mich heute Abend um.

27

Abends sitze ich allein in der Wohnung. Im fahlen Schein des Smartphone-Displays stehen zwei Plastiktüten mit dem Aufdruck eines Thai-Restaurants auf dem Küchentisch. Ich löffele die kalten Nudeln aus dem Karton, der sich mit Sojasoße vollgesogen hat. Die beigelegten Holzstäbchen liegen zerbrochen auf dem Tisch, denn am Feierabend pfeife ich auf landestypische Gepflogenheiten.

Marina hat noch nicht zurückgerufen. Ich habe keine neuen Nachrichten. Die wichtigsten News-Seiten habe ich schon durch. Alle Updates sind heruntergeladen. Ich klicke mich durch meine Apps. Bubbleshooter habe ich deinstalliert, weil ich alles erreicht habe, was es zu erreichen gab. Ich vermisse das Eichhörnchen mit seinen lustigen Saltos. An seine Stelle ist ein aseptisches Kartenspiel getreten, in dem es darum geht, mit einer Reihe von Buben den König zu schlagen. Ich habe die Regeln aber noch nicht ganz verstanden.

Um meinen Muskeln eine adäquate Regenerationszeit zu ermöglichen, sollte ich heute nicht mehr trainieren. Trotzdem rufe ich nacheinander die Liegestützen- und die Jogging-App auf, um meine Bestwerte anzusehen. Aus Langeweile öffne ich die Voices of Birds-App. Automatisch wird der zuletzt angesehene Vogel angezeigt, der Grünfischer. Ich lasse seinen Ruf ein paarmal durch die Wohnung hallen. Aber diesmal antwortet er nicht.

Ich lese noch einmal die Beschwerdemail eines Wirtschaftswissenschaftlers, dem offenbar in letzter Minute für das Vortragspanel, mit dem wir den Deutschen Nachhaltigkeitstag wissenschaftlich aufwerten, abgesagt wurde. Doch selbst die wüsten Beschimpfungen in der Mail können mich nicht richtig aufmuntern. Ich leite sie kommentarlos an Christina weiter, denn ich bin ja von der inhaltlichen Planung der Konferenz entbunden worden.

Ich klicke mich durch die Bilder auf meinem Smartphone. Irgendwann gelange ich zu einer Reihe alter Fotos, die noch von meinem vorherigen Handy stammen, aber durch die automatische Synchronisation auf die Speicherkarte gelangt sein müssen. Eine Serie von Fotos zeigt Marina mit rot geblitzten Augen an einem nächtlichen Strand. Der Autoschlüssel war ihr aus der Rocktasche gefallen, und damit sie ihn suchen konnte, musste ich im Sekundentakt Bilder mit Blitz schießen. Ich schaue mir die Fotos eins nach dem anderen an. Marina im Sand kniend. Marina, den Sand mit den Händen durchkämmend. Marina, der Sand rinnt wie bei einem Goldsucher durch ihre gespreizten Finger. Marina, den Schlüssel triumphierend hochreckend. Es sind bestimmt über 30 Bilder. Ich beschließe, die Serie bei nächster Gelegenheit auszudrucken und ihr ohne besonderen Anlass zu schenken.

Ich schreibe dem Praktikanten eine Nachricht und frage, ob wir eine Revanche auf dem 24-Stunden-Platz spielen wollen, aber er antwortet nicht. Jens traue ich mich gar nicht erst zu fragen. »Was machst du? Einen trinken und über heute Morgen reden?«, schreibe ich Christoph, dann rufe ich Christinas Instagram-Account auf. *Karma is only a bitch if you are* steht als Motto unter ihrem Usernamen. Die aktuellsten Fotos zeigen sie in einer pinken Laufhose, in dem schulterfreien

Abendkleid, in einer ganzen Reihe von Bikinis. Dazwischen immer wieder Fotos von Cocktails mit Farbverlauf, sorgfältig inszenierte Rohkost mit der Unterschrift *#lowcarbdiet* und Bilder von esoterischen Texten: *If you think adventure is dangerous, try routine. It's lethal.* Weiter unten auf der Seite finde ich ein Bild von ihr und Jens im gleichen Restaurant, das er auch schon mit Marina besucht hat.

Ich ziehe Schneiders Visitenkarte, die mir der Rezeptionist im Grand Oberoi beim Auschecken widerwillig ausgehändigt hat, aus meinem Geldbeutel. »Falls du es dir noch anders überlegst …«, steht in seiner geschwungenen Handschrift auf der Rückseite. Ich aktiviere die Rufnummernunterdrückung und wähle die notierte Handynummer, doch Schneider nimmt nicht ab. Ich versuche es noch ein paarmal, ohne Erfolg. Ich tippe seine Bürodurchwahl ein, die ich immer noch auswendig kann. Eine mechanische Frauenstimme ertönt: »Dieser Anschluss ist nicht mehr aktiv. Sie werden in Kürze mit der Pforte verbunden.« Ich lege schnell auf. Egal. Bei meinem Glück sitzt Schneider eh gerade mit Dr. Mou zusammen und geht Juanas Krankenakte durch.

Ich stelle die übrig gebliebene Aluschale Nr. 22, Reis mit Tofu, in den Kühlschrank. An der Kühlschranktür klebt schon wieder ein neues Babyfoto. Oskar sieht ziemlich aufgedunsen und blass aus, ich gratuliere aber natürlich trotzdem herzlich. Ich schütte stilles Wasser in ein Highball-Glas und proste ihm zu. Normalerweise würden Marina und ich jetzt vielleicht ein bisschen im TV herumzappen oder ein paar Runden Backgammon spielen, bis einer von uns sauer wird, weil er immer verliert, doch wenn ich ehrlich bin, machen wir das schon lange nicht mehr.

Obwohl ich wenig Lust zum Rauchen habe, suche ich in

Marinas Schubladen nach Zigaretten. Dabei gebe ich mir Mühe, weder ihre Höschen und Socken noch Kontoauszüge oder Vorlesungsmitschriften offensichtlich durcheinanderzubringen. Ich finde eine Schachtel Gauloises in einer Schublade mit Bürokram, suche aber trotzdem weiter, auch wenn ich nicht weiß, nach was genau.

Ich gehe durch die Wohnung und schalte alle Lichter an. Ich kontrolliere, ob ich die Tür abgeschlossen habe. Ich rauche eine der Zigaretten auf der Toilette. Ich schaue nach, ob Christoph geantwortet hat, und fange eine Nachricht an Christina an, schicke sie aber nicht ab. Ich blicke aus dem Fenster nach unten zum Bioladen, aber der hat natürlich schon geschlossen, die Markise ist eingefahren, nur das kalte Licht der Tiefkühltruhe erleuchtet das Schaufenster.

»Wie war der Vortrag?«, schreibe ich Marina. Es dauert nur ein paar Sekunden, dann schickt Marina mir kommentarlos einen Link. Ich tippe die Adresse in meinen Laptop und gelange auf eins dieser Wissenschaftsportale, die neben allen möglichen Abstracts und Publikationen auch Videopodcasts wissenschaftlicher Veranstaltungen anbieten. Ich klicke auf den Play-Button hinter Marinas Namen. Zunächst sieht man nur das leere Rednerpult, dahinter eine Projektion mit dem Titel des Vortrags: »Chances and risks of establishing new rites of sustainability in subsaharan nomadic tribes.« Dann ertönt übersteuertes Klatschen, und Marina tritt hinter das Pult. Ihr Dekolleté ist übersät mit roten Flecken. Sie klickt verunsichert auf eine Funkmaus, und die erste Folie erscheint. Marina ruckelt das Mikrofon auf ihre Höhe. Dabei ertönt eine Rückkopplung, und sie schreckt leicht zurück, gibt sich dann mit der suboptimalen Mikro-Position zufrieden. »Hallo. Kann man mich verstehen?« Marina blickt fragend ins Publikum.

»Sehr geehrte Damen und Herren, sehr geehrte Kolleginnen und Kollegen, die Perspektive der Ethnologie auf die Riten zentralafrikanischer Kulturen als identitätsstiftende Handlungen sind von jeher tief in einem postcolonial bias befangen ...« Nach einer Minute stoppt das Video, und die Paywall wird eingeblendet. Ich bezahle die Jahresgebühr per Kreditkarte und schaue mir den Rest des Videos an, obwohl ich nicht wirklich etwas verstehe. Als der Vortrag für Fragen aus dem Publikum geöffnet wird, ertönt eine kaum hörbare Stimme, und es dauert etwas, bis das Saalmikrofon bei ihr angekommen ist. »Caspar Hugenbrink, Mitarbeiter am Lehrstuhl für angewandte Ethnologie, Viadrina Frankfurt. Ich hätte eine Frage zum Forschungsdesign.« Caspar klingt so affektiert, dass ich ihn sofort in seinem ockerfarbenen Zara-Oberhemd vor mir sehe, wie er sich den Seitenscheitel aus der Stirn streicht und das Mikro wie einen Riesendildo umklammert. Doch die Kamera schwenkt nicht mit, sie ruht weiter auf Marina, die sich nervös Notizen zur Frage macht und immer wieder an ihrem linken Ohr kratzt. »Konstruktivistischer Ansatz hin oder her«, sagt er, »aber können Sie uns auch etwas über die Lebensrealität der Stammesmitglieder sagen? Sind Sie mal selbst vor Ort gewesen?« Er faselt noch weiter von neokolonialer Theoriedistanz, weicher Empirie und einem technizistischen Menschenbild. Marina hustet ins Mikrofon. Ich stoppe das Video und tippe Caspars Namen in die Suchmaschine ein. Ich weiß auch nicht genau, wieso ich das tue, denn ich werde ihm weder eine hasserfüllte E-Mail schreiben noch einen russischen Auftragsmörder im Darkweb engagieren. Ich will lediglich sein Gesicht vor mir sehen und wissen, dass er nur ein erbärmlicher Typ ist, der seine Mutterkomplexe ausagiert. Dann werde ich auf die wunderschöne Marina schauen und meine Muskeln etwas anspannen, und er wird mir gleich wieder etwas leidtun.

Ich versuche noch einmal, Marina anzurufen, aber sie nimmt nicht ab. »Du warst super! Hör nicht auf den!«, schreibe ich. Es dauert lange, bis sie antwortet. »Er hat recht. Ich kann nicht darüber forschen, wenn ich selbst noch nie dort war.« Ich verlasse die Konversation und schaue im Agenturnetzwerk nach, für wann genau die Afrikareise geplant ist. Ich kopiere die Daten und schicke sie Marina. »Komm mit«, schreibe ich. »Wir hängen noch ein paar Tage Safari dran, ein paar Elefanten schießen.« Wieder dauert es lange, bis Marina eine Antwort sendet. »Das haben Michel und Jens auch schon gesagt ...«

»Hallo?« Zuerst höre ich nur die leicht verzerrte Stimme meines Bruders, eine Sekunde später baut sich das Bild auf. Er sitzt vor einer mit Birkenfurnier verkleideten Küchenzeile. Der Kühlschrank glänzt mit den magnetisch an der Wand haftenden Messern um die Wette. »Nicht auf der Piste?«, fragt er. Ich hebe mein Glas, obwohl darin nur Wasser ist. »Selbstverständlich noch nicht«, sage ich. »Vor zwei Uhr kann man sich unmöglich in einem Club sehen lassen.« Mein Bruder hält sein alkoholfreies Bier ins Bild. Seine Augen sehen dabei irgendwie traurig aus. »Und sonst?«, fragt er. »Marina ist auf einem Kongress«, sage ich. Ich nehme einen Schluck aus meinem Glas und tue so, als ob es besonders scharfer Wodka wäre.

»Du bist nicht zu Papas Geburtstag gekommen«, sagt mein Bruder. Ich zucke gleichgültig mit den Schultern. »Musste arbeiten.« – »Lass mich raten ...« Mein Bruder legt seinen Zeigefinger an die Nase, als würde er grübeln. »In den Nachrichten waren ein Grubenunglück in Peru, ein Fabrikeinsturz in Indien und der Bürgerkrieg im Kongo. Ich tippe auf Afrika.«

»Falsch«, sage ich und grinse. »Aber dein Vertrauen ehrt mich.«

»Ist Julian da?«, frage ich, weil ich glaube, sein Gebrabbel im Hintergrund gehört zu haben. Mein Bruder dreht den Laptop um 180 Grad. Julian sitzt in einem Kinderstuhl und winkt mir begeistert zu. Um seinen Hals hängt ein Lätzchen mit einer Zeichentrickfigur darauf. Obwohl es ein Klischee ist, glaube ich, dass er schon wieder gewachsen ist. Ich winke zurück und strecke ihm die Zunge heraus. Julian lacht. Hinter ihm steht Daniela in einem hässlichen Ringeltop und starrt, ohne eine Miene zu verziehen, in die Kamera. Ihre nackten Oberarme sind durch einen T-Shirt-Abdruck geteilt. »Hallo, Daniela«, sage ich. »Wart ihr gerade im Urlaub?« Meine Stimme ist übertrieben freundlich. In dem kleinen Fenster, in dem mir mein eigenes Bild angezeigt wird, klebt das Lächeln in meinem Gesicht.

»Ich lag nur ein paar Stunden im Garten. Ich werde einfach so unglaublich schnell braun«, sagt Daniela und reibt sich über die Unterarme. Daniela kann sich diese selbstgefällige Art eigentlich nicht leisten. Sie ist zwar nicht direkt dick, aber man hat ständig das ungute Gefühl, dass ihre Körperteile nicht proportional zueinander gewachsen sind. Ihre Beine beispielsweise sind ziemlich dünn, stecken aber in einem Unterleib von den Ausmaßen eines Waschbeckens. Von ihren Armen ganz zu schweigen, die beim Gehen wie bei einem Menschenaffen fast über den Boden schleifen.

Mein Bruder legt seinen Arm um ihre Schultern, sodass ich jetzt ein astreines Familienfoto auf dem Bildschirm habe. Ich mache aber trotzdem keinen Screenshot, um ihn an Weihnachten zu verschenken. »Hör zu«, sagt mein Bruder. »Kannst du Ende des Monats mal auf Julian aufpassen? Wir wollen ein Wochenende an die Ostsee. Ein bisschen Wellness.« Ich lese sofort die Handschrift meiner Mutter in dieser Bitte. Nach ihrer Logik hilft es, Verantwortung für andere zu übernehmen, um die eigenen Probleme in den Griff zu kriegen. Schon früher hat sie diese Philosophie eingesetzt, wenn sie das Gefühl hatte, mein Leben gerät aus den Fugen. Als ich das erste Mal von einem Eimer Sangria in den Vorgarten gekotzt habe, übertrug sie mir die wöchentliche Einkaufstour mit meiner Oma. Nach dem ersten Joint durfte ich sie dann durch den Park der Seniorenresidenz schieben und anschließend mit ihren Mitbewohnern Kniffel spielen.

»Klar«, sage ich, obwohl ich eigentlich keine Lust habe, weiterhin Opfer der Erziehungsmaßnahmen meiner Mutter zu werden. Doch Julian kann nur davon profitieren, mal unter andere Leute zu kommen. Vielleicht gehe ich mit ihm das erste Mal zu McDonald's oder kaufe ihm noch einen Bagger. Außerdem sind Männer mit Kleinkindern ja ein erprobtes TV-Liebeskomödien-Konzept, das ich schon immer mal ausprobieren wollte.

»Super«, sagt mein Bruder. »Super!«, sage ich und mache Julian eine lange Nase. An Danielas Blick sehe ich, gegen wie viel Widerstand mein Bruder diese Anfrage durchgedrückt hat. Ich bin in diesem Moment sehr gerührt. »Wann soll ich ihn abholen?«, frage ich. »Wir bringen ihn auf dem Weg vorbei«, sagt mein Bruder. »Tschüss, Juli, tschüss, Daniela«, rufe ich ins Mikro und drücke die rote Taste.

Ich stelle meinen Avatar auf unsichtbar, dann starte ich die Pilotfolge einer amerikanischen Serie, in der laut Teaser ein Politiker an seinem unstillbaren Hunger nach Macht und Geld zugrunde geht.

28

Auf die Hauswand des LUCIA hat jemand den Satz *I saw the brightest minds of my generation …* gesprüht. Ich denke kurz darüber nach, wie ich diesen Satz vollenden würde, und stoße die Glastür zum Restaurant auf. Alle Tische sind voll besetzt. Schlanke, leger gekleidete Kulturschaffende beugen sich über ihre 100%-Bio-Bärlauchsuppen und schlürfen Grünen Veltliner. Die Farben der Saison sind matte Erdtöne, kontrastiert mit Neonfarben. Leichte Sneakers und Blousons dominieren trotz des rauen Wetters den Raum. An der Theke stehen ein paar LOHAs und markieren mit ihrer Outdoor-Funktionskleidung, dass sie schon in den Neunzigern Pioniere des Lifestyle of Health and Sustainability waren, und begutachten die anwesende Bio-Schickeria deshalb ein bisschen von oben herab. Das Licht hat einen leichten Grünstich, als gäbe es irgendwo ein riesiges Aquarium im Raum.

Ich nenne meinen Namen und werde von einem Kellner an unseren Tisch geführt, der sich im hintersten Winkel des Lokals hinter diversen Backsteinsäulen befindet. Es ist zwar kein Toilettenplatz, auf dem einem der Duftstein in die Nase weht, trotzdem überlege ich, ob ich nicht einen Tisch an der Glasfront verlangen sollte. Ich lasse es dann aber, weil ich sehe, dass vor Marina bereits ein Glas Apfelschorle steht und man laut diversen Online-Benimmratgebern solche Wünsche noch vor der ersten Bestellung äußern sollte. Marinas Gesicht wird vom kühlen Licht ihres Smartphones ausgeleuchtet. Ich küsse sie auf den Scheitel und versuche, einen Blick auf das Display zu erhaschen, doch Marina lässt das Handy schnell in ihre Handtasche fallen. Noch bevor ich mich setze, bestelle ich beim Kellner einen Organic Whiskey.

Das LUCIA ist das erste vegetarische und 100%-Bio-Sterne-Restaurant der Stadt. Allerdings betreibt der Koch auch noch andere, herkömmliche Restaurants, sodass ich vermute, dass das Konzept des LUCIA weniger seiner ökologischen Überzeugung geschuldet ist, wie er dem Kunden auf Seite 1 der Speisekarte in einem blumigen Editorial weismachen will, als vielmehr seinem Gespür für die Marktlücke. »Gutes Genießen mit gutem Gewissen«, steht neuerdings in Schreibschrift quer über der Speisekarte. Ich muss fast kotzen, als ich diesen Claim lese. Ich überfliege die Gerichte. Fast jede Zutat ist mit einer Fußnote versehen, die ihre Herkunft nachweist. Alles regional, natürlich, deutsch. Klar ist der Low-Carbon-Lifestyle sehr begrüßenswert, und ich lebe ja auch selbst nach Kräften nach dieser Maxime, finde es aber bedenklich, wie schnell er in eine Blut-und-Boden-Rhetorik umschlagen kann. Kein Wunder, dass Gerüchten zufolge die Hälfte der Biohöfe in Brandenburg in den Händen von Nazis ist. Als ich diese Problematik vor Kurzem mit Patrick diskutiert habe, sagte er, ohne eine Miene zu verziehen: »Ich kaufe lieber von regionalen Nazis als bei südamerikanischen Nationalisten oder kaukasischen Protofaschisten.«

Der Kellner serviert meinen Whiskey und teilt uns mit, dass er heute Basilikum-Tortellini, gefüllt mit Büffelmozzarella und geräucherter Aubergine, empfehlen könne, dazu vielleicht einen Rotwein aus dem Languedoc, Saint-Chinian von 2011. Marina bestellt als Vorspeise ein Artischocken-Carpaccio, als

Hauptspeise Vollkorn-Spaghetti mit Wakame und kandierten Zitronenstücken. Ich wähle die Limetten-Mandel-Gazpacho sowie Kohlrabi-Ravioli mit Cashewkern-Füllung. Ich nehme einen Schluck Whiskey. Er schmeckt nicht besonders gut, weder sind die Pfirsich-, Vanille- oder Karamellaromen besonders ausgeprägt, noch lässt sich sagen, der Malz-Geschmack wäre im Gegenzug besonders intensiv. Nur die charakteristische Rauchnote kaschiert den stechenden Sherrygeschmack ein bisschen. Ich schätze, der Whiskey ist maximal fünf Jahre gereift. Das ist eben der Preis, den man zu zahlen bereit sein muss. Denn vor zwanzig Jahren hat natürlich niemand Bio-Whiskey in Fässern aus nachhaltig abgeholzten Eichen eingekellert, in der puren Hoffnung, dass zwei Dekaden später der Öko-Trend richtig abhebt.

»Hier, habe ich letztens gefunden.« Ich ziehe die Kastanie aus meiner Hosentasche und lege sie auf den Tisch. »Und?«, fragt Marina und gibt der Kastanie einen Spin, sodass sie sich ein paarmal um die eigene Achse dreht. Ich nehme die Kastanie in die Hand und halte sie pathetisch vor mir in die Luft. »Ich musste daran denken, wie ich als Kind immer Figuren daraus gebastelt habe«, sage ich. »Und da habe ich gedacht, dass ich mal wieder Lust darauf hätte.« Marinas Smartphone piepst in ihrer Handtasche. Sie zieht es hervor, grinst, als sie die Nachricht liest, und tippt eine Antwort. Dann lässt sie es zurück in ihre Handtasche gleiten. »Sorry. Was hast du gesagt?«

Marina kippelt ihr Glas hin und her. Erst jetzt fällt mir auf, dass sie zur Vorspeise gar keinen Weißwein bestellt hat wie sonst immer. »Champagner zur Feier des Tages?«, frage ich und rufe den Kellner. »Nein, lass«, sagt sie und wimmelt ihn mit einer Handbewegung wieder ab. Verlegen tariert sie das Besteck auf ihrer Serviette neu aus. Ich weiß auch nicht, wie es kommt, aber plötzlich habe ich so ein warmes Gefühl im Magen und sehe genau vor mir, wie Marina und ich bald auf einem Elefanten in den Sonnenuntergang reiten, dem ich immer wieder ein paar Erdnüsse in den Rüssel stecke, damit er weiterläuft. Ich greife über den Tisch und nehme ihre Hand. Ich betrachte Marina ganz genau, als ich das Flugticket hervorziehe, weil ich auf keinen Fall ihren Gesichtsausdruck verpassen will. Ich lege das Ticket neben ihren Teller und hebe mein Glas. »Auf unsere Reise!« Doch Marinas Züge bleiben unbewegt. »Kannst du stornieren. Der Flug wurde schon über den Thinktank gebucht«, sagt sie und lässt ihre Apfelschorle an meinen Whiskey klirren.

Marina macht ihre Hand los. Sie nestelt ein bisschen in ihrer Tasche herum und hält mir dann ihre geschlossene Hand hin. Sie schaut nach links und rechts, dann öffnet sie ihre Faust. In ihrer Handfläche liegen drei weiße Pillen. Ich lasse mich zurück an die Lehne fallen und klammere mich an mein Glas. »Betablocker«, sagt Marina. »Die will ich heute Abend mal testen.« Sie legt eine Pille neben ihren Teller, die restlichen verstaut sie in ihrem Portemonnaie, so wie ich es auch mit meinen Tranquilizern mache. »Seit wann hast du Herzprobleme?«, frage ich. Marina zieht eine Augenbraue nach oben. »Gegen das Lampenfieber«, sagt sie. »Michel hat mich gefragt, ob ich den Vortrag auf eurem Nachhaltigkeitstag noch einmal halten will.« Ich lasse mein Glas überhart auf die Tischplatte knallen. »Trotz der Kritik?« Marina zuckt mit den Schultern. »Ist ja kein Fachpublikum.« – »Ich wüsste nicht, wo im Programm noch Raum für einen Vortrag wäre«, sage ich und drehe die Kastanie in meiner Hosentasche hin und her. »Es ist wohl ein Redner kurzfristig ausgefallen.« Ich ziehe mein Smartphone hervor und öffne die Beschwerde-Mail des ausgeladenen Wissenschaftlers. »Dieser hier?«, frage ich und halte ihr das Display vors Gesicht. Marina überfliegt die Mail und schaut mich gleichgültig an. »Es ist eine Chance für mich.«

»Wo hast du die Pillen überhaupt her?«, frage ich, denn Marina ist normalerweise überhaupt nicht der Typ, der die eigene Leistungsfähigkeit chemisch optimiert. Wenn ich genau darüber nachdenke, ich aber auch nicht. Ich optimiere nur meine Leidensfähigkeit. »Die sind von Jens«, sagt Marina. »Deine Kontakte sind ja derzeit eingeschlafen.« Ich nehme die Pille vom Tisch und lege sie mir auf die ausgestreckte Zunge. »Schluckst du jetzt alles?«, fragt Marina wütend. Sie beugt sich über den Tisch und nimmt die Pille mit spitzen Fingern wieder von meiner Zunge. Der chemische Geschmack bleibt auf meinen Geschmacksknospen zurück. Marina spült die Tablette mit einem Schluck Apfelschorle runter. »Du musst das mal in den Griff kriegen«, sagt sie mit leiser Stimme.

Nach einer langen Pause, in der wir still unsere Teller leeren, sagt Marina: »Ich habe übrigens Schneider getroffen.« Ich lasse mein Besteck auf den Teller klirren. »Wann?«, frage ich geschockt. »Gestern, im Biomarkt. Er war total braun gebrannt. Ist gerade aus Südamerika wiedergekommen.« Mir wird schlagartig übel. Ich starre Marina an. »Er wollte wissen, wie es dir geht.« – »Was hast du gesagt?«, frage ich. »Ich habe gesagt, dein Bizeps wächst jede Woche.« Ich lache laut auf, aber es klingt überhaupt nicht überzeugend. »Er schien besorgt um dich«, sagt Marina. »Hat er was zu Indien gesagt?«, frage ich. Sie schüttelt den Kopf. »Wir haben hauptsächlich über meinen Job im Thinktank gesprochen. Ich habe ihn auch gleich zu meinem Vortrag eingeladen.«

Ich stolpere in die Toilette und würge Whiskey und Ravioli in die Schüssel. In der Kabine nebenan höre ich so ein blödes, aufgekratztes Kichern und Schnupfgeräusche. Ich betätige die Spülung und verlasse die Kabine. Der Seifenspender am Waschbecken ist leer. Papierhandtücher gibt es auch keine mehr. Ich betrachte mich im Spiegel. An meinem Hals sind kleine Rötungen zu erkennen, wo ich mir die Barthaare samt Follikel ausgerupft habe. Auch jetzt zupft meine Hand an den Stoppeln herum, ohne dass ich sie bewusst lenke. Ich weiß gar nicht, wie es passiert, aber plötzlich werde ich wahnsinnig aggressiv und hämmere mit der Faust an die Kabinentür. »Das ist doch hoffentlich alles Bio, ihr Arschlöcher!«, schreie ich und meine Stimme überschlägt sich dabei. Ich rüttele wild an der Klinke und ramme meine Schulter gegen das Holz. Wieder erklingt das aufgekratzte Lachen aus der Kabine. Ich schlage noch ein paarmal mit der flachen Hand an die Tür, dann gehe ich zurück zum Waschbecken und spritze mir etwas Wasser ins Gesicht.

Die Kabinentür öffnet sich, und zwei Typen kommen heraus. Der eine ist so ein langhaariger Journalist in einer schwarzen Lederjacke, der andere trägt einen dunkelblauen Nadelstreifenanzug von Sandro. »Total bio, klar«, sagt der Journalist und schiebt sich an mir vorbei. Als die Tür zugefallen ist, laufe ich in die Kabine und fahre mit dem Zeigefinger über die gekachelte Ablage hinter dem Spülkasten. Eine dünne weiße Spur bleibt an meiner Haut kleben. Erst muss ich mich etwas überwinden, doch dann schmiere ich mir die Paste schnell ins Zahnfleisch.

»Ist das nicht …«, sagt Marina, als ich mich wieder gesetzt habe, und deutet mit dem Kopf Richtung Eingang. Christoph steht mit einer brünetten Frau am Tresen und trinkt Champagner. Er wirkt vollkommen gelöst, nicht die geringsten Anzeichen von Selbstzweifeln sind mehr zu sehen. Als die Frau sich zur Seite dreht, erkenne ich, dass es Ronja ist. In ihrem Kostüm – aus der Ferne tippe ich auf die Conscious-Clothing-Linie irgendeiner großen Kaufhauskette – und ganz ohne Regenjacke hätte ich sie fast nicht wiedererkannt. Die beiden werden an einen Tisch in der Mitte des Raumes gesetzt, der von einer Säule verdeckt wird. »Wer ist das?«, fragt Marina. Ich zucke mit den Schultern. »Journalistin. Haben wir in Indien kennengelernt.« – »Hübsch«, sagt Marina. »Sollen wir nicht mal Hallo sagen?« Ich schüttele den Kopf und starre auf meinen Teller. »Keine Lust auf den«, sage ich abfällig. »Jens meint immer, ihr seid wie Brüder.« Ich leere den Whiskey auf Ex. »Wie Kain und Abel vielleicht«, sage ich und winke dem Kellner mit dem Glas.

Beim Rausgehen laufen wir dann doch direkt an Christophs Tisch vorbei. Ich klopfe auf die unlackierte Holzplatte, damit sich niemand bemüht aufzustehen. Christoph springt vor Schreck halb auf, doch ich lege schnell meine Hand auf seine Schulter und drücke ihn sanft zurück auf den Stuhl. »Wir wollen gar nicht lange stören«, sage ich. Ronja sieht mich verschreckt an. Sie trägt dunklen Lippenstift, der so unbeholfen aufgetragen ist, dass es schon wieder süß aussieht. Ihre runden Wangen glühen im Licht der Bienenwachskerze. Vor Christoph steht ein Teller mit Zucchini Rollen, gefüllt mit Avocado-Basilikum-Creme, Ronja isst glasiertes Tempeh an Ingwer und Shiro Miso, das ich auch um ein Haar bestellt hätte. Gemeinsam haben die beiden bereits eine Flasche Champagner geleert. Sie sind offenbar noch sehr nervös beim zweiten

Date. »Gibt's was zu feiern?«, frage ich und nehme die Flasche aus dem Kühler, wobei ich mir keine Mühe gebe, das Wasser nicht auf ihr Essen zu spritzen. Es ist ein Canard-Duchêne Léonie Green von 2012. Würde ja zu gern wissen, wie er ihr beigebracht hat, wo er tatsächlich arbeitet.

»Wusste nicht, dass deine Recherche schon beendet ist«, sage ich zu Ronja. »Ist sie auch nicht«, antwortet sie und versucht, dabei möglichst hart zu klingen, doch sie presst die Vokale zu sehr, als dass ich sie wirklich ernst nehmen könnte. Auf dem Tisch liegt ein Tablet, was das Bild des Romantik-Dinners etwas trübt. »Oh, das neue iPad«, rufe ich begeistert. Bevor Ronja oder Christoph es vom Tisch nehmen können, drücke ich auf die Starttaste und der Bildschirm leuchtet auf. Ein verpixeltes Videostill erscheint, der Pause-Button liegt großformatig über dem Bild. Am Timecode oben links erkenne ich, dass es sich um das Video einer Überwachungskamera handeln muss. Ich will gerade auf Play drücken, da reißt Ronja mir das Tablet unter der Hand weg und lässt es in ihrer Handtasche verschwinden.

»Der Whiskey schmeckt objektiv nicht. Eindeutig zu jung. Zu wenig Karamellaroma, zu viel Torf«, sage ich zu Christoph. »Viel Spaß noch bei eurem kleinen Meeting.« Ich lege meine Hand um Marinas Schultern und bugsiere sie durch die Tische zum Ausgang, natürlich nicht ohne ein paar Werber mit dem Ellbogen anzurempeln.

29

Die Türen der U-Bahn gleiten auf, und ich sprinte los, so gut es mein Wintermantel zulässt. »Können Sie mir helfen?«, ruft mir eine junge Frau entgegen, die mit ihrem Kinderwagen am Fuße der Treppe steht. Ich will gerade kommentarlos an ihr vorbeilaufen, da sehe ich, dass es die süße Verkäuferin aus dem Bioladen ist. »Oh, hallo«, sagt sie, als sie mich erkennt, und für einen Moment stehen wir unschlüssig da, ob wir uns die Hand geben oder doch lieber umarmen sollten. »Dein Kind?«, frage ich. Sie wird ganz rot und nickt verlegen, als hätte ich sie bei irgendwas ertappt. Tatsächlich bin ich etwas enttäuscht, meinen Traum von einer gemeinsamen Tochter mit roten Apfelbäckchen begraben zu müssen. Ich beuge mich tief über den Kinderwagen. Dabei fällt mir auf, dass an der Seite des Wagens ein aufgerolltes Transparent befestigt ist und das Baby einen Anti-Atomkraft-Button an seinem Mützchen trägt. »Wen haben wir denn da!«, sage ich und kraule mit dem Zeigefinger über die Wange des Kindes, das sofort panisch zu schreien beginnt. Schlauer Junge. *Know your enemy.*

Während wir gemeinsam den Wagen die Treppe hinauftragen, mustert die Verkäuferin meinen teuren Wollmantel und die extraschlanke Krawatte. »Gehen Sie auch zur Demo?«, fragt sie misstrauisch. »Nein, leider nicht. Ich muss arbeiten«, sage ich in neutralem Ton, denn ich will die Stimmung nicht ruinieren. »Wogegen demonstrieren Sie denn?« – »Gegen den

Ausverkauf der Uni an die Privatwirtschaft. Ständig haben wir diese Kongresse. Und keiner von der Verwaltung schaut auf den Hintergrund der Unternehmen …« Ich stöhne auf und stelle den Kinderwagen mitten auf der Treppe ab. Entgegen der Gepflogenheit, solche Veranstaltungen in gut abgeschirmten Tagungshotels oder Stadthallen zu veranstalten, nutzen wir diesmal einen repräsentativen Vorlesungssaal, den uns die Universität freundlicherweise im Rahmen einer Public-Private-Partnership zur Verfügung stellt. Nach der Prüfung aller Optionen erschien uns die gläserne Außenhülle des Gebäudes am besten geeignet, die im Zentrum des Nachhaltigkeitstages stehende Transparenz architektonisch zu übersetzen. Eine gewisse Rolle spielte vielleicht auch, dass der Hörsaal nach einem Automobilkonzern und langjährigen Klienten der Agentur benannt ist, welcher den positiven Imagetransfer selbstverständlich gerne mitnimmt. Ich zucke mit den Schultern. »56 Konzerne verpflichten sich zu mehr Umweltschutz«, sage ich. »Was ist daran falsch?« Die Züge der Verkäuferin verhärten sich, und auf einmal sieht es aus, als hätte man ihr sämtliche Sommersprossen aus dem Gesicht gewischt. Ohne auf ihre Antwort zu warten, hebe ich den Kinderwagen wieder an. Als wir oben angekommen sind, greife ich in meine Tasche und streue eine Handvoll grüne Luftballons in den Kinderwagen. Ich rücke meinen Mantel zurecht, dann verlasse ich wortlos die Bahnstation.

Ich nähere mich den Absperrgittern, die um das ganze Gebäude aufgestellt worden sind. Ein paar Polizisten patrouillieren in Schutzkleidung, die Helme unter ihre Arme geklemmt. Die Trillerpfeifen der Aktivisten sind kaum zu hören, die selbst gemalten Transparente lehnen klamm an den Straßenlaternen. Unser Banner dagegen, auf das die Logos der teilnehmenden Firmen gedruckt sind, bläht sich stolz im Wind. Ich passiere die Gitter und wedele mit meinem Ausweis in Richtung der Polizisten, doch niemand scheint sich besonders dafür zu interessieren. Die Beamten sind gerade damit beschäftigt, das Kennzeichen des öffentlich-rechtlichen Übertragungswagens aufzunehmen, der auf dem Behindertenparkplatz gleich neben dem Eingang steht.

Ich trete durch die automatischen Schiebetüren, an denen Angestellte einer privaten Security-Firma postiert sind, die alle die gleichen schwarzen Polyesteranzüge tragen. Für meinen Geschmack sehen sie deutlich zu harmlos aus, aber klar, wir sind hier schließlich nur zu Gast. Und innerhalb des Gebäudes ist keine Polizeipräsenz erwünscht, denn erstens beißt sich das Olivgrün der Kampfanzüge mit dem leuchtenden Grün im Corporate Design des Nachhaltigkeitstages, und zweitens sind Cops immer scheiße für die Fernsehbilder. Wer Bullen benötigt, ist im Unrecht, das lernt man schon im ersten Semester jedes PR-Studiengangs.

Flankiert von zwei Hostessen kontrolliert Christina den Einlass. Hunderte von Namensschildern liegen auf dem Tisch vor ihr. Sie hat ihre Haare streng nach hinten gebunden und trägt eine eckige Brille mit dünnem, schwarzen Rahmen. »Schöne Brille«, sage ich. Ohne eine Miene zu verziehen, tippt sie mit der Rückseite eines Kugelschreibers auf ihrem Tablet herum. Dann greift sie unter den Tisch und reicht mir ein Funkgerät. »Kanäle 5 und 6 sind aktiviert, Catering und Security. Zum Sprechen den roten Knopf drücken«, sagt sie. »Wann ist Teambriefing?«, frage ich. »Vor einer halben Stunde.« Christina lächelt mich zuckersüß an. »Dein Namensschild findest du selbst, nehme ich an.«

Ich klemme das Funkgerät an meinen Gürtel und ziehe das weiße Kabel innen durch mein Hemd. Über einen Bügel befestige ich den Lautsprecher in meinem Ohr, genau wie bei einem Geheimagenten. Ich schalte Kanal 6 ein und höre den Security-Männern zu, die sich über den heutigen Bundesliga-Spieltag unterhalten. Nach ein paar Sekunden drehe ich den Ton ab. Den Catering-Kanal probiere ich gar nicht erst aus.

Überall im Foyer sind grüne Luftballons aus biologisch abbaubarem Material angebunden, auf die unser Hashtag *#besserleben* gedruckt ist. In den Einkaufszonen aller deutschen Großstädte werden heute diese Ballons verteilt, und auch wir werden nachher eine ganze Armada von ihnen in den Himmel steigen lassen. Unter *#besserleben* haben wir die Bürgerinnen und Bürger in den Sozialen Netzwerken dazu aufgefordert, ihre eigenen Nachhaltigkeitstipps für den Alltag einzuspeisen. Die Beiträge werden per Beamer über den Haupteingang zum Vorlesungssaal projiziert. Bisher ist noch nicht besonders viel in den Netzwerken los, deshalb erscheinen gerade im Minutentakt die Tipps, die wir vor ein paar Wochen vorproduziert haben. Von einem Fake-Account schicke ich einen Tweet ab: »Bio ist für mich Abfall #besserleben«. Ein paar Sekunden später erscheint er tatsächlich auf der Projektion, und ein Raunen geht durch ein Grüppchen, das gerade vor der Wand steht und mitliest.

Langsam tröpfeln die Vertreter der nachhaltigsten Gemeinden Deutschlands ein, die wir für ein langes Wochenende hierher eingeladen haben. Jeder von ihnen erhält am Eingang als kleines Willkommensgeschenk einen hochwertigen Jutebeutel, in dem Blumensamen, noch mehr Luftballons, ein kleiner vegetarischer Snack sowie Informationsmaterial über das »Earth+«-Programm enthalten sind. Die Beutel erleichtern die Identifizierung der Gemeindevertreter, doch auch ohne könnte ich sie zweifelsfrei unter den anderen Gästen ausmachen. In ihren mittelpreisigen Anzügen und Kostümchen streunen sie in Gruppen wie auf einer Klassenfahrt durch das Foyer und recken die Köpfe ab und zu nach oben zur Decke, obwohl dort überhaupt nichts zu sehen ist. Sie fiebern schon alle der Verleihung des SustainableMind-Preises am Abend entgegen, bei dem neben Auszeichnungen in den Kategorien Journalismus, Wirtschaft und Kunst eine der Gemeinden 100.000 Euro für die Verwirklichung eines nachhaltigen Projekts erhält. Vorher sind aber noch wissenschaftliche Denkanstöße zu absolvieren und natürlich das eigentliche Herzstück: die Präsentation von »Earth+«. Schließlich ist das der Grund, warum wir das ganze Brimborium überhaupt veranstalten. Bis es so weit ist, werden unsere Gäste mit vegetarischen Häppchen und Bio-Schampus bei Laune gehalten – und alle dürfen sich ein bisschen so fühlen, als würden sie heute die Welt retten. Aber ich habe eine wichtige Nachricht für euch: Es gibt kein richtiges Leben im falschen, ihr Opfer.

An den Längsseiten des Foyers sind lange Tischreihen mit blütenweißen Tischdecken platziert. Ich gehe zum Buffet an der Ostseite, da sich dort die Sonnenstrahlen schöner in der Glaswand des Gebäudes brechen. Unter den silbernen Wannen brennen kleine Gasflammen. Die Champagnergläser stehen in Form eines großen Plus auf dem Tisch. Ich nehme ein Glas und halte es der nächstbesten Servicekraft hin. Die Hostess holt eine Flasche aus der Kühlbox und knibbelt die Metallumhüllung vom Flaschenkopf, obwohl an ihrem Gürtel ein Kellnermesser baumelt. In ihrem naturblonden Haar sind einzelne Dreadlocks zu sehen. Ich bin immer davon ausgegangen, dass Caterer Wert auf ein gepflegtes Äußeres legen, aber womöglich sind die Betreiber eines vegetarischen Service da liberaler.

Nach zwei Gläsern Champagner versuche ich meinen Praktikanten auf dem Handy zu erreichen, um mich über die Auswahl des Catering-Services zu beschweren. Doch er geht nicht dran. Um beschäftigt zu wirken, spreche ich trotzdem ein bisschen in mein Smartphone und laufe mit klackenden Sohlen durch das Foyer, wie ich es heute schon bei anderen Agenturmitarbeitern gesehen habe, die offensichtlich alle irgendwelche wichtigen Aufgaben haben. In diesem Moment tritt Ronja durch die Schiebetüren. Sie trägt wieder die gelbe Regenjacke, und ihre Haare sind ganz zerzaust vom Wind. Während Christina ihren Namen im Tablet sucht, streicht Ronja sich die Haare hinter die Ohren, wie sie es schon in Indien getan hat. Christina wischt noch ein paarmal über den Touchscreen, dann schüttelt sie den Kopf. Ronja holt ihren Journalistenausweis hervor und deutet auf den bärtigen Mann, der ihre Kameratasche trägt, doch Christina zuckt nur desinteressiert mit den Schultern und widmet sich den nächsten Gästen.

Als einer der Securitymänner Ronja sanft am Arm fasst und sie nach draußen geleiten will, mischt sich auf einmal der Kameramann ein. Erst erkenne ich ihn gar nicht, denn sein tief gebräuntes Gesicht ist von einem dichten Bart bedeckt. Doch es ist zweifellos Schneider, der jetzt original aussieht wie Robinson Crusoe. Fuck. Ich nehme ein Champagnerglas von einem der herumgehenden Kellner, trinke es aus und stelle es ihm gleich wieder aufs Tablett. Schneider beginnt eine lautstarke Diskussion, in der er garantiert nur leere 68er-Phrasen über Pressefreiheit oder so was aneinanderreiht. Aber die Leute drehen sich zu ihm um, und für einen Moment sieht es aus, als gäbe es jetzt einen richtigen Skandal. Christina spricht kurz in ihr Funkgerät und legt dann zerknirscht ein Blankoschild in den Drucker.

Nachdem auch Schneider sein Schildchen erhalten hat, schlendern Ronja und er in die Eingangshalle. Ich ducke mich schnell hinter einen Kellner und sehe gerade noch, wie sie zwei Gläser Champagner von einem Tablett nehmen und anstoßen. Auf die Pressefreiheit! Ich breche zwei der Tranquilizer, die ich für Mamas gefälschtes Rezept bekommen habe, aus der Hülle und schlucke sie trocken herunter.

Ich gehe nach oben auf die Balustrade, von wo man durch die Glasfront auf den Vorplatz blicken kann. Eine Kette von Polizisten sichert jetzt die Absperrgitter. Dahinter stehen vielleicht 200 Aktivisten und heben rhythmisch ihre Transparente in die Luft. Gar nicht so übel für eine Uni mit ungefähr 12.000 Studenten. Ich stütze mich auf das Geländer, denn auf einmal wird mir ein bisschen schwindelig. Ich versuche die süße Verkäuferin unter den Aktivisten auszumachen, aber meine Sicht verschwimmt, als würden die Fensterscheiben langsam zu Milchglas werden. Unten im Foyer sehe ich, wie Christina Marina ihr Namensschild aushändigt, aber es ist offensichtlich, dass sie ihr den Anstecker am liebsten durch den Brustkorb rammen würde. Ich schwitze. Das aluminiumfreie Antitranspirant versagt.

Ich laufe einen Gang entlang, von dem Türen zu Technikräumen und Abstellkammern führen. Durch ein Fenster kann man von oben in den Vorlesungssaal blicken. Auf dem Rednerpult stehen schon die Mineralwasserflaschen, alle Sitzplätze sind mit grünen Filzkissen belegt, in die das »Earth+«-Logo geprägt ist. Die Beamerprojektion heißt alle willkommen zum »1. Deutschen Nachhaltigkeitstag«, dort wird gleich die Videobotschaft des Bundespräsidenten laufen, der immer für Projekte mit positivem Impact zu haben ist und freundlicherweise die Schirmherrschaft übernommen hat. Die Gäste strömen in den Saal und besetzen zuerst die mittleren Sitzreihen, die meisten noch mit einem vollen Glas Champagner in der Hand.

Weiter vorne im Gang sehe ich meinen Praktikanten aus einer Tür treten. »Hey!« Ich stolpere auf ihn zu und packe ihn an der Schulter. »Das Catering ist eine Katastrophe!«, sage ich, aber die Worte quellen merkwürdig undeutlich aus meinem Mund. Der Praktikant grinst vielsagend. Er tritt so nah an mich heran, dass sich unsere Körper fast berühren. Er zieht mir den Kopfhörer aus dem Ohr. »Den brauchst du heute nicht.« Sein Atem ist heiß. Ich lehne mich an die Vertäfelung. Meine Augenlider zittern. Der Praktikant legt seinen Handrücken zärtlich auf meine Stirn. »Alles ein bisschen viel für dich, oder?«, sagt er und klopft auf meine Wange. Ich versuche meine Arme zu heben, aber sie hängen nur bleiartig an meinem Körper herab, als hätte ich nach einer langen Pause mit maximalem Gewicht trainiert. Ich will noch etwas sagen, doch da hat sich der Praktikant schon umgedreht, und der sanfte Schall seiner Ledersohlen hallt wie ein Echolot durch den Gang.

Der Abstellraum ist vollgepfropft mit gestapelten Stühlen und allerlei technischem Equipment, dazwischen sind auf Servierwagen Probierpackungen der ersten »Earth+«-Produktgeneration drapiert, die nach der Präsentation ins Foyer geschoben werden sollen. Ich reiße eine Tüte Chips auf, stopfe mir zusätzlich noch eine Dose Erdnüsse in die Jacketttasche und falle auf einen Haufen gefalteter Vorhänge in der hintersten Ecke des Raumes. Ich schaffe es noch, mir eine Handvoll

Chili-Honig-Chips in den Mund zu schaufeln, dann knickt mein Kopf zur Seite weg.

Als ich aufwache, sind die Servierwagen mit den »Earth+«-Produkten verschwunden. Ich setze mich auf und wische mir die Chipskrümel vom Anzug. Mein Smartphone zeigt zehn verpasste Anrufe von Marina an. Ich stöhne. Es ist schon nach 14 Uhr, das heißt, das Wissenschaftspanel ist schon fast vorbei. Ich ziehe die Tabletten aus der Tasche und überlege, ob meine Mutter mir vielleicht ein Knock-out-Mittel untergejubelt hat, damit ich mal ein bisschen runterkomme.

Ich versuche gerade, mich aufzurappeln, als sich die Tür einen Spalt öffnet und mein Praktikant hineinschlüpft. Er zieht eine Sporttasche unter einem Tisch hervor und wuchtet sie auf eine Verstärkerbox. Plötzlich hält er eine Strumpfmaske in seiner Hand. Er stopft sie in seine Jacketttasche. Ich räuspere mich laut, und der Praktikant zuckt zusammen. Wir sehen uns einen Moment lang in die Augen. Dann zwinkert er mir verschwörerisch zu, schultert die Tasche und verlässt den Raum.

Ich bleibe noch ein bisschen auf den Vorhängen liegen und esse die halbe Tüte Chips leer. Ich überlege, ob ich die Security anfunken sollte, aber ich bin ja lediglich für das leibliche Wohlergehen unserer Gäste zuständig. Ich werfe die Tüte durch den Raum, und die Chips landen wie gelbe Schneeflocken auf dem Boden.

Ich schlendere durch die leeren Gänge. Auf einem Monitor wird die Veranstaltung aus dem Hörsaal übertragen, wo Jens gerade hinter dem Rednerpult steht. Wir nähern uns offensichtlich stark dem Highlight des Tages, der Verleihung des SustainableMind-Preises. »Ich danke noch einmal den Wissenschaftlerinnen und Wissenschaftlern für diese spannenden Einblicke, von denen wir sicher einige Inspiration mit in unsere Gemeinden, Unternehmen und Familien tragen können. Gemeinsam mit der Politik müssen wir als Unternehmer, Investoren und Arbeitgeber, aber auch als Familienväter und -mütter Verantwortung für die Zukunft unserer Kinder übernehmen. Wir wollen vorangehen in Richtung einer nachhaltigen Zukunft. Gehen Sie mit!«

Am Buffet schnappe ich mir eine Weintraube und schiebe sie ein bisschen im Mund herum. Die Hostessen sind verschwunden. Ich öffne den Nachrichten-Ticker zum parallel stattfindenden Klimagipfel und lese, dass man sich auch bei den gestrigen Gesprächen, die wieder bis tief in die Nacht dauerten, nicht auf verbindliche Eckkoordinaten zur Rettung des Planeten einigen konnte.

»Danke für die Einladung.« Plötzlich versperrt mir Schneider den Weg. Mein Smartphone prallt auf den Boden. Der Akku schlittert vor seine abgenutzten Lloyds. »Vielleicht kannst du mir schon verraten, ob ich gewinne? Dann muss ich noch meine Dankesrede auswendig lernen«, grinst Schneider und zieht ein gefaltetes Blatt aus der Innentasche seines Jacketts. Ich starre ihn bewegungslos an. »Schon vergessen? Du hast mich für den SustainableMind-Preis nominiert.« Meine Zunge klebt am Gaumen fest. Ich brauche dringend einen Champagner. »Aber natürlich bin ich auch da wegen des Vortrags, zu dem Marina mich eingeladen hat«, schiebt Schneider hinterher. »Unter uns: grottenschlecht. War die jemals in Afrika?«

Ich versuche mich zu beruhigen. Schneider weiß nichts. Gar nichts. Sonst hätte er es doch längst alles gedruckt. Er hat keine Beweise, und ohne Fakten machen es die Qualitätsmedien halt nicht. Mein Blick irrt über Schneiders Lachfalten, die heller sind als die gebräunte Gesichtshaut. Zudem hat er abgenommen und sieht unglaublich vital aus. Ich zwinge mir ein Lächeln aufs Gesicht. »Du siehst gut aus«, sage ich. Schneider streicht durch seinen Vollbart und zwinkert. »Ein paar Tage in der brasilianischen Sonne ...«

»Kannst du ja in Zukunft dann öfter machen«, spiele ich auf seine Rentenzusage an. Schneiders Lächeln gefriert. »Noch ein Journalist weniger.« Ich zucke mit den Achseln. »Uns soll's nicht stören.« – »Nach Indien habe ich wirklich gehofft, dass du mich anrufst«, sagt Schneider und sein Ton klingt aufrichtig verletzt. »Ich habe es ja versucht«, sage ich schnell. Schneider zieht eine Augenbraue nach oben. »Aber der Anschluss im Büro war tot«, schiebe ich hinterher, und das stimmt ja sogar. Schneider schaut mich enttäuscht an und sagt: »Jemand anders konnte mich problemlos erreichen ...«

»Ich habe gesehen, dass du mit ihr hergekommen bist«, sage ich. »Aufgewecktes Mädchen. Musste ihr nur eine Redakteursstelle versprechen, schon hat sie mir ihr Material aus Indien gezeigt«, lacht Schneider. Als ich nicht mitlache, verfinstert sich seine Miene. In sarkastischem Tonfall sagt er: »Ronja meint, Christoph plagt ein furchtbar schlechtes Gewissen wegen des Unfalls ...« – »Christoph und ich sind Freunde. Er wird dir nicht helfen«, sage ich mit fester Stimme. Schneider schüttelt den Kopf. »Freunde waren wir auch mal, Thomas. Aber jetzt bist du fällig.« Er klopft mir auf die Schulter. »Ich hole mir mal einen Champagner. Wir sehen uns«, sagt er und schlendert davon. Als er am Ende des Gangs verschwunden ist, laufe ich los, um Christoph zu finden.

Vor einem Seiteneingang zum Saal entdecke ich ihn. Er lehnt mit geschlossenen Augen an der vertäfelten Wand, sein In-

Ear-Kopfhörer pendelt über dem Boden hin und her. Ich schleiche mich an ihn heran. Seine Augäpfel zucken unter den Lidern. Er ist blass, und von seinem Haaransatz fressen sich rote Neurodermitis-Herde in sein Gesicht. Ich reiße die Dose mit den Erdnüssen auf und fange an, Christoph damit zu bewerfen. Erst merkt er es gar nicht, wie die Nüsse an seinem Kopf vorbeisausen, doch dann treffe ich ihn direkt auf der Stirn. Headshot. Christoph zuckt zusammen. Ich stecke mir eine Erdnuss in den Mund und halte ihm die Dose hin. »Gehen wir nachher ins Studio, eine Runde Training und dann auf die Sonnenbank?«, schlage ich vor. Christoph zuckt mit den Schultern. »Glaube nicht.« Er blickt an mir vorbei nach draußen auf die Absperrungen. »In ein paar Tagen sind wir in Afrika. Da wird das aber nachgeholt!« Ich stupse ihn freundschaftlich vor die Brust. Christoph schüttelt langsam den Kopf. »Ich komme nicht mit.«

»Wir sind doch Freunde, Christoph?«, sage ich, und überlege fieberhaft, wie ich ihn wieder auf meine Seite kriegen kann. Gerade ziehe ich schon in Betracht, mich für all das zu entschuldigen, was ich ihm angetan habe, und will ihm sogar vorschlagen, dass wir nachher auf jeden Fall Squash spielen sollten – oder auch klettern gehen von mir aus – und dass wir uns in Afrika ordentlich betrinken werden und alles wird vergessen sein, doch da explodiert eine Champagnerflasche vor unseren Füßen.

Eine Gruppe schwarz vermummter Gestalten rennt auf uns zu. Einige haben Halstücher über Mund und Nase gezogen, andere tragen verspiegelte No-Name-Sonnenbrillen. Die nächste Flasche zersplittert auf dem Marmor und weißer Schaum spritzt auf unsere Lederschuhe. »Komm.« Ich zerre an Christophs Jackett und ziehe ihn in Richtung Tür, doch er drückt seine Schultern nach hinten und macht einen Schritt nach vorn. »Letzte Chance für dich«, sagt er, aber ich rühre mich nicht. Seine Lippen umspielt ein Lächeln. Dann läuft er, ohne sich noch einmal umzublicken, auf die Gruppe zu, wie so ein Soldat, der sich mit dem Rasenmäher die Hand amputiert, um nicht eingezogen zu werden.

Ich lasse mein Funkgerät fallen, öffne die Tür zum Saal, schlüpfe hinein und drücke die Klinke von innen nach oben.

30

Mein Bruder blickt noch einmal zu uns nach oben und winkt. Julian sieht reglos zu, wie seine Eltern in den 15-Liter-SUV steigen und die Türen zuschlagen. Obwohl er sicher auf dem Stuhl steht, lege ich meinen Arm um ihn. Ich hauche an die Scheibe, so wie mein Bruder und ich es früher immer gemacht haben. Draußen ist es mittlerweile so kalt, dass mein Atem sofort kondensiert. Ich male ein Smiley an die Scheibe. Kurz muss ich an den Penner aus Brasilien denken und seine Aufforderung, das Leben doch etwas positiver zu nehmen. Ich schaue runter zu Julian und habe das Gefühl, dass es mir gerade zum ersten Mal gelingt, seit Christoph im Krankenhaus liegt. »Machst du das mit Papa auch?«, frage ich und deute auf das Smiley, doch Julian schaut mich nur fragend an. Ich hauche noch mal ans Fenster und lasse ihn etwas malen.

Ich räume das ganze Spielzeug aus dem riesigen Koffer, den Daniela ins Wohnzimmer gerollt hat. Im Hausflur steht dazu noch der Kinderwagen. Es hat mindestens eine halbe Stunde gedauert, bis sie mir erklärt hatte, wie man ihn aus- und einklappt, und eine weitere halbe Stunde für alle Allergien, die Juli mit sich herumschleppt. Ich habe aber nicht wirklich zugehört, denn ich kann jederzeit auf eine getippte FAQ zurückgreifen, in der alles steht, was man zu Juli wissen muss. Daniela hat sogar noch gefragt, wann Marina denn wiederkommt, obwohl die beiden sich ja eigentlich hassen. »Die ist das ganze Wochenende auf einem Kongress. Sturmfrei!«, habe ich gelogen und Julian meine Faust hingehalten, was er aber nicht kapiert hat.

Ich sehe ihm zu, wie er Bauklötze aufeinanderstapelt, und denke, wie paradox es eigentlich ist, dass er jetzt für die Erziehungsmaßnahmen meiner Mutter herhalten und im zarten Alter von drei Jahren ein Wochenende ohne seine Eltern verbringen muss. Es tut mir leid, dass so die ungelösten Probleme an die nächste Generation weitergegeben werden. Aber so ist das eben, im Großen wie im Kleinen.

Mein Smartphone vibriert auf dem Esstisch. »Wir müssen über Christoph sprechen«, schreibt Jens. Ich blicke rüber zu Julian, der gerade versucht, auf den gläsernen Couchtisch zu klettern. Der Cursor blinkt im Eingabefeld. Nach zehn Sekunden verringert das Display meines Handys seine Helligkeit. Nach weiteren zwanzig Sekunden erlischt es. Ich drücke eine Taste. »Wann kommst du? Kannst du kurz auf Julian aufpassen?«, schreibe ich an Marina. Die Häkchen, dass sie die Nachricht gelesen hat, erscheinen sofort, aber sie antwortet nicht. Ich wechsle in den Chat mit Jens. Er ist immer noch online und wartet auf eine Antwort. »Montag?«, schreibe ich. Gleichzeitig erscheint eine neue Zeile von Jens: »Squash, jetzt?« Ich reibe mir mit den Handflächen das Gesicht. Immer noch keine Nachricht von Marina. Julian steht inzwischen auf dem Glastisch und hüpft darauf herum. Ich schicke Jens ein Foto. »Passe gerade auf meinen Neffen auf. Versuche es zu arrangieren«, tippe ich. »Alles gut«, schreibt Jens, »dein Praktikant soll ja auch ganz gut spielen.«

Ich schütte die Kastanien, die ich vor ein paar Tagen noch schnell gesammelt habe, auf den Esstisch. Zuerst brechen wir die Hüllen auf und ordnen die Kastanien nach der Größe. »Vorsicht hiermit«, sage ich und lege die Zahnstocher und Grillspieße auf den Tisch. Ich stecke ein paar Kastanien zu einem Schaf zusammen und tripple damit über den Tisch zu Julian. »Mäh«, mache ich. Julian betrachtet das Schaf eine Weile und drückt dann mit dem Zeigefinger von oben darauf, sodass die Beine gespreizt werden und die Zahnstocher aus der Kastanie brechen. Er grinst mich an. »Was willst du denn basteln?«, frage ich. »Soldaten«, sagt Julian und fängt an, Zahnstocher und Kastanien kreuz und quer zusammenzustecken.

Während Julian bastelt, überfliege ich die Auswertungsmail, die Jens gerade herumgeschickt hat. Wir können höchst zufrieden mit den Media Impressions sein, und auch der Verkaufsstart der »Earth+«-Produkte ist sensationell verlaufen. Ein Dutzend weitere Firmen hätten bereits Interesse signalisiert, ebenfalls einzusteigen. Die Berichterstattung sei nicht zuletzt auch aufgrund der brutalen Zwischenfälle so ausführlich und positiv gewesen, schreibt Jens, so gebe es manchmal auch Glück im Unglück. Ich muss laut auflachen. Ganz am Ende der Mail folgt dann ein Abschnitt zu Christoph: »Wir wünschen Christoph alles Gute für seine Genesung und danken ihm für seinen aufopferungsvollen Einsatz für die Agentur.«

Ich höre das Klicken der Haustür und kurz darauf Marinas Absätze auf dem Parkett. Sie drückt Julian einen Kuss auf die Stirn und zeigt auf mein kaputtes Schaf. »Was hast du eigentlich mit deinen Kastanien?« Ich zucke mit den Schultern. »Sie beruhigen mich irgendwie.« Julian zielt mit einem Kastanienkrieger und seiner imaginären Waffe auf Marina und macht Schießgeräusche. Ich warte minimal zu lange, dann lege ich meine Hand auf seinen Arm. »Nicht auf Menschen«, sage ich.

Marina rümpft die Nase und stöckelt ins Schlafzimmer. »Irgendwas riecht hier verbrannt«, sagt sie über ihre Schulter hinweg.

Stechender Qualm schlägt mir entgegen, als ich den Ofen öffne. Ein vegetarisches Fischstäbchen liegt auf dem Ofenboden und ist von der Gasflamme schon völlig verkohlt, die anderen sind nur ein bisschen angebrannt. Ich lasse das Blech auf die Anrichte krachen und reiße das Fenster auf. Kalte Abendluft strömt herein. Ich lehne mich nach draußen und blicke nach unten auf die Straße. Der Wind treibt ein paar welke Blätter über das Pflaster. Plötzlich muss ich an die Fernsehbilder denken, wie Christoph blutend auf dem Marmorboden lag, das rechte Bein um 90 Grad abgespreizt. Dann blicke ich rüber zu Juli, der still und unschuldig Bauklötze aufeinanderstapelt. Sechs Stockwerke. Obwohl der Rauch schon fast verflogen ist, steigen mir Tränen in die Augen. Das Fenstersims reicht mir nur bis zur Hüfte. Meine Handflächen gleiten auf dem nassen Fensterbrett.

Wir setzen uns vor den Fernseher, Juli in unserer Mitte, und schauen beim Essen seine Lieblings-DVD an, irgendein Animationsfilm, in dem Tiere aus einem Zoo ausbrechen und in der Wildnis allerlei Probleme bekommen. Er spricht mit vollem Mund jede Zeile mit, und manchmal fliegen kleine Stücke auf den Couchtisch, aber das ist mir egal. Ich konzentriere mich nicht sonderlich auf den Film, sondern schaue abwechselnd zu Marina und Juli. »Stimmt was nicht mit meinen Haaren?«, fragt Marina und zieht mit den Fingern ihren Scheitel nach. Ich grinse nur dämlich. Mir ist vollkommen klar, dass ich gerade auf einen miesen Trick meiner Mutter hereinfalle, aber ich finde diesen Moment richtig schön. Wir sind eine echte kleine Familie. Ich streichle Juli über den Kopf, bis er meinen Arm mit seiner ketchupverschmierten Hand wegdrückt und mein Valentino-Hemd ruiniert.

Irgendwann schläft Juli auf meinem Schoß ein, und Marina verschwindet ins Schlafzimmer. Ich sehe mir noch an, wie die Tiere eine Party im Urwald feiern, dann lege ich eine Wolldecke über Julian und folge Marina. Ich schlage die Bettdecke zurück und schmiege mich an sie, obwohl ich mich sonst nie mit Straßenkleidung ins Bett lege. »Sorry«, flüstere ich, auch wenn ich nicht genau weiß, wofür. Marina tut so, als ob sie schläft, aber ich höre das leise Pfeifen ihres Nasenlochs nicht. Ich küsse ihren Hals. Marina dreht sich stöhnend zu mir um. Ihre Augen liegen im Schatten. »Wo warst du eigentlich, als das mit Christoph passiert ist?«

»Was hältst du davon, wenn wir weggehen?«, frage ich nach einer langen Pause. »Reiß dich zusammen«, sagt Marina seltsam kühl und holt eine Tablette aus der Schublade, die sie mir auf die Brust wirft. »Das hilft doch sonst immer.« Ich streiche über ihre Hüfte. »Lass uns Afrika absagen. Wir gehen nach Frankfurt oder nach ...« – »Du willst allein mit Christina dahin.« Marina knipst die Nachttischlampe an. »Wieso Christina?« Ich blinzele ins grelle Licht. »Sie ersetzt Christoph.« Ich scrolle durch Nachrichten und Emails auf meinem Smartphone, aber ich finde keine Informationen dazu. »Morgen gehe ich zur Tollwut-Impfung«, sagt Marina und dreht sich weg.

Ich lege mich zu Juli aufs Sofa und schalte die Nachrichten ein. Die Moderatorin berichtet gerade von einer Überschwemmung auf Bali, die Hunderttausende obdachlos gemacht hat. Eine Nummer, über die man per SMS für die Flutopfer spenden kann, wird eingeblendet. Ein Journalist wird kniend enthauptet, doch das Bild ist verpixelt worden. Ein Politiker äußert starke Besorgnis über Truppenbewegungen in einer pakistanischen Grenzregion. Ein neuer Vogelgrippe-Erreger ist aufgetaucht.

Ich schaue Julian an, wie er friedlich atmend daliegt, und streiche ihm durch die Haare. Verschwommen werden im Hintergrund die Nachtsichtaufnahmen der Bombardierung einer Wüstenstadt gezeigt. Ich wickele eine von Julians Locken auf meinen Finger. Zwinkernd gibt die Moderatorin an den Wetterbericht ab. Auf dem Fernseher rasen Pfeile von Ost nach West. Ein Sturm zieht auf. Meine Augen brennen.

Kinder sind die Zukunft dieser Erde und die größte Gabe der Natur. Doch wir alle kennen den Zweifel: Ist die Welt, die wir ihnen vererben, ein Geschenk oder eine Bürde?
Jeden Tag arbeite ich dafür, der nächsten Generation ein Vermächtnis zu machen, auf das wir stolz sein können. Mit Mars & Jung kämpfe ich deshalb an vielen Fronten: für den Urwald, die Artenvielfalt, bessere Arbeitsbedingungen. Oft verreise ich dafür wochenlang und verpasse, wie meine eigenen Kinder das Laufen lernen.
Doch Gefühle stelle ich hintenan, wenn es darum geht, schon jetzt die Weichen zu stellen. Nicht nur für die Zukunft meiner, sondern für die Zukunft aller Kinder.

Mars & Jung – We care for children.

FÜNF

31

Ich stehe im Schatten des Hotelvordachs und lausche apathisch den Offbeat-Gitarren des Reggaesongs, der aus dem Lautsprecher meines Smartphones dringt. *You can fool some people sometimes, but you can't fool all the people all the time.* Soll das witzig sein? Ich wische mir mit dem Sakkoärmel über das Gesicht. Meine Augen jucken. Die ausgeschwitzte Sonnencreme fließt in Sturzbächen meine Stirn herab und läuft über meine Lider. Aus irgendeiner Laune heraus habe ich vor kurzem begonnen, mir die Augenbrauen zu zupfen, und jetzt erfüllen sie ihre Funktion nur noch eingeschränkt. Ich frage mich, wie Cristiano Ronaldo damit klarkommt.

Der Vorplatz des Hotels flirrt in der senkrecht brennenden Mittagssonne. Nicht mal die monströs großen Jeeps, die von Pagen hin und her rangiert werden, werfen einen Schatten. Ich blinzle und versuche Marina weiter vorne auf der Straße auszumachen, wo sie an einem der Stände eine Erfrischung besorgen wollte, aber sie ist nirgends zu sehen. Meine feuchten Finger hinterlassen Schlieren auf dem Display, als ich zum hundertsten Mal die Nummer unserer Kontaktperson antippe. Ich halte das Handy ans Ohr und lasse mich von der Frauenstimme mit deutschem Akzent um etwas »patience« bitten, bevor wieder Bob Marley in Dauerschleife gespielt wird.

Christina lehnt an einem Pfeiler des Vordachs und schlürft den Inhalt einer aufgehackten Kokosnuss durch einen Strohhalm. Sie trägt ein beigefarbenes Kostüm, dessen Rock so knapp geschnitten ist, dass er kaum mehr als seriös gelten kann. Sie mustert mich durch eine riesige Audrey-Hepburn-Sonnenbrille. Vielleicht starrt sie aber auch an mir vorbei und hat mit einem spöttischen Lächeln beobachtet, wie Marina schreiend in einen Van gezerrt wurde. Seit dem Abflug hat sich unser Verhältnis wieder deutlich verbessert. Ab und zu berührt Christina mich unauffällig am Arm oder gewährt mir Einblicke in ihr Dekolleté. Ich bin aber nicht sicher, ob ich das als kollegiale Bereitschaft zum Teamwork oder billige Provokation gegen Marina deuten soll.

Den ganzen Vormittag haben Christina und ich damit verbracht, in einem Taxi ohne Klimaanlage durch die Stadt zu fahren, um die »Deutsch-ghanaische Recycling-Initiative e.V.« ausfindig zu machen, welche die Investitionen ins Agbogbloshie-Kupfer-Recycling im Rahmen der fairtronics-Markeneinführung tätigen sollte, aber Christophs Notizen zu diesem Projekt sind ziemlich lückenhaft und kryptisch – immer wieder muss ich an seine Worte denken, er habe da »etwas entdeckt«. Deshalb überraschte es uns nicht, dass unter der notierten Adresse bloß der Barber Shop »Godspeed« in einem baufälligen, zweigeschossigen Gebäude untergebracht war. Der Shop-Besitzer nickte, während er einem Kunden mit einem Rasiermesser die Barthaare abschabte, von einer Deutschen hätte er den Laden zu einem günstigen Preis gemietet. Ab und zu käme sie noch vorbei, um die Post zu holen. Er deutete nach draußen, wo ein Briefkasten mit dem verblichenen Logo der Initiative und einer handschriftlich hinzugefügten Telefonnummer hing. Gerade noch rechtzeitig sind Christina und ich zum Hotel zurückgekehrt, wo Jens und Marina soeben wunderbar erholt zum 150 Kilometer entfernten Cape

Coast Castle aufbrechen wollten, von dem früher die Sklavenschiffe in Richtung Amerika abgefahren sind.

»Immer noch niemanden erreicht?« Jens tritt durch die Drehtür nach draußen. Er trägt Surfshorts, in denen seine muskulösen Unterschenkel besonders gut zur Geltung kommen, seine Füße stecken in Zehenschuhen. Ich schüttle den Kopf und halte mir das Handy noch mal ans Ohr. Jens blättert in dem dicken Reiseführer, in den er schon während des Fluges gemeinsam mit Marina unablässig Post-its geklebt hat, während Christina und ich erfolglos versucht haben, aus Christophs Aufzeichnungen schlau zu werden.

Die Marke »fairtronics« bietet ihren Kunden hochwertige und anspruchsvoll designte Smartphones, Tablets und Laptops aus konfliktfreien und nachhaltigen Rohstoffen. Kupfer, Eisen, Aluminium etc. sollen dafür aus Quellen bezogen werden, die lückenlos nachweisen können, dass ihre Produkte zu 100% recycelt sind. Und die günstigste Quelle dafür ist anscheinend Agbogbloshie, ein kleiner Stadtteil von Accra und laut Bodenproben der verseuchteste Ort der ganzen Erde, noch vor Tschernobyl. Deshalb hat der hinter fairtronics stehende international operierende Technikkonzern bereits Anschubinvestitionen in Höhe von 100.000 US-Dollar an die »Deutsch-ghanaische Recycling-Initiative e.V.« geleistet, welche das Recycling mit einem Pilotprojekt vor Ort begleiten soll.

Ein Jeep mit der Aufschrift *TOPO TRAVELS* hält hupend vor dem Hotel. Die Karosserie ist mit Lehmspritzern übersät, die Radkappen sind dick verkrustet. Völlig klischeehaft, denke ich, doch eigentlich ist diese Optik das absolut authentische Vorbild für den dirty look, den europäische Großstädter ihren SUVs mühsam verpassen. Statt der Sonntagswäsche wird ein bisschen künstlicher Matsch über den Radkasten und auf die Frontscheibe gespritzt, um trotz des innerstädtischen Stop-and-gos und der Kindersitze auf der Rückbank ein aufregendes Fahrgefühl zu simulieren.

»Du sitzt vorne. Dein Englisch ist besser«, sagt Jens und sprintet aus dem Schatten des Vordachs. Er hält Christina die Tür zur Rückbank auf, und auch Marina ist plötzlich wieder da, mit einer Plastiktüte voller Coladosen in der Hand. Ich klettere über die kleine Leiter auf den Beifahrersitz, der mehrfach mit schwarzem Klebeband geflickt ist und bei laufendem Motor leicht vibriert. Jens steckt seinen Kopf zwischen den Sitzen nach vorne: »To Cape Coast Castle, please. Let's see which kind of monsters our ancestors were.« Dabei grinst er und schlägt mir auf die Schulter. »Dieser Typ kann nämlich auch manchmal ein ganz schönes Monster sein, stimmt's?«, sagt er. Als ich nicht antworte, lehnt er sich seufzend zurück zu Marina und Christina, die wie kleine Mädchen kichern. »Ja, im Bett«, sage ich, als mir endlich eine schlagfertige Antwort einfällt, aber mein Witz wird vom Aufheulen des Motors übertönt.

Aus dem Gebläse weht mir ein eiskalter Wind entgegen. Zunächst genieße ich die Abkühlung und halte mein Gesicht in den Luftstrom, doch als der Schweiß erkaltet ist, jagt eine Gänsehaut nach der anderen meinen Rücken hinab. Am Armaturenbrett leuchtet das Eiskristall-Symbol neben dem Knopf für die Klimaanlage. Einen Regler, um die Temperatur zu variieren, gibt es nicht. Als ich anfange, am ganzen Körper zu zittern, betätige ich den automatischen Fensterheber, damit ein bisschen heiße Luft von draußen hereinströmt. Doch die Scheibe fährt sofort wieder nach oben. Der Fahrer grinst zu mir herüber. Seine linke Hand liegt auf der Konsole in seiner

Tür, von wo aus er alle Fenster und Türen des Jeeps steuern kann. Ich versuche noch einmal, die Scheibe herunterzulassen, vergeblich, dann verschränke ich die Arme und ziehe das Sakko vor meinem Körper zusammen.

Jens liest aus dem Reiseführer vor. Ab und zu lacht Marina wegen einer verallgemeinernden oder rassistischen Formulierung im Text, aber die meiste Zeit blickt sie mit großen Augen auf die Marktstände am Straßenrand. Ich finde es merkwürdig, dass die Sonnenschirme hauptsächlich in den Kifferfarben Rot, Grün und Gelb gehalten sind, bis mir ein paar Minuten später, als wir an einer beflaggten Polizeistation vorbeifahren, auffällt, dass das die ghanaischen Nationalfarben sind. »Gibt's den Führer eigentlich nicht als App?«, frage ich nach hinten, als Jens gerade anfängt, eine Rede Obamas anlässlich seines Besuchs des Castles zu zitieren.

Wir fahren über eine Brücke, die über ein ausgetrocknetes Flussbett führt. Auf den roten Lehmschollen stehen ein paar Hütten mit Wellblechdächern, zwischen denen Wäscheleinen gespannt sind. An den Rändern des Flussbetts sind Stufen in den Lehm gehauen, die nach oben zu den hölzernen Bootsanlegern führen, die wie Gerippe in der Luft hängen. Kurz frage ich mich, ob dies nur eine temporäre Siedlung ist, die in der Regenzeit wieder fortgeschwemmt wird, aber dann erinnere ich mich daran, dass Ghana den größten Stausee der Welt in seinem Nachhaltigkeits-Portfolio hat und dieser Fluss ihm möglicherweise zum Opfer gefallen ist.

Wir biegen auf eine mehrspurige Straße ab. Die Autos bewegen sich nur noch stoßweise. Ein paar Verkäufer laufen zwischen den Fahrzeugen umher und bieten verschiedene Lebensmittel an. Eine Frau balanciert einen riesigen Metallteller mit frittierten Teigstücken auf ihrem Kopf. »Das sieht ja interessant aus!«, ruft Marina und winkt die Frau heran. Ich stöhne auf. Ich hatte wirklich gehofft, dass so was nicht passieren würde, doch jetzt hat Marina sich offensichtlich doch mit dem Backpacker-Syndrom infiziert. Normalerweise trifft es nur Jungs nach dem Zivildienst oder US-amerikanische Girls in den ersten College-Sommerferien, die auf der Weltreise ihre Nase in jede finstere Gasse stecken wollen, jedem räudigen Hund arglos über den Kopf streicheln und natürlich alle einheimischen Spezialitäten ausprobieren, inklusive Ratte.

Ich versuche zu verbergen, wie furchtbar peinlich mir die Situation ist, und sage: »Wenn du dir den Magen verderben willst…« Jens greift über Marinas Schoß und lässt das Fenster herunter. Er reicht der Frau einen Schein und nimmt das Teigstück auf einer Serviette entgegen. »Willst du mal probieren?«, höre ich Marina mit vollem Mund sagen. »Nein, danke«, sage ich und starre auf die Straße, wo der Verkehr jetzt langsam wieder flüssiger wird. Im Rückspiegel sehe ich, wie Jens mit einem breiten Grinsen in den Teig beißt.

Wir umrunden einen Kreisverkehr, in dessen Mitte sich ein riesiger Ameisenhaufen aus Schutt, Abfällen und Lehm türmt, in dem allerlei Schilder mit Werbung stecken. An der dritten Ausfahrt, in deren Richtung auch das Schild *Kwame Showbizz Boutique* weist, biegen wir ab. Die Straße wird nun auf beiden Seiten von dichtem Urwald gesäumt, aus dem ab und zu ein riesiger entlaubter Baum ragt. Das Unterholz ist von Abfällen übersät. Chipstüten reflektieren die Sonnenstrahlen in den Farben aller Geschmacksrichtungen, zerdrückte Bierdosen werden vom Rost zerfressen, Fastfood fault in Styropor-Schachteln. Sogar die Aasfresser verschmähen den Abfall. Nur die Fliegen nicht. Die Fliegen sind überall.

Christina und Marina sind auf der Rückbank eingeschlafen. Ab und zu knicken ihre Köpfe ab und landen bei Jens auf der Schulter. »Schon komisch ohne Christoph, oder?«, sagt er und fixiert mich im Rückspiegel. »Damals, als Alex weg war, bin ich in ein richtiges Loch gefallen.«

Ich nicke. Tatsächlich ist mir schon die ganze Zeit etwas melancholisch zumute. Es ist meine erste Reise ohne Christoph. Mir fehlt das gemeinsame Trinken, seine dankbare Abnahme meiner Witze, das Muskelspiel unter der Fassade. Und mir fehlt seine nervöse Haut, an der die Gemütsregungen viel leichter abzulesen sind als an Christinas glossy Lippenstift. Christoph, die ehrliche Haut. Ich beschließe, ihm auf jeden Fall eine Postkarte zu schicken, oder zumindest eine SMS. Vielleicht ist der Grund für meine gedämpfte Stimmung aber auch der niedrige Spiegel von Tranquilizern in meinem Blut, die ich mit Auslandsmissionen für die Agentur eng verbinde, sie aber in Marinas Anwesenheit vorsichtiger dosieren muss. »Was Christoph jetzt wohl macht?«, sage ich und blicke aus dem Fenster auf eine heruntergekommene Tankstelle, an der wir gerade vorbeifahren.

Jens reicht mir sein Smartphone nach vorne. Auf dem Display ist das Überwachungsvideo aus dem Flur zu sehen. Gerade bewerfe ich Christoph mit Erdnüssen. »Du wolltest es so«, sage ich und drehe mich zu Jens um. »Wenn Christoph nicht mehr zurückkommt, bekomme ich seine Stelle.« Der Satz soll eigentlich gar nicht so klingen, als würde ich Christoph bei einer positiven Antwort sofort mit einem Kissen im Krankenbett ersticken, sondern markieren, dass ich mich durch meinen unermüdlichen Einsatz für die Agentur für die Position eines Senior-PR-Advisors qualifiziert habe. *Only the fittest survive.*

Nach drei Stunden Fahrt klettern wir in Cape Coast aus dem Jeep. Ich zittere noch immer vor Kälte, und meine Beine sind ganz wacklig. Ich reiße mir das Sakko von den Schultern und lasse meinen Körper von der heißen Seeluft aufwärmen. Das weiß leuchtende Fort liegt vor uns auf einer steil ansteigenden Klippe, an die sich von unten baufällige Hotels und Lagerhallen schmiegen. Vom Parkplatz, auf dem neben uns ein paar klimatisierte Busse und unzählige Jeeps parken, führt ein breiter Asphaltweg hinauf zur Festung, der von Souvenirständen gesäumt ist.

Durch ein Tor treten wir auf den gepflasterten Platz im Inneren des Forts. Die weiße Farbe löst sich in breiten Streifen von den Mauern und die blauen Holzläden vor den Fenstern sind alle geschlossen. Zwei breite Treppen führen hinauf zu einer Plattform, von wo aus der Gouverneur den ganzen Hof überblicken konnte. Ich lese auf einem Hinweisschild, dass die Sklaven sich hier in Reihen aufstellen mussten, an denen dann die Käufer auf und ab schritten und die Preise verhandelten. Ein anderes Schild weist darauf hin, dass im Fort auch Zimmer für die Nacht vermietet werden.

Auf der einen Seite ist die Festung zum Meer hin geöffnet, und man kann auf die Fischflotten am Horizont blicken. Wir schlendern über Grabsteine und Falltüren dem Ozean entgegen. Auf den Zinnen stehen Kanonen, neben denen haufenweise verrostete Kugeln liegen, die genauso aussehen wie die Kokosnüsse an den Straßenständen. Ein paar amerikanische Touristen setzen sich breitbeinig auf die Kanonen und machen obszöne Handbewegungen, während die anderen sie johlend fotografieren.

Wir steigen hinunter in die Katakomben mit dem Schild *Male Slave Dungeon*. Laut Jens' Reiseführer wurden die Sklaven hier monatelang ohne Licht eingesperrt, während sie auf ein Schiff gewartet haben. Es ist angenehm kühl. Von dem langen, steinernen Gang gehen links und rechts Zellen ab, in denen bestimmt fünfzig Menschen Platz haben. Nur durch winzige Schlitze unter der Decke dringen ein paar Sonnenstrahlen. Bis auf sporadische Schreie, wenn jemand über die in den Boden eingelassenen Abflussrinnen für Fäkalien stolpert, sind die Besucher völlig still. Die einzigen Geräusche sind die künstlichen Verschlussgeräusche der Digitalkameras.

Mein Handy vibriert in meiner Hosentasche. »Hello?« Meine Stimme hallt von den Wänden wider. »Shhh!« Die Amis, die sich eben noch durch ihr pietätvolles Fotoshooting ausgezeichnet haben, schütteln empört die Köpfe. Ich rufe noch ein paarmal laut »Hello?« ins Telefon, um sie zu ärgern, aber der Empfang ist wegen der meterdicken Wände so mies, dass ich die Frauenstimme am anderen Ende kaum verstehe. Ich signalisiere den anderen, dass ich gleich wiederkomme, und sprinte die Treppen herauf.

»Endlich erreiche ich Sie«, sage ich und lasse mich auf einen Stapel Kanonenkugeln fallen. »Christoph Pries, Mars & Jung?«, fragt eine tiefe Frauenstimme. »Der ist … krank geworden«, sage ich. »Ich bin sein Kollege.« – »Celina Belz, faircycling Ghana. Ehemals Deutsch-ghanaische Recycling-Initiative.« Belz macht zwischen den Wörter kurze Pausen, ich schätze, um an einer Zigarette zu ziehen. »Faircycling klingt eindeutig besser«, sage ich. »Gefiel auch den Geldgebern. Also maßgeblich fairtronics«, sagt Belz und durchs Telefon dringt ein lautes Lachen, das nahtlos in ein heftiges Husten übergeht. »Seien Sie um achtzehn Uhr bei mir«, krächzt sie, als sich ihr Anfall wieder gelegt hat. Ich blicke auf meine Hublot. »Zwanzig Uhr?«, frage ich. »Die Adresse erhalten Sie per SMS.« Belz legt auf.

Als ich wieder in die Katakomben hinabsteige, befindet sich dort nur noch ein italienisches Pärchen, das auf einer Steinbank herumknutscht. Ich werfe die Kerkertür hinter ihnen ins Schloss, denn in einer Stunde findet ja schon die nächste Führung statt. Ich klettere auch noch in den *Female Slave Dungeon* herab, und als ich aus der hintersten Zelle die Schreie einer Frau höre, denke ich kurz, dass Jens Marina und Christina dort bestimmt in Ketten gelegt hat und sonst was mit ihnen macht. Doch die Zelle ist vollkommen leer. Ich suche das Mauerwerk nach dem versteckten Lautsprecher ab, aus dem die Schreie gekommen sein könnten, finde aber nur eine Hinweistafel, auf der steht, dass es früher einen Direktzugang von den Gemächern des Gouverneurs in diese Zelle gegeben hat, den man aber zugemauert habe, nachdem ein Gouverneur von einer Sklavin mit ihren eigenen Ketten erwürgt worden sei.

In einem anderen Trakt des Forts finde ich einen Shop, in dem unter einem Baldachin Körbe, Bongos, T-Shirts und Obama-Biscuits verkauft werden. Ich kaufe mir einen Biscuit und überlege, ob ich Julian schon jetzt eine Ansichtskarte schicken sollte, entscheide mich dann aber, lieber auf der Safari ein Motiv mit einem Elefanten zu kaufen. Ich irre weiter durch das Fort, aber von den anderen keine Spur. Einmal glaube ich hinter einer flachen Mauer ein Kichern zu hören, aber als ich nachschaue, picken dort nur ein paar Möwen Brotkrumen auf.

Ich gehe zurück zu den Kanonen und betrachte die Brandung. Die Gischt, die an den Felsen hinaufspritzt, sieht aus wie Champagnerschaum. Mein Jackett flappt im Wind. Durch eine Schießscharte sehe ich ein schmales Stück Strand. Ein paar Männer schieben gerade eine Barke ins Wasser, an deren dünnem Mast eine bunte Fahne flattert. Ich verlasse das Castle durch ein Tor, über dem ein Schild mit der Aufschrift *Door of no return* angebracht ist, und klettere über die bemoosten Felsen hinab zum Strand. Da die Glattledersohlen auf dem feuchten Stein stark rutschen, ziehe ich meine Schuhe aus und stopfe die Strümpfe hinein. Dann verknote ich die Schnürsenkel und werfe mir die Schuhe über die Schulter, als wäre ich Bruce Chatwin oder so.

Am Strand sind bestimmt über 100 Boote nebeneinander im Sand aufgebockt, alle von der gleichen Bauart mit fünf schmalen Ruderbänken und einem Zahnstochermast, an dem Fahnen in verschiedenen Farben flattern. Auf den verwitterten Rümpfen der Boote stehen Namen wie *Psalm 23* oder *Lord Jesus*. Ich gehe zwischen den Booten hindurch, um zurück zur Straße zu gelangen. Ein paar ältere Männer sitzen im Schatten der Schiffe auf Plastikhockern und flicken schweigend ihre Netze. Andere nageln Holzbretter gegen den Rumpf ihrer Boote, verteilen mit einem Spatel Teer in den Fugen oder dösen im Sand.

Als ich schon fast an der Straße bin, geraten die Fischer plötzlich in Bewegung. Vielleicht ist jetzt Flut oder Ebbe, falls es so etwas hier überhaupt gibt, oder sie wissen durch jahrhundertealte Überlieferung, dass die Fische sich am frühen Nachmittag gerne im warmen Wasser nah der Küste aufhalten. Möglich auch, dass jemand am Horizont ein Schiff der internationalen Fangflotten gesichtet hat, das die Tiere jetzt in Richtung Land treibt. Die Fischer ziehen ihre Boote durch den Sand, während andere Männer haufenweise Netze mit gelben Styroportreibern ins Innere werfen. Sie waten bis zur Hüfte ins Wasser und schwingen sich dann in die Boote. Einige von ihnen werfen einen knatternden Außenbordmotor an, die anderen hieven Ruder aus dem Bootsinneren und beginnen zu schlagen. Ich bleibe mit ein paar älteren Männern am Strand zurück, die schon bald in den Schatten eines Baldachins trotten. Ich blicke den Fischern noch etwas nach, wie sie aufs Meer hinausrudern, und lasse meine Zehen von den Wellen umspülen.

Ich sitze schon eine halbe Stunde im Auto und trommele auf das Armaturenbrett. Zwischen meinen Fingern strömt die eiskalte Luft aus dem Gebläse, aber da der Fahrer gerade mit ein paar Kollegen scherzt, habe ich alle Türen des Jeeps weit geöffnet. Im Seitenspiegel sehe ich, wie Marina und Christina die Anhöhe des Castles hinabschlendern, Jens in ihrer Mitte. Er erzählt ihnen wohl gerade einen Witz, jedenfalls lachen sie beide und werfen ihre Haare zurück. An der Unterkante des Spiegels steht ein Warnhinweis: *Objects in mirror are closer than they appear.*

Als wir gerade die letzten Hüttensiedlungen von Cape Coast hinter uns gelassen haben, biegt der Fahrer an der Ausfahrt zu einer Tankstelle ab. Auf dem staubigen Parkplatz halten außer uns noch ein paar klimatisierte Reisebusse, deren Passagiere einen Snack an einem der Stände kaufen, die frittierte Teigstücke, Kokosnüsse und gekühlte Softdrinks anbieten. »Am besten ihr nehmt von hier ein Taxi zurück nach Accra«, sagt Jens und entfaltet die Karte seines Reiseführers auf der Motorhaube. »Kommst du nicht mit?«, fragt Christina und berührt Jens flüchtig am Oberarm. »Ihr macht das schon«, sagt Jens. Er winkt Marina heran und fährt mit dem Finger einen Weg auf der Karte nach. Ich tippe Marina fragend auf die Schulter. »Wir wollen noch zum Fort São Jago da Mina«, sagt sie achselzuckend. »Ist es nicht besser, wenn du dabei bist? Wir können das Treffen vielleicht auch auf morgen verschieben?«, fragt Christina und verschränkt die Arme vor ihrer Brust. Jens klappt die Karte genervt zusammen. »Es ist euer Job, den Kontaktmann ausfindig zu machen. Ihr seid nicht im Urlaub. Also macht euch jetzt endlich an die Arbeit.« – »Ich rufe uns ein Taxi!« Christina stürmt Richtung Tankstellenhäuschen davon. »Ich mache mich noch kurz frisch«, sagt Marina und läuft ihr hinterher.

Jens und ich schlendern über den Parkplatz. Der rote Staub wirbelt von unseren Füßen nach oben und setzt sich in unserer Kleidung fest. »Was ist los mit dir?«, fragt Jens und blickt mich von der Seite an. Ich zucke mit den Schultern. Ich kicke eine leere Coladose über den Parkplatz. In der Ferne gestikulieren Marina und Christina vor dem Tankstellenhäuschen. Jens folgt meinem Blick. »Lass mich dir etwas erzählen«, sagt er und legt seinen Arm um meine Schulter. »Bei den afrikanischen Stämmen ist es Tradition, in der Hochzeitsnacht dem Stammesführer seine Frau zu überlassen.« Ich mache mich aus Jens' Umarmung los und schubse ihn weg. »Steht das auch in deinem Reiseführer?«, frage ich. Meine Knie zittern. »Nein«, sagt Jens. »Das hat Marina mir erzählt.«

32

Es ist schon dunkel, als das Taxi vor einem Bürogebäude am Rande des Business District von Accra hält. Eine schwache Glühbirne beleuchtet die Schilder konkurrierender NGOs auf der Fassade: *TSTS – Taking Steps Towards Sustainability, ReUse International, Electronic Waste Watch, Urban Miners Relief, faircycling Ghana.* »Urban Mining«, sagt Christina, »hört sich an wie eine Trendsportart.« Ich werfe dem Fahrer ein paar Scheine nach vorne und steige aus dem Wagen. Sofort schlägt mir der Geruch von brennendem Plastik entgegen. Ich atme ihn genussvoll ein. »Riechst du das?«, frage ich. »Das ist der Duft einer guten Story.« Christina verzieht angewidert das Gesicht und hält sich ein Taschentuch vor die Nase, was ich für einen überaus schlauen Verweis auf Film-Prinzessinnen halte, die zum ersten Mal die Elendsviertel ihres Reiches besuchen.

Ich blicke die Straße hinunter. Sämtliche Bürogebäude auf unserer Seite sind übersät mit hell leuchtenden Logos bedeutender Umwelt- und Menschenrechtsorganisationen. Einige haben ihre Spendengelder sogar in aufwendig animierte Neonreklamen investiert. Selbst ein paar chinesische Schriftzeichen sind dabei. *Aus großer Kraft folgt große Verantwortung*, wie Mao schon sagte. Einige linke Organisationen haben großformatige Banner gedruckt, die aus den Bürofenstern herabhängen: *Stop the E-Waste Crime, Europe, take your trash back* oder *Respect Basel.* Auf der gegenüberliegenden Seite der Straße befinden sich zahlreiche Marktstände, auf denen sich Früchte und Gemüse stapeln. Hupend rast ein Motorradfahrer an uns vorbei. Auf seinen Gepäckträger sind antike PC-Tower geschnallt.

»Willkommen in Agbogbloshie.« Celina Belz steht plötzlich vor dem Gebäude, die Arme in die Seiten gestemmt, ein karierter Blouson schlackert um ihre Schultern. Ich niese heftig. »Nyame nhyira wo – Gesundheit«, sagt Belz und streicht sich ihre blond gefärbten Haare aus dem Gesicht. Ich schätze Belz auf ungefähr 50, doch ihre hohen Wangenknochen und die schmalen Nasenflügel deuten darauf hin, dass sie früher einmal eine durchaus attraktive Frau gewesen sein könnte. Allerdings irritieren mich die offenen Ledersandalen, die selbst im funzeligen Licht der Straßenlaternen ihre schwarz gefärbten Füße offenbaren. »Christina Madlung, Mars & Jung. Wir überprüfen, ob Sie die mit fairtronics vertraglich vereinbarten Recycling-Maßnahmen ordnungsgemäß durchführen.« Christina drückt die Brust heraus und streckt Belz ihre Hand entgegen.

»Wir sind hier wohl nicht die Einzigen.« Ich deute auf die Schilder des Wohltätigkeits-Ghettos. »Nur in Sodom und Gomorrha kann der Heilige glänzen. Das ist doch der Leitsatz von fairtronics, wenn ich mich nicht irre«, sagt Belz und führt uns in ihr Büro. Bis auf einen Schreibtisch, auf dem sich haufenweise Papiere stapeln, einen Aktenschrank und ein Bett mit zerwühlten Laken ist das Büro vollkommen leer. An der Wand hängt außerdem ein UNICEF-Kalender, den Belz wohl ein paar Häuser weiter abgestaubt hat. Harter Charity-Porn. Das Girl des Monats Februar ist ein asiatisches Mädchen, das begeistert Reis in sich hineinschaufelt.

»Hunger?«, fragt Belz, als wir uns gerade gesetzt haben. Ohne eine Antwort abzuwarten, verschwindet sie aus dem Büro. Sie hinterlässt eine fruchtige Duftnote, vielleicht Un jardin sur le Nil von Hermès. Ich ziehe mein Smartphone hervor und schreibe Marina eine Nachricht, dass wir zurück in Accra sind und uns später im Hotel sehen. Christina blättert ein paar Papiere auf dem Schreibtisch durch. Sie zieht einen Zettel von ganz unten heraus. »Ein Rezept für gebackene Banane«, sagt sie kopfschüttelnd und öffnet eine Schublade des Aktenschranks. Sie ist komplett leer.

Nach etwa zehn Minuten kommt Belz mit einer Plastiktüte voller Styroporboxen wieder. Mit den Fingern nimmt sie einen Hähnchenschenkel aus einer der Boxen, mit der anderen Hand einen Haufen Reis. Als sie Christinas entgeisterten Blickt bemerkt, sagt sie: »*Landestypische Gebräuche* nannte Jens das früher immer.« Christina holt eine winzige Flasche Desinfektionsmittel aus ihrer Handtasche und reibt ihre Hände sorgfältig damit ein. Ich will gegenüber Belz nicht verweichlicht wirken, also greife ich ungeschützt in die Box.

»Sie kennen Jens Mars?«, fragt Christina beiläufig und zieht mit gespitzten Lippen ein Stück Fleisch vom Knochen. »Ich habe früher überaus erfolgreich mit ihm zusammengearbeitet«, antwortet Belz. Christinas Augen verengen sich. Ihr Kiefer malmt energisch auf einem Knochen. »Sehen wir mal, wie erfolgreich es dieses Mal ist«, sagt sie und wirft den abgenagten Knochen zurück in die Styroporbox. Sie steht auf. »Dann zeigen Sie mal, wo die 100.000 Dollar hin sind.« Belz leckt ihre fettigen Finger ab und holt zwei unterarmlange Stabtaschenlampen aus der Schreibtischschublade. »Zwei Dollar haben Sie gerade schon verspeist.«

Als wir das Büro verlassen, löst sich ein junger Mann aus

dem Schatten. Er kommt langsam auf uns zu und blendet uns mit einer Taschenlampe. Abwechselnd leuchtet er Christina und mir direkt ins Gesicht. Ich schirme meine Augen mit der Hand ab. Sein Muskelshirt spannt über den sehnigen Muskeln, die vor Schweiß glänzen. Seine Augen sind gerötet, doch ich kann nicht sagen, ob es an dem reizenden Qualm liegt oder er total auf Droge ist. »Unser Bodyguard«, erklärt Belz und bedeutet ihm die Lampe auszumachen. »Ohne ist man in Agbogbloshie verloren.« Sie tätschelt seinen Arm etwas zu lang und ich muss an eine Reportage über diesen Toyboy-Trend bei reifen Frauen denken, die sich in Afrika reihenweise Lover halten.

Wir schlängeln uns durch die Marktstände hindurch, und Belz erzählt zwischen hastigen Zügen an einer Zigarette, dass sie vor der Gründung der NGO für einen Reiseveranstalter gearbeitet hat, der Afrika-Trips unter dem Motto »Klimawandel vor Ort erfahren« vermarktet. Die Reise buchten vornehmlich kritische Intellektuelle, die Urlaub immer auch eng mit einem Bildungsanspruch verknüpften und das Gesehene in ihre westliche Lebenswelt zurücktragen wollten. »Wie grüne Samen, die den Asphalt durchbrechen«, so wolle man sich nach den Erlebnissen in Afrika für die Umwelt einsetzen, hieße es in dem Erfahrungsbericht eines Sport- und Religionslehrers, 59, aus Hildesheim, der in der Broschüre des Veranstalters abgedruckt sei.

»Essen Sie das nicht.« Belz unterbricht plötzlich ihre Erzählung und packt Christinas Hand, in der ein Pfirsich zittert. »Das Zeug wird direkt neben der Müllkippe angebaut.« Sofort lässt Christina unter dem Gezeter des Händlers den Pfirsich zurück auf den Stapel fallen und holt ihre Desinfektionsflüssigkeit hervor. Belz lacht. »Seit die NGOs hier sind, gibt es auch ein paar Händler, die uns mit Produkten von anderen Märkten versorgen. Es ist zwar etwas teurer, dafür aber nicht mit Schwermetallen belastet.«

Direkt hinter den Marktständen erheben sich Müllberge aus zertrümmerten Elektrogeräten. »Es heißt, man kann Agbogbloshie nicht länger als zwei Stunden betreten, ohne gesundheitliche Schäden davonzutragen«, sagt Belz, als würde sie eine Touristengruppe herumführen. Obwohl dieser Satz bestimmt bloß ein Kniff eines erfahrenen Guides ist, um unseren Aufenthalt narrativ aufzuladen und zeitlich zu begrenzen, blicke ich nervös auf meine Uhr. Die Hälfte der Zeit ist bereits um. »Nicht gut für die Lunge«, sagt sie und zündet sich eine Zigarette an. Ich stelle in meinem Smartphone den Timer auf 45 Minuten.

Auf einem schmalen Pfad schlängeln wir uns zwischen meterhoch aufgetürmten Tiefkühltruhen, Waffeleisen und Videorekordern hindurch. Unter meinen Sohlen knirschen Platinen, zerbrochene Satellitenschüsseln und Lautsprechergehäuse. In der Ferne lodern unzählige Feuer. Tiefschwarze Rauchschwaden steigen in den dunstigen Nachthimmel hinauf. Meine Schleimhäute brennen vom beißenden Qualm. Ein paar Gestalten huschen an uns vorbei auf die Flammen zu, Kabelhaufen auf den Armen, wie Priester zu einer rituellen Opferstätte. »Dort schmelzen sie das Metall aus den Geräten«, sagt Belz.

Eine Hupe dringt durch die Dunkelheit. Scheinwerfer tasten über die Schrottberge. Ein Lkw, auf dessen Ladefläche sich mannshoch Geräte stapeln, fährt vorbei. Seine Reifen zermalmen die herumliegenden Plastikstücke zu winzigen Splittern. »1.000 Container pro Tag«, sagt Belz. Ein paar Jungs laufen herbei, klettern auf die Ladefläche und werfen die angelieferten Geräte nach unten auf den Boden, wo sie krachend zerschellen. »Deklariert als Secondhand, um das Exportverbot von Basel zu umgehen. Aber nur die Geräte vorne im Container sind funktionstüchtig, falls der Zoll mal kontrolliert, dahinter kommt der Schrott.«

Wir gehen weiter. Ein Junge schlägt mit einem Stein auf die Scheibe eines Bildschirms ein, bis sie zersplittert. Er wickelt ein Stück Stoff um seine Hand und entfernt die Glasstücke aus dem Rahmen. Dann hebelt er das Plastikgehäuse mit einem Stock auf. Er zerrt den Aluminiumrahmen hervor und rennt davon. Belz dreht das liegen gebliebene Monitorgehäuse mit dem Fuß um. Ein Aufkleber an der Unterseite kommt zum Vorschein: *Adventist Church, Philadelphia.* »Die ganzen Hilfslieferungen machen alles nur noch schlimmer«, sagt Belz. Ich frage mich, ob hier irgendwo auch mein Pentium III 500 verbrannt wurde, den meine Eltern im Rahmen einer Spendenaktion für die Dritte Welt vor ein paar Jahren aus dem Keller geholt haben, um den »digitalen Graben« überbrücken zu helfen.

Ein junger Mann mit nacktem Oberkörper schiebt eine quietschende Schubkarre durch den Schrott. Sie ist randvoll mit Festplatten. Belz deutet in Richtung einiger Container, die von Neonstrahlern hell erleuchtet sind. »Dort können Sie alles kaufen. Zugangsdaten zu Bankkonten, Krankenversicherungsnummern, Kinderpornos, Urlaubsfotos von deutschen Thailand-Touristen, Regierungsdokumente. Jede Festplatte, die in Agbogbloshie landet, wird durchsucht.« Mich schaudert es bei der Vorstellung, dass irgendwelche schmierigen Typen mein Tagebuch lesen könnten, das ich von 14 bis 16 als Word-Dokument geführt habe. Nur der Gedanke, dass sie wahrscheinlich kein Wort verstehen könnten, beruhigt mich etwas, denn eine deutsche Kolonie war Ghana immerhin nie.

Eine schmale Brücke aus Monitorgehäusen führt über einen Bachlauf. Am anderen Ufer beginnen die Feuer. Vorsichtig balancieren wir von Bildschirm zu Bildschirm. Im Licht meiner Taschenlampe schimmert das Wasser in allen Farben des Regenbogens. »Früher war das hier ein Feuchtgebiet. Die Alten erzählen noch, wie sie als Kinder in den Lagunen Vögeln und Fischen nachgejagt sind.« Belz deutet den Flusslauf hinab. »Einen Kilometer weiter beginnt das Meer.« Ich muss an die Fischer denken, die heute Nachmittag ihre Barken aufs Meer geschoben haben, und habe plötzlich dieses Bild vor Augen, wie sie ihre Netze einholen, aber zwischen missgebildeten Fischen mit geplatzten Schwimmblasen zappeln nur Ventilatorenblätter und Kühlschrankteile.

Vor uns erstreckt sich ein Feld aus Schrott und Flammen. Alle paar Meter lodern Feuer aus dem pechschwarzen Boden, als läge ein Gasfeld unter der Erde. »Die brennenden Felder von Agbogbloshie«, schießt mir der perfekte Titel für eine Doku durch den Kopf. Jugendliche sitzen auf den Gehäusen von Fernsehern und beugen sich über die grünen Flammen, ihre Hemden über die Nasen gezogen. Mit Holzstöcken stochern sie in den Feuern herum, werfen gelegentlich Styroporbrocken zu den qualmenden Überresten von Autoreifen. Ein leichter Wind weht vom Meer über die burning site. Alle paar Sekunden dreht er, und egal, wo ich stehe, immer dringen beißende Rauchschwaden in meine Lungen. Ich muss an die Lagerfeuer am See denken, bei denen man auch immer das Gefühl hatte, der Qualm weht nur in die eigene Richtung. »Kabel«, sagt Belz und deutet auf ein Feuer, neben dem ein maximal sechsjähriger Junge sitzt. »Mit der Zeit lernt man, das am Geruch zu erkennen.«

Das erste Mädchen, das ich sehe, trägt eine Schüssel auf dem Kopf, in der sich kleine Wasserpäckchen stapeln. Für ein paar Stücke Metall aus dem Beutel an seiner Hose kauft ein Junge eine Tüte. Er sticht mit dem Finger in das Päckchen und lässt das Wasser in seinen Mund laufen. Gierig bewegt sich sein Kehlkopf auf und ab. Noch bevor er es zur Hälfte geleert hat, setzt er das Päckchen ab und spritzt das Wasser in die lodernden Flammen, die zischend zusammenschrumpfen. »Wenn das Feuer zu heiß wird, verliert das Kupfer an Gewicht«, sagt Belz.

In ein paar Metern Entfernung kauert ein Junge über einem halb erloschenen Feuer. Er kratzt mit einer Harke durch die verglühenden Kabelreste, das verkohlte Styropor, die Plastikteile. Daneben hockt ein anderer und hält einen Magneten in die Asche. Mit der Hand fegt er die kleinen Metallstücke in einen Stoffbeutel. »Jeder fängt klein an in Agbogbloshie«, sagt Belz. Sie streicht den Jungen zärtlich über den Kopf. »Aber groß wird hier keiner.« Die Jungen blicken ängstlich zu uns auf, ihre Augen im Schein des Lichtkegels fast ganz weiß, wie kleine Dämonen.

»Kannten Sie auch Alexander Jung?«, frage ich Belz, als Christina sich gerade neben einen Jungen kniet, um ihm ein paar Münzen in die Hand zu drücken. »Natürlich kenne ich Alex«, lächelt Belz spöttisch. »Was ist damals passiert?«, frage ich. »Fragen Sie ihn selbst. Sie werden Alex schon noch kennenlernen.« Gerade will ich ihr sagen, dass sie offensichtlich nicht im Bilde ist und Alexander Jung seit Jahren tot, als ich einen schrillen Schrei höre. Christina liegt inmitten des Elektromülls. Ihr Rock ist bis über die Hüften nach oben gerutscht. Neben ihr schlägt der Junge mit seiner Harke auf den anderen ein. Strampelnd versucht der sich vor den Hieben zu schützen, die Faust fest um die Münze geschlossen, sein Hemd ist blutüberströmt. Ich muss wieder an die Filmszene mit den Kindersoldaten denken, und fast hoffe ich, dass auch jetzt das Bild vor dem finalen Stoß ausgeblendet wird, doch der Junge schlägt immer weiter auf den sich windenden Körper ein. Ich packe den Jungen und schleudere seine Harke auf einen Schrotthaufen. Mit einer unbändigen Kraft windet er sich in meinen Armen. Seine Hacken prallen gegen mein Schienenbein, Zähne graben sich in meinen Unterarm. Mein Griff lockert sich, und die Taschenlampe fällt zu Boden. Der Junge verschwindet zwischen den Müllbergen. Kleine Blutstropfen treten aus meiner Haut.

»Er muss ins Krankenhaus!« Christina beugt sich über den Jungen. »Halten Sie mal die Lampe«, unterbricht Belz und krempelt sein Hemd nach oben. Er blutet aus mehreren kleinen Wunden. Ich schieße ein Foto. »Geben Sie ihm noch eine Münze«, sagt Belz und steht auf. Sie zündet sich eine Zigarette an. »Sie werden schon sehen.« Christina reicht dem Jungen einen Schein. Urplötzlich springt er auf und verschwindet zwischen ein paar ausgeweideten Kühlschranken in der Dunkelheit. »Es ist keine gute Idee, mit rohem Fleisch vor der Nase eines Löwen zu wedeln«, sagt Belz. »Ein ghanaisches Sprichwort.« Christina rückt ihren Rock zurecht und reibt sich den dunklen Staub von den Armen. Sie zittert am ganzen Körper. In ihren Augen glitzern Tränen. »Ich verstehe nicht, was passiert ist«, stottert sie. »Die Schwermetalle verändern die neuronalen Strukturen im Gehirn«, sagt Belz. »Also waschen Sie das lieber ab.« Ich halte Christina meine Packung mit den

Tranquilizern hin. Ohne hinzuschauen, drückt sie zwei der Tabletten aus der Packung und schluckt sie trocken herunter. »Mars & Jung. We care for children«, sage ich, schlucke ebenfalls zwei Pillen und hebe die Taschenlampe vom Boden auf.

Auf dem Rückweg bewegt sich der Lichtkegel meiner Taschenlampe wie ein Irrlicht über die Szenerie. Ein Mann wälzt sich stöhnend auf einer Wellblechplatte hin und her. Seine Gliedmaßen zucken im Schlaf und erzeugen dumpfe Geräusche, wenn sie auf das Metall schlagen. Zwei Jungen weiden mit bloßen Händen einen Kühlschrank aus und werfen den Isolationsschaum ins Feuer. Grüne Stichflammen schlagen mannshoch empor, wie bei einem Voodoo-Ritual. Eine Kuh stakst zwischen den Feuern umher. Ein riesiger Hautlappen hängt an ihrer Flanke hinunter, darunter sind das blasse Fleisch und ihre Rippen sichtbar. Auf einer verbeulten Kühltruhe sitzt ein Geier und verfolgt jede Bewegung der Kuh. Sein Federkleid ist ganz zerrupft, ein Flügel steht im falschen Winkel von seinem Körper ab. Wehmütig muss ich an den Grünfischer denken, den ich aus dem Bus gerettet habe, und dass ich für den Geier eigentlich genau dasselbe tun müsste. Aber er ist einfach zu hässlich.

Hinter einem mannshohen Maschendrahtzaun steht eine Siedlung von Schiffscontainern. Ein Wachmann öffnet uns das Gatter. »Jede Organisation hat ihr eigenes Projekt. Es ist ein Wettrüsten«, erklärt Belz und öffnet die mit mehreren Vorhängeschlössern gesicherte Tür eines verrosteten Containers, auf den das Logo von faircycling Ghana gesprayt ist: ein Kreis aus Händen, die fest zusammenhalten.

An den Wänden des Containers hängen Fotografien von der Eröffnung, bei der offensichtlich auch eine Bongotruppe gespielt und ein Kindergarten ein Theaterstück aufgeführt hat. *Involving the community*, noch so eine PR-Phrase. In der Mitte des Containers stehen auf einem Tisch drei kleine Maschinen, die so grobschlächtig aussehen wie die Modelle von Dampfmaschinen oder mechanischen Wellen im gymnasialen Physikunterricht. Ein paar Metallplatten, grob zusammengeschraubt, ein schmaler Trichter, an der Seite gibt es ernsthaft eine Kurbel wie bei einem Fleischwolf. Man habe vom Know-how der Maschinenbaustudenten ortsansässiger Universitäten profitieren können, die seien ganz wild darauf gewesen, ihren weniger privilegierten Landsleuten etwas zurückzugeben, sagt Belz. Sie nimmt ein paar aufgerollte Kabel von der Wand. »Drehen Sie.« Ich drehe an der Kurbel, während sie das Kabel in die Maschine einfädelt. Tatsächlich kommt nun auf der einen Seite ein lachsfarbener Kupferdraht zum Vorschein, auf der anderen Seite die aufgeschnittene Plastikhülse. Ich muss kurz daran denken, wie mein Bruder und ich früher immer Spritzgebäck gebacken haben und dass ja bald Weihnachten ist, was bedeutet, dass die Tranquilizer angefangen haben zu wirken. Ich bin regelrecht high. Belz kneift den Draht mit einer Zange ab. »Den können Sie behalten«, sagt sie, weil sie wohl bemerkt hat, wie melancholisch ich den Draht in meiner Hand anstarre. Ich rolle das Stück auf und stecke es in meine Hosentasche. Jetzt darf auch Christina noch einen Kupferdraht durch die Maschine drehen. Sie wickelt ihn um ihr linkes Handgelenk und verdreht die Enden miteinander. »Fairccessoires«, sagt sie ironisch, während sie ihr Armband mit eingetrübtem Blick betrachtet, doch ich wette, dass sie gerade einen Plan gefasst hat.

»Wie viel Prozent der vereinbarten Liefermenge werden hier produziert?«, frage ich, nachdem wir uns gegenseitig bis zum Erbrechen mit Nachhaltigkeits-Buzzwords gefüttert haben und ganz erschöpft vor den Modellen stehen. »Vielleicht ein Prozent. Der Rest kommt von da draußen«, sagt Belz. Ich schaue ratlos auf die Maschinen, die so gar nicht sexy sind. »Ideen?«, frage ich Christina, aber die zuckt auch nur mit den Schultern. Schon wieder werde ich ganz melancholisch. Christoph wäre bestimmt etwas eingefallen, irgendeine rührige Geschichte über ein Waisenkind, das durch die Maschinen vom Kleber loskommt und dessen außerordentliche Technikbegabung eines Tages entdeckt wird und er dann das erste fairtronics-Stipendium für ein Maschinenbau-Studium an der Universität erhält. Ich niese. Christina reicht mir ein Taschentuch. Ich zögere minimal zu lang, bevor ich es nehme.

Das Smartphone vibriert in meiner Hosentasche. Die 45 Minuten sind abgelaufen. »Ich denke, wir haben genug gesehen«, sage ich und stapfe wortlos über Platinen, Tastaturen und zersplitterte Monitore zurück zur Straße. »Grüßt Jens schön von mir«, ruft uns Belz hinterher.

33

Frisch geduscht und eingecremt trete ich auf die Hotelterrasse. Lampionketten in den Landesfarben schaukeln zwischen ein paar Palmen in der Abendbrise. Aus unsichtbaren Lautsprechern klingt dezente Jazzmusik, die nur vom Plätschern einer alten Dame im Pool übertönt wird. Jens und Marina sitzen am Rand der Terrasse unter einem Schirm aus Palmenblättern, die Stühle Richtung Meer gerichtet. Nur ein paar hundert Meter entfernt rollen die Wellen im Mondlicht an den Strand. Der feine Stacheldrahtzaun, der das Hotelgelände umgibt, ist in der Dunkelheit kaum zu sehen.

Ich trete leise von hinten an die beiden heran. Zwischen ihnen stehen gewaltige Cocktailgläser auf dem Tisch, in einer Schale sind Kerzen zu einem Flammenmeer zusammengeflossen. Wieder kribbelt es in meiner Nase. Mit den Fingern drücke ich meine Nasenlöcher zu und halte die Luft an. Ein paar Sekunden kämpfe ich mit mir, dann entfährt mir ein heftiges Niesen. Jens und Marina sehen erschrocken über die Lehnen ihrer Stühle. »Entschuldigung«, sage ich und wische mir mit dem Handrücken über Mund und Nase.

Ich berühre Marina zur Begrüßung leicht an der Schulter. Ihr Dekolleté ist von der Sonne stark gerötet. Unschlüssig stehe ich neben den beiden, bis der Kellner einen weiteren Stuhl bringt. Ich bestelle Whiskey und frischen Pfefferminztee. »Wie war's noch?«, frage ich betont entspannt. Marina zieht ihr Handy hervor und wischt sich durch die Bilder, die Jens und sie im Fort, an einem Souvenirstand und nebeneinander in einem Restaurant zeigen. Dabei schwärmt sie von dem traditionellen Fischeintopf, den sie im Sonnenuntergang in diesem winzigen Lokal gegessen haben.

An der Bar entdecke ich Christina und winke ihr zu. Mitten im Satz bricht Marina ihre Erzählung von dem Affen, der auf ihre Schultern geklettert ist, ab und folgt meinem Blick. Christina kippt einen Shot hinunter und stakst schwankend auf uns zu, als liefe sie zum ersten Mal auf Heels. Sie trägt noch immer das verdreckte Kostüm, dessen Rock an der Seite so weit aufgerissen ist, dass man fast ihren Beckenknochen sehen kann. Ich schaue kurz auf mein Smartphone, um Marina mein Desinteresse an Christinas Beinen zu suggerieren. Mit einem lauten Quietschen schleift sie einen Stuhl über die Terrasse und lässt sich hineinfallen.

»Das Projekt ist totaler Schrott.« Christina nimmt einen tiefen Schluck von meinem Whiskey. »Außer man liebt Kunsthandwerk.« Sie schüttelt ihr Handgelenk, an dem der Kupferdraht baumelt. »Wäre das nichts für dich, Marina?« Ich berichte detailliert von den Kabelfleischwölfen mit ihren nullkommanull Prozent Storypotenzial, bis Jens mich ungeduldig unterbricht: »Können wir nun 100% Recycling draufschreiben oder nicht?« Ich nicke langsam. »Wo ist dann das Problem?« Ich ziehe mein Smartphone hervor und zeige Jens die Bilder aus Agbogbloshie. Die Berge von Elektromüll, die brennenden Kabel zur Kupfergewinnung, der blutende Junge. »Keine Details bitte.« Jens legt seine Hand auf das Display.

»Kann ich die Bilder mal sehen?«, fragt Marina. Ich schiebe mein Smartphone über den Tisch. »Das ist auch aus ethnografischer Perspektive viel interessanter als so ein historisches

Sklavenfort«, sage ich. »Jens, du solltest mit ihr unbedingt noch mal da hin, während wir arbeiten.« Jens' Lippen werden ganz dünn. »Vielleicht könnte deine alte Freundin Celina euch eine kleine Führung geben«, fügt Christina hinzu und ext den Whiskey. Jens steht so abrupt auf, dass sein Stuhl auf den Boden prallt. »Ich informiere fairtronics«, sagt er. Über Christinas Gesicht huscht ein Lächeln, dann saugt sie mit gespitzten Lippen seinen Cocktail durch ihren Strohhalm.

»Jens meint, die Wellen hier sind optimal, um Surfen zu lernen«, sagt Marina, um das Schweigen zu überbrücken. »Ich gehe hier sicher nicht surfen«, sage ich und denke an Alexander Jung. »Außerdem fahren wir morgen in den Kyabobo-Nationalpark«, ergänze ich, denn dort habe ich über einen Klienten eine Safari in einem firmeneigenen Peace Park gebucht. »Tut ihr nicht.« Jens lässt sich wieder auf seinen Stuhl fallen. Er schiebt sein Smartphone über den Tisch, auf dem die Karte von Ghana zu sehen ist. Im Landesinneren steckt ein roter Pin. »Ihr reist ins fairtronics-Reserve. Es gibt ein akutes Problem mit der Akzeptanz des Projekts in der Community.«

Schweigend fahren wir hinauf zu unseren Zimmern. Ich ziehe die Codekarte durch die Tür. Marina verschwindet wortlos im Bad. Obwohl ich weiß, dass sie solche dramatischen Gesten lächerlich findet, schleudere ich meine Schuhe gegen die Vertäfelung. Ich schalte den Fernseher ein und zappe ein wenig herum. Bei einer Doku über Haie bleibe ich hängen. Vor der Küste Afrikas sind 2014 neun Menschen von Haien attackiert worden. Ich tippe »Alexander Jung« in das Suchfeld meines Smartphones ein.

Die Badezimmertür öffnet sich mit einem leisen Klicken. Ich gehe hinein. Ein seidener Bademantel schmiegt sich an Marinas Körper. Ihre Haare sind hochgesteckt. Ich setze mich auf die geschlossene Toilette und schaue ihr beim Zähneputzen zu. »Du weißt, was Jens vorhat«, sage ich schließlich. Marina blickt mich fragend im Spiegel an und bewegt die Bürste weiter über ihre ebenmäßig weißen Zähne. »Ich weiß«, sagt Marina und spuckt Zahnpasta ins Waschbecken. »Ich wusste es von Anfang an – aber du wusstest es auch.« Sie schiebt mich zur Seite, um an ihren Kulturbeutel hinter mir zu gelangen. Ich greife nach ihren Hüften, gleite aber am glatten Stoff ab. »Du hast es in Kauf genommen, damit ich nicht nach Frankfurt gehe.« Marina gurgelt mit Mundwasser. Der scharfe Geruch des Alkohols breitet sich im Bad aus. Sie spuckt es aus. »Also leb mit den Konsequenzen«, sagt sie und verlässt das Bad.

Im Fernsehen läuft jetzt so ein Film über eine europäische Frau, die mit den Wilden im Busch lebt, die Weiße Massai oder so. Ich schalte das Gerät aus. »Hey!«, ruft Marina und klickt wild auf der Fernbedienung herum. Ich setze mich zu ihr auf die Bettkante. »Was ist mit der Hochzeitsnacht?«, frage ich. Marina blickt mich verständnislos an. Stockend erzähle ich ihr von meinem Spaziergang mit Jens. »Hört sich eher nach Europa im Mittelalter an«, sagt Marina. Ich nicke verwirrt und starre auf ihren Brustansatz. »Da hat er dich wohl ein bisschen verarscht.« Marina nimmt meinen Kopf in ihre Hände. »Es wird nichts passieren.« Sie küsst meine Stirn. »Du bist ganz heiß«, sagt sie besorgt. Sie fühlt noch einmal mit dem Handrücken nach. Ich zucke mit den Schultern und greife nach dem Beutel mit Tabletten auf dem Nachttisch.

Später schlafen wir noch miteinander, aber ich habe nicht das Gefühl, dass wir richtig bei der Sache sind. Es ist eher ein obligatorischer Akt, um uns gegenseitig zu versichern, dass wir das eben Gesagte auch wirklich ernst meinen. Das finde ich sehr rührend von uns, und nun habe ich doch etwas mehr Lust. Ich versuche mich auf den Sex zu konzentrieren, aber meine Gedanken driften immer wieder ab zu dem Jungen auf die Müllkippe. Auch Marinas Augen sind weit geöffnet und starren an die Zimmerdecke, während sie leise stöhnt. Nach einem kaum merklichen Orgasmus streichle ich über ihre Schlüsselbeine und wälze mich zur Seite.

Bei Sonnenaufgang wache ich schweißgebadet auf. Marina schnarcht leise. Die Gardinen wehen vor den geöffneten Flügeltüren im Wind. Ich wickle mich aus den Laken und trete auf den Balkon. Eine kühle Brise streift über meine feuchte Haut. Ich fühle nach meiner Stirn. Sie ist immer noch heiß. Am Strand schieben ein paar Fischer ihre Barken in die Brandung. Zwischen ihnen paddelt ein einzelner Surfer aufs Meer. Mir würde es nichts ausmachen, wenn er sich weit draußen in ihren Fischernetzen verfängt.

34

Unser Jeep steht bereits seit 17 Minuten mit laufendem Motor vor dem Hotel. Ich laufe durch die Lobby und schaue abwechselnd auf meine Hublot und die Edelstahltüren des Aufzugs. Christina hat beim Frühstück gefehlt. Auf meine freundlichen Nachrichten, die ich ihr seit 15 Minuten schicke, reagiert sie nicht. Für einen Moment sehe ich sie vor mir, reglos auf ihrem Bett liegend, in einem roséfarbenen Nachthemdchen, das ihre wachsfarbene Haut nur an den nötigsten Stellen bedeckt, betäubt von meinen Tranquilizern, an ihrer eigenen Kotze erstickt.

Nach 21 Minuten rufe ich sie an. Nach ein paar Mal Klingeln ertönt das Besetztzeichen. Ich lasse mich erleichtert in einen Sessel fallen. Sie hat mich weggedrückt – das heißt, ihr geht es gut. In den Sesseln hinter mir lungern eine Handvoll asiatischer Businesstypen herum und genießen den ersten Drink des Tages. Ich positioniere mich so, dass sie im Hintergrund zu sehen sind, lege eine Schlaftablette auf meine Zunge und schicke das Bild an Christoph. »Missin' you«, schreibe ich darunter.

Nach 32 Minuten gleiten die Aufzugtüren auf und Christina stakst hervor. Ihre braunen Haare hängen kraftlos von ihrem gesenkten Kopf herab, das Gesicht ist hinter einer Sonnenbrille versteckt. Die kantigen Schultern hat sie weit hochgezogen, als würden die quietschenden Plastikrollen ihres

Koffers ihr Gehirn peinigen. Ich werfe den Rucksack über meine Schultern, denn ich hoffe, die Angelegenheit ist schnell erledigt und wir können schon morgen zur Safari dazustoßen.

Christina öffnet die Tür des Jeeps und stöhnt laut auf. »Dachtet ihr, Jens lässt euch allein fahren?« Belz lehnt sich grinsend nach draußen. Neben ihr sitzt auch noch der Bodyguard auf der Rückbank. »Außerdem ist es immer besser, wenn dort nicht bloß Weiße auftreten. Das kann schnell überheblich wirken und koloniale Ressentiments schüren, stimmt's, George?«, sagt sie und tätschelt ihm wieder so merkwürdig auf den Unterarm. George nickt stumm. »My name is Thomas«, sage ich und halte George meine Hand hin.

Ich drücke mein Gesicht in das Daunenkissen, das ich aus dem Hotel entwendet habe. Ich zittere im kalten Atem der Klimaanlage, obwohl ich extra ein langärmliges Shirt unter meinem Hemd trage, was ich normalerweise als völlig stillos verurteilen würde, denn nur deutsche Spielshow-Hosts kleiden sich so. Darüber trage ich außerdem einen Kaschmirpullover und mein dickstes Baumwoll-Jackett. Das Kissen und die Medikamente federn mein Zittern und das Ruckeln des Jeeps einigermaßen ab, sodass ich in einen unruhigen Schlaf falle.

Ab und zu wache ich auf und sehe, wie sich Christina am Straßenrand krampfend übergibt. Dabei registriere ich mit schläfrigen Augen auch die Veränderungen der Vegetation. Während anfangs die asphaltierte Straße noch von lichten Palmenhainen umgeben ist, schließt sich der Urwald im Laufe des Tages immer enger um die schmalen Sandpisten. Der Wald ist von savannenartigen Brachflächen durchsetzt, aus denen riesige Termitenbauten ragen. Später öffnet sich der

Blick auf nackte Berghänge, die stufenartig abgetragen sind. Stollen senken sich tief in den Lehm, und ich finde, von Weitem sehen die wuselnden Minenarbeiter genauso aus wie Termiten, die an ihren Hügeln bauen.

Jemand rüttelt mich an der Schulter. Es dämmert bereits. Der Jeep hat auf einem Pfad gehalten, der auf beiden Seiten von dichtem Gestrüpp gesäumt ist. Belz deutet auf das Unterholz. »Galamsey Miners.« Meine Augen müssen sich erst an das diffuse Dämmerlicht gewöhnen, dann sehe ich die Bewegung in den Büschen. Zwei von Kopf bis Fuß mit Schlamm beschmierte Männer treten auf den Weg. Sie rammen ihre Schaufeln in den Boden und rücken das Geäst hinter sich zurecht. Belz beugt sich nach vorne und betätigt die Hupe. Gleichzeitig lässt unser Fahrer den Motor aufheulen, und der Jeep rast auf die beiden zu. Die Männer rennen verschreckt davon, ihre Schaufeln lassen sie zurück. An der Stelle, wo die beiden aus dem Wald gekommen sind, hält unser Fahrer. Ein kaum sichtbarer Pfad schlängelt sich durch das Unterholz in den Wald.

George geht voran und hackt mit einer Machete das Gestrüpp aus dem Weg. Über seiner Schulter hängt ein Gewehr, das er aus dem Kofferraum des Jeeps genommen hat. Hinter mir höre ich Christina schon wieder würgen. Nach etwa zehn Minuten stehen wir auf einer Lichtung, die von Baumstümpfen übersät ist. Die Bäume sind nicht mit der chirurgischen Präzision einer Motorsäge abgeschnitten worden, sondern grob mit Äxten abgehackt. Wir klettern über die Stümpfe und die liegen gebliebenen Baumstämme. Zwischen den Stämmen finde ich ein verbogenes Schild. *Fairtronics Reserve. Private Property. Trespassing strictly forbidden. No Farming. No Mining. No Hunting.*

Am Rande der Lichtung sind tiefe Gräben in den Lehm gehauen, deren Wände von groben Holzbalken abgestützt werden, Bretter bedecken Löcher im Boden. Belz fährt mit der Hand durch den Sand in einer herumliegenden Metallschüssel und holt einen kleinen Stein hervor. Nachdem sie den Dreck mit ihrem Blouson abgewischt hat, reicht sie ihn mir. Eine winzige Goldader läuft mitten hindurch.

In einem der Gräben liegt ein zerdrückter Kanister, schon halb von Erde verschüttet. Ich klettere hinunter und reibe den Lehm vom Plastik. Zwischen meinen Fingern erscheinen chinesische Schriftzeichen und ein fett gedrucktes, englisches Wort: *MERCURY*. Ich drehe vorsichtig den Deckel ab und schüttle den Kanister. Aus der Öffnung fallen ein paar silbrige Tropfen. Sie versickern aber nicht im grobporigen Lehm, sondern bleiben wie ölige Perlen auf der Erde liegen.

»Ich brauche die GPS-Koordinaten«, sagt Belz, als ich dreckverschmiert aus dem Graben klettere. Ich hole mein Smartphone hervor und halte ihr das Display mit der Zahlenreihe hin. Belz drückt ihr Handy ans Ohr. »Die Ranger werden sich darum kümmern.«

Als wir durch das nächste Dorf fahren, fliegen Lehmklumpen und Steine auf unseren Jeep. Männer mit wutverzerrten Gesichtern rütteln an den Türen und schlagen mit flachen Händen auf die Karosserie. Sie sind ebenso dreckverschmiert wie die beiden, die unsere Ankunft wohl im ganzen Dorf verbreitet haben. Ich drücke meine Hände auf die Ohren, denn das Hämmern auf dem Metall hört sich an wie ein heftiger Hagelsturm. Die Männer fangen an, den Jeep hin und her zu schaukeln. Einer bekommt irgendwie seine Finger zwischen Fenster und Metall und drückt die Scheibe langsam nach unten.

Mir ist die Unruhe der Bürger völlig unerklärlich. Faircycling Ghana hat dieses Waldstück vollkommen ordnungsgemäß von der Regierung erworben und das fairtronics Reserve errichtet, das die unberührte Flora und Fauna mit ihrer einmaligen Artenvielfalt bewahren und zugleich ermöglichen soll, für jedes fairtronics-Produkt einen CO_2-Abdruck von 0 mg anzugeben. Weil bei der Errichtung eines Naturschutzgebiets keine Entschädigungszahlungen an die customary landowners vorgeschrieben sind, planen wir als alternative Existenzgrundlage ein Bewässerungssystem für das Farmland, damit die Bürger das ganze Jahr über Bananen oder Kokosnüsse, oder was auch immer sie gerne essen wollen, anbauen können. Damit stoppen wir den Raubbau an der Natur und empowern die Bevölkerung. Ganz nach dem Credo der deutschen Entwicklungszusammenarbeit: *Hilfe zur Selbsthilfe*. Den Steinen nach zu urteilen, die an den Jeep prallen, scheinen sie von unserem Konzept aber nicht sonderlich überzeugt zu sein.

»Was ist hier los?«, schreit Christina Belz an. »Die Ranger haben vor ein paar Wochen einen Schürfer angeschossen«, schreit die zurück. Dann brüllt sie dem Fahrer Anweisungen ins Ohr. Der schlägt mit seiner Faust auf die Hupe und beschleunigt den Jeep. Die Menge fegt vor unserer Motorhaube auseinander. Durch die Heckscheibe sehe ich, wie die Männer Steine vom Boden aufklauben und uns hinterherwerfen. Ein paar davon treffen noch auf das Metall, aber das macht uns schon gar nichts mehr aus. Es ist sogar fast angenehm, wie das friedliche Tröpfeln des Regens nach einem Sturm.

Wir entscheiden uns, lieber in einem anderen Dorf zu übernachten. Auf halber Strecke lassen wir deshalb George aus dem Jeep. Er soll zurücklaufen und Verhandlungen für den morgigen Tag anbahnen, während wir uns schon mal ein heißes Bad einlassen. Im nächsten Dorf finden wir tatsächlich ein Natururlauber-Resort, das aus einer Siedlung mit quasiauthentischen Buschbungalows besteht. Nachdem man uns versichert hat, dass nachts die Tore geschlossen werden und ein Zaun um das Gelände läuft, lassen wir uns vom Rezeptionisten durch einen kleinen Park mit akkurat gemähtem Rasen und mit dem Geodreieck platzierten Palmen führen. »Leider kann ich Ihnen nur noch zwei Bungalows mit Doppelbett anbieten«, sagt der Mann. Er deutet auf zwei Lodges unter einer riesigen Kokosnusspalme. Die Nüsse hängen wie abgehackte Köpfe in der Krone.

Christina lässt ihren Rollkoffer in die Ecke der Lodge krachen und verschwindet im Badezimmer. Kurz darauf höre ich erst die Toilettenspülung und dann das Brausen der Dusche. Ich werfe mein Jackett über ein Bambusrohr, dessen Triebe als Kleiderhaken dienen sollen. An der Decke rotiert ein Ventilator, der das riesige Moskitonetz über dem Doppelbett in leichte Wellenbewegungen versetzt. Ich ziehe das Netz beiseite und stopfe es hinter einem Bettpfosten fest. Dann betrachte ich ein wenig die Leopardenfell-Imitate, die an den orangefarbenen Wänden hängen. Ich mache es mir auf dem Bett gemütlich und schicke Marina eine längere Nachricht, in der ich von meinem Fieber und den wütenden Männern im Dorf berichte und die ich etwas dramatisch mit einem »Bis hoffentlich bald ...« beende.

Christina tritt aus dem Bad, ein schmales Handtuch um ihren Körper geschlungen. Sie beugt sich über ihren Koffer und wirft verschiedene Kleidungsstücke neben mir aufs Bett. Der eingesteckte Zipfel des Handtuchs an ihrem Rücken löst sich langsam und ihre Wirbelsäulenfortsätze kommen zum Vorschein. Ich schirme mein Gesichtsfeld mit der Karte des Room Service ab. »Ich glaube, ich nehme Red-Red und Kelewele zum Abendessen«, sage ich, nachdem ich die Gerichte überflogen habe. »Und du?« Ich schiele über die Karte. Durch die offene Badezimmertür sehe ich, dass Christina jetzt wieder eins ihrer Businesskostüme trägt und sich weit über das Waschbecken beugt. »Irgendwas mit Früchten«, antwortet sie.

Als ich aus der Dusche komme, liegt Christina auf dem Bett, einen Piccolo in der einen, das Smartphone für ein Selbstporträt in der anderen Hand. Der Fernseher läuft lautlos mit, irgendeine Naturdoku. Das Tablett mit unseren Gerichten steht schon am Fußende. Da es im ganzen Raum keinen einzigen Stuhl gibt, setze ich mich neben Christina und stecke das Kopfkissen hinter meinen Rücken. Mir ist ein bisschen schummerig zumute. Ich reiche ihr die Schale mit der geschnittenen Banane und positioniere das Tablett auf meinem Bauch. Ich zögere, mit dem Essen anzufangen. »Sekt?«, fragt sie und schwenkt ihre leere Flasche in der Hand. Wieder rieche ich diesen leichten Mundgeruch, der mir auch schon damals bei der Party aufgefallen ist. Ich fotografiere mein Essen und sende das Bild an Marina, die eine vorbildliche Mundhygiene hat und sicher auch etwas bestellt hätte, bei dem ich mir nicht vorkomme, als wäre ich fresssüchtig.

Christina holt noch zwei Piccolos aus dem kleinen Kühlschrank, und wir stoßen an. Im TV wird jetzt gezeigt, wie in Südafrika Nashörner enthornt werden, um sie vor Wilderern zu schützen. Aus einem Helikopter beschießen die Ranger das Nashorn mit einem Narkosepfeil. Nachdem es betäubt zusammengebrochen ist, wird es an einen Baum gebunden.

Unter Kreislaufüberwachung schneiden sie dem Tier das Horn mit einer Motorsäge ab. Anschließend spritzen sie ihm irgendeine Substanz, die das Tier hellwach und aggressiv macht. Deshalb rennen die Ranger wie wahnsinnig zurück zu ihrem Jeep, während das Nashorn noch mit der Spritze im Fleisch anfängt, Jagd auf sie zu machen. Im Interview sagt der Tierarzt, dass die Legalisierung des Handels die einzige Möglichkeit sei, die Nashörner vor Wilderern zu retten.

»Exakt!« Christina nimmt einen tiefen Schluck Sekt. »Müllverbrennung, Quecksilber im Boden, Nashörner wegen Hörnern abknallen. Das ist doch alles nicht nachhaltig hier!« Sie springt aufgewühlt vom Bett auf und sucht in der Minibar nach weiteren Piccolos. Sie dreht den Schraubverschluss einer kleinen Flasche Weißwein auf. »Ich glaube, in Ghana gibt es gar keine Nashörner«, sage ich, obwohl Christina im Grunde natürlich absolut recht hat. Auch wenn alles vielleicht etwas komplexer ist und dieser Kontinent von den Interessen global agierender Konzerne und seiner kolonialen Geschichte durchzogen ist, kommen die Beamten von BMZ, GIZ und der Weltbank ja zu ähnlichen Schlüssen: Einfach den Kontinent für die freie Marktwirtschaft erschließen, und alles wird gut. Potenzielle Märkte sind dabei nicht nur Seltene Erden, sondern auch nachwachsende Rohstoffe wie die Hörner der Nashörner. Die Enthornung durch Tierärzte ist dabei sogar besonders nachhaltig. Vom Erlös der Hörner wird schließlich der Schutz der Tiere refinanziert. Und warum sollten denn diese faulen Nashörner nicht selbst daran mitarbeiten, nicht auszusterben?

Nachdem wir fast die komplette Minibar geleert und uns noch einen Tranquilizer geteilt haben, fühle ich mich besser. Das Zittern hat deutlich nachgelassen, nur meine Stirn glüht immer noch. Im Fernsehen läuft irgendeine Reality-TV-Sendung, die vor einer halben Stunde auf dem Höhepunkt unseres Rauschs noch sehr amüsant gewesen ist, doch jetzt fallen mir immer wieder die Augen zu. Mit dem heruntergelassenen Moskitonetz sieht es aus, als lägen wir in einem Himmelbett. Ich nehme ein bereitliegendes Handtuch und rolle es zu einer Wurst auf, die ich in der Mitte des Bettes als Barriere platziere. Christina kommt zähneputzend aus dem Bad. Sie trägt nur ein hauchdünnes Nachthemd, das kaum über ihre Hüften reicht. »Ich kann auch auf dem Boden schlafen«, sage ich schnell und greife nach Bettdecke und Kissen. Christina verdreht die Augen und nimmt die Zahnbürste aus dem Mund. »Glaubst du, Jens macht sich die Mühe, seine Bettwäsche auf den Boden zu legen?«

Nachts spüre ich, wie Christina ihre weichen Brüste an meinen Rücken presst. Ihre Hand fährt langsam meinen Oberkörper ab. Sie greift in meine Boxershorts und beginnt, mich zu massieren. Ich fühle ihren heißen Atem in meinem Nacken. Er ist zwar nicht mehr so ammoniaklastig wie eben, riecht aber immer noch säuerlich. Ich richte mich im Bett auf. Christina zieht mein Shirt hoch. Sie küsst meine Bauchmuskeln. Sie beißt vorsichtig in meine Haut, zieht sie mit ihren Zähnen ein Stückchen nach oben, so wie sie es schon mit dem Hähnchenschenkel in Agbogbloshie getan hat.

35

Ich starre in den von Sternen übersäten Himmel. Ein paar Sternzeichen erkenne ich, Drache, Skorpion und Schütze. Ich muss an eine Sendung denken, in der das Größenverhältnis der Erde zum Universum gezeigt wurde. Die virtuelle Kamera zoomte immer weiter heraus, Erde im Vergleich zur Sonne 1:1085, Erde im Vergleich zur Milchstraße 0,0001:92328998312, der Mensch im Vergleich zum Universum: hundertmal kleiner als ein Wasserstoffatom. Plötzlich erfasst mich panische Angst, die Schwerkraft könnte außer Kraft gesetzt werden und ich würde hinaus ins All gesaugt. Fast spüre ich, wie meine Schulterblätter vom Holz abheben. Am Anfang sehe ich noch die Erde verschwinden, wie man es aus Science-Fiction-Filmen kennt, dann treibe ich in absoluter Stille durchs Nichts.

Ich will nach den Tranquilizern greifen, aber die liegen drinnen auf dem Nachtschränkchen. Ich konzentriere mich auf detaillierte Beobachtungen, wie ich es von meinem Therapeuten gelernt habe. Die ganze Anlage liegt im Dunkeln, nur die Notausgangsschilder im Haupthaus glimmen schwach. Obwohl ich meine Decke darübergebreitet habe, drücken die Holzbohlen der Veranda in meinen Rücken. Vor meinen Ohren summen Moskitos hin und her. Ein paarmal schlage ich nach ihnen und es ist für einen Moment still, dann sind sie wieder im Anflug. Das Smartphone vibriert neben meinem Kopf. Marina und Jens brechen gerade zu einer Nachtsafari auf. Marinas blonde Haare schauen lustig unter dem überdimensionierten Safarihelm hervor. Ich betrachte das Bild, bis das Display erlischt. Dann rolle ich mich auf der Decke zusammen und schließe die Augen.

Ein Tritt in die Seite weckt mich. Dumpf prallt ein Körper neben mir auf die Holzveranda. Fluchend rappelt sich der Mann auf und beugt sich über mich. »Mr. Pries?« Eine weiße Zahnreihe leuchtet in der Dunkelheit. In der Hütte geht das Licht an. Christina schlurft zum Fenster. »Silent.« Der Mann legt seine Hand über meinen Mund und zieht mich raus in die Gartenanlage.

Auf dem Parkplatz lässt er mich los. Ich stolpere noch ein paar Meter über den Asphalt und lehne mich keuchend an einen Jeep. Der Mann überragt mich um bestimmt zehn Zentimeter. Sein Gesicht liegt im Schatten der Laternen, aber ich spüre, dass seine schwarzen Augen mich aufmerksam fixieren. Auf seinem kahl rasierten Schädel glänzt die Mondsichel. Er streckt mir seine Hand entgegen. »Paul Taylor. Wir haben telefoniert.« Ich wische meine feuchte Hand an der Hose ab, bevor ich sie ihm reiche. »Christoph Pries«, sage ich. »Wie sind Sie hier reingekommen?« Mein Blick irrt zum meterhohen Zaun mit der Stacheldraht-Krone. »Ich konnte George überzeugen, mir das Tor zu öffnen.« Taylor deutet auf die gegenüberliegende Seite des Parkplatzes. Zwischen zwei Jeeps sitzt eine dunkle Gestalt in der Hocke, die nur von einer glimmenden Zigarette erleuchtet wird. Auf ihren Knien ruht ein länglicher Gegenstand. »Wo ist Belz?«, frage ich panisch und erwarte halb, ihre Füße hinter einem Fahrzeug hervorragen zu sehen. Taylor zuckt mit den Schultern. »Wir vertrauen ihr nicht. Und Sie sollten das auch nicht.« Er zieht eine Packung Zigaretten aus der Brusttasche seines dunkelblauen Buttondown-Shirts. Er hält mir die Schachtel hin, doch ich schüttele den Kopf. Taylor zündet sich eine Zigarette an. Im Schein der Flamme leuchtet kurz sein Gesicht auf. Es sieht rund und freundlich aus, mit weichen Wangenknochen und Flaum auf der Oberlippe. Nur seine rechte Augenbraue ist durch eine Narbe in zwei Hälften geteilt. Auf seinen Lippen liegt ein spöttisches Lächeln: »Wir haben offensichtlich ein gemeinsames Interesse.«

Ich atme auf. Mit Paul Taylor habe ich eine dankbare Karte gezogen, den »Gewerkschaftsführer«. In der Agentur haben wir nämlich so ein Spiel, das uns helfen soll, in unbekannten Situationen das Gegenüber einzuschätzen und unsere Kommunikationsstrategie auf dessen Stärken und Schwächen abzustimmen. Der »Gewerkschaftsführer« ist ein pragmatischer Interessensvertreter, der für Verbesserungen innerhalb der bestehenden Strukturen eintritt. Man kann leicht mit ihm verhandeln, da er kein Ideologe ist und das natürliche Abhängigkeitsverhältnis der Arbeiter von den Produzenten nicht grundsätzlich infrage stellt. Vor allem aber ist er an seinem persönlichen Aufstieg interessiert. Sein Engagement in der Gewerkschaft, im Berufsverband oder als Lobbyist wird von seinem Verlangen gespeist, Primus inter Pares zu sein. Und genau da lässt er sich packen. Oft genügen mittelpreisige Abendessen, Upgrades bei Flugreisen und Bahncard-Bonuspunkte, um ihn abzuspeisen. Das Spiel ist zwar ein Relikt aus der Phase, als alles im Marketing gamifiziert werden musste, trotzdem ist es immer noch ganz brauchbar.

»Und dieses gemeinsame Interesse wäre?«, frage ich und verschränke die Arme vor der Brust. »Ich will unser Land zurück. Sie wollen …« Taylor hält inne. Er zieht an seiner Zigarette und stößt den Rauch durch die Nasenlöcher wieder aus. »Ehrlich gesagt, verstehe ich noch nicht ganz, was Ihre Agenda ist.« Taylor wirft einen Stapel Fotos auf die Motorhaube. Ich lasse das Licht meines Smartphones darübergleiten. Auf den Bildern sind Bagger und Maschinen mit riesigen Bohrköpfen auf einer Lichtung im Urwald zu sehen.

»Dann haben die Arbeiten für das Bewässerungssystem also schon begonnen ...«, stottere ich. Taylor reicht mir eine Fotokopie, auf der oben rechts das Logo des Ministeriums für Land, Forst und Bergbau prangt. Wie praktisch, denke ich, hier gibt es alles aus einer Hand. Der Vertrag erteilt der Mutterfirma von fairtronics eine Boden-Erforschungslizenz, auf der Rückseite ist eine Karte mit der Größe des Konzessionsgebiets gedruckt. Taylor legt eine Karte mit den Grenzen des Naturreservats aus dem unveröffentlichten fairtronics-Bericht, den er nur von Christoph haben kann, daneben. Sie sind exakt deckungsgleich. »Genau das, was ich erwartet hatte«, murmele ich. Ich fahre mit dem Finger die Umrisse des Gebiets ab. »Nach was graben wir denn?«

Taylor zieht einen kleinen Stein aus der Tasche, der im Mondlicht schimmert. »Gold?«, rate ich. Er legt den Stein in meine Hand. »Das ist Coltan«, sagt er. Ich drehe den Stein in meiner Hand hin und her. »Ich dachte, das gibt's nur im Kongo«, sage ich. Taylor schüttelt den Kopf. »100 Kilometer von hier, in Akim Oda, gibt es auch schon eine Mine.«

Ich weiß gar nicht, wo Taylors Problem liegt. Na klar, wir nutzen das Land, um die Wiederaufforstungsauflagen der Regierung zu erfüllen und den CO_2-Abdruck der Produkte zu senken, nur um dann später doch alles umzupflügen. Aber die Bedingungen in der neuen Mine werden sicher eins a sein, faires Coltan für faire Elektronik, kein blutiges Kongo-Konfliktcoltan. Ein klares Win-win für Verbraucher, Arbeiter, das Unternehmen und die Umwelt. »Das sind sichere Arbeitsplätze für die Dorfbewohner«, sage ich. Taylor wirft seine Zigarette vor meine Füße und tritt sie aus. »Unser Dorf gibt es nicht mehr, wenn die hier eine Mine bauen. Das Wasser ist schon jetzt verseucht.« Kurz stehe ich unschlüssig da. »Gute Arbeit!«, sage ich und klopfe ihm auf die Schulter. Taylor schlägt meine Hand weg. Seine Augen verengen sich. »Unter anderen Umständen hätte ich Ihr Geld nicht genommen. Aber kein einziger TV-Sender oder Journalist hat Interesse, über die Sache zu berichten. Alle lieben fairtronics.« Zu Recht. Auch ich kann es kaum erwarten, mein erstes faires, CO_2-freies Smartphone in den Händen zu halten. »Das Geld für Kwame«, sagt er und streckt seine Hand aus. Ich ziehe einen Bündel Dollarnoten hervor. »Wie viel hatten wir noch mal gesagt?«, frage ich zerstreut und blättere die Scheine durch.

»Sie haben Ihren Protest und Ihre Beweise bekommen.« Taylor tippt auf die Fotos und die Kopie der Konzession. »Jetzt halten Sie Ihren Teil der Absprache.« Ich öffne verblüfft den Mund, aber Taylor wendet sich zum Gehen. »Dann haben wir eine Chance, unseren Wald zu retten.« Er dreht sich noch einmal um. »Und Sie Ihre Chance, sich zu rächen«, sagt er und verschwindet in der Dunkelheit. George richtet sich ebenfalls auf, schultert das Gewehr und trottet zurück in Richtung der Bungalows. Vor dem Tor wird ein Motorrad gestartet und knattert davon. Ich stehe noch ein bisschen auf dem Parkplatz herum und blicke ratlos auf die Fotokopie. Ich schreibe Christoph eine Nachricht: »Hast du diesen Taylor kontaktiert? Was soll das?« Dann wähle ich Jens' Nummer.

»Hallo? Ja?« Jens brüllt über die Motorengeräusche in sein Handy. »Warum rufst du mich mitten in der Nacht an?« Ich berichte Jens von den Protesten, Taylors Besuch und dass unser Umweltprojekt für fairtronics nur ein Deckmantel für Probebohrungen ist. »Warte mal kurz. Hier tut sich was.« Die Motorengeräusche schwellen ab. Im Hintergrund höre ich den Guide, der erklärt, wie man die Nachtsichtgeräte aufsetzt. »Wer weiß davon?«, fragt Jens. »Niemand.« – »Nicht mal Christina?« – »Nein.« – »Dann hast du es wohl geträumt«, sagt Jens.

Ich schaue auf die Fotos auf der Motorhaube. »Ich kann dir einen Beweis schicken«, sage ich. »Auf keinen Fall!«, brüllt Jens in mein Ohr. »Schon mal drüber nachgedacht, wie das in der Politik läuft? Wird der amerikanische Präsident mit jedem Scheiß belästigt? Wenn eine Drohne bei der Tötung eines Terroristen ein paar Kinder erwischt, erfährt der Präsident davon? Ich brauche Leute unter mir, die die Sachen erledigen, ohne dass ich davon weiß.« Ich schweige. »Und du weißt jetzt auch schon mehr, als für dich gut ist«, ergänzt Jens.

»Anscheinend hat Christoph diesen Taylor kontaktiert …«, sage ich. »Hast du das gerade gehört?«, unterbricht mich Jens. »Das war ein Elefant!« – »Er plant irgendwas …«, fahre ich fort. »Was für ein mächtiges Tier. Vorsicht, Marina!«, ruft Jens. Ich atme tief durch. »Er hat den Protest bezahlt. Außerdem hat er Kontakt zu einer Journalistin.« Plötzlich ist es am anderen Ende ganz still. »Wie heißt sie?«, fragt Jens. »Ronja, und die hat wiederum Kontakt zu Schneider.« – »Das sagst du mir erst jetzt?« Jens' Stimme hat einen schneidenden Ton angenommen. »Ich …«, stottere ich. »Dann sollte ich wohl jetzt eher mit Christoph sprechen als mit dir.« Im Hintergrund werden die Motoren angelassen. »Ich muss Schluss machen. Wir fahren jetzt zu den Löwen.« Jens legt auf, und ein hohles Tuten klingt aus dem Lautsprecher.

Ich lege mich zurück auf die Veranda und starre wieder in die Sterne. Ich rufe Jens noch ein paarmal an, aber es ist immer besetzt. Dann versuche ich es bei Marina. Das Freizeichen ertönt bestimmt zwanzig Mal, bevor ich auflege. Ich wälze mich auf den Holzplanken und falle irgendwann in einen fiebrigen Halbschlaf, aus dem ich mehrfach hochschrecke. Einmal, weil eine Nachricht von Christoph auf meinem Smartphone erscheint: »Es tut mir leid.« Später, weil in der Hütte Christinas Handy klingelt. Ich stehe auf und öffne leise die Tür. Ich höre noch, wie Christina ständig »Aha, verstehe« in ihr Handy murmelt, dann legt sie auf. Ich nehme das letzte Bier aus der Minibar und öffne es mit meinem Smartphone. »Wer war das?«, frage ich. »Jens.« Unter dem Moskitonetz sieht Christina irgendwie aus wie Schneewittchen in ihrem gläsernen Sarg, finde ich. »Was sagt er?«, frage ich etwas zu schnell. Christina dreht mir den Rücken zu und schaltet die Nachttischlampe aus. »Jens meint, es ist besser, wenn du ab jetzt mal eine Pause machst.«

36

Ein heiseres Röcheln weckt mich. Heißer Atem streift mein Ohr. Christinas Mundgeruch ist noch unerträglicher geworden. Ich drehe mich auf den harten Holzdielen um. Etwas Feuchtes stupst mich in den Nacken. Ich schlage die Augen auf und blicke direkt in den behaarten Rüssel eines Wildschweins. Ich schreie auf und versuche, mich hochzurappeln, verheddere mich aber in der Bettdecke und falle die Verandatreppe herunter. Ich lande direkt neben der umgeschmissenen Mülltonne, aus der verfaulender Abfall quillt. Auf der Veranda steht ein graues Warzenschwein mit langen Borsten auf dem Rücken. Es sieht ein bisschen so aus wie dieses Schwein aus König der Löwen, aus dessen Wahlspruch »Hakuna Matata« afrikareisende FSJler ihre ganze Lebensphilosophie ableiten. Angewidert wische ich mir mit dem Hemdsärmel durchs Gesicht. Dann klaube ich ein paar Kieselsteine aus dem Weg und bewerfe das Schwein so lange, bis es grunzend in Richtung Haupthaus galoppiert.

Ich blicke auf mein Smartphone. Es ist bereits später Vormittag. Ich schleppe mich in die Hütte und stelle mich unter die heiße Dusche. Nachdem ich mich sorgfältig abgerieben habe, blicke ich in den Spiegel, der wegen der Hitze nicht mal beschlagen ist. Ich zucke zusammen. Mein Gesicht ist komplett von roten Pusteln übersät. Ich werfe die Badezimmertür zu. Es sieht original aus, als hätte ich die Krätze, obwohl ich eigentlich gar nicht weiß, wie genau die aussieht. Aber ich habe sie mir immer exakt so vorgestellt wie tausend kleine Moskitostiche. Ich krame die Abdeckcreme aus meiner Kulturtasche hervor und kaschiere die Flecken notdürftig. Gegen den Schock werfe ich einen Tranquilizer ein und spüle ihn mit Sekt aus der Minibar herunter, die unbemerkt wieder aufgefüllt wurde.

Ich rufe Marina an, aber es ertönt nur das Besetztzeichen. Ich schalte den Fernseher ein. Es läuft irgendeine Quizshow, bei der die Kandidaten absurd niedrige Geldpreise gewinnen können, wenn sie drei Fragen zur Geschichte Ghanas hintereinander richtig beantworten. Alle fünf Minuten versuche ich Marina zu erreichen, aber es ist immer besetzt. Plötzlich werde ich ganz krank vor Sorge. Was, wenn ihr auf der Safari etwas zugestoßen ist? Wollten sie nicht gerade zu den Löwen fahren?

Christina lässt sich durch den Pool treiben. Ihr Rücken ist überstreckt und die Beckenknochen ragen aus dem Wasser. Ihre Haare schwimmen an der Oberfläche wie Algen. »Christina«, rufe ich, doch sie reagiert nicht. Ihre Ohren befinden sich unter der Wasseroberfläche. Mit dem Fuß spritze ich etwas Wasser in ihre Richtung. »Hey!« Christina schwimmt zum Beckenrand und klettert aus dem Wasser. Sie schlingt ein Handtuch um ihren Körper. »Wie siehst du denn aus?«, fragt sie, als sie an mir vorbei in Richtung Hütte läuft. Ich laufe ihr hinterher. »Hast du noch was von Jens oder Marina gehört? Geht es ihnen gut?« – »Hervorragend«, sagt Christina und schlägt die Tür hinter sich zu.

Ich setze mich auf die Veranda und vertreibe mir die Zeit damit, abwechselnd Jens und Marina anzurufen. Belz und George treten aus ihrer Hütte und schlendern zu mir herüber. Ohne mich zu beachten, klopft Belz an die Tür und steckt ihren Kopf ins Innere. »Christina? Wir müssen los!« Ich springe auf, aber George drückt mich zurück auf die Planken. Christina rauscht im Businesskostüm an mir vorbei. Sie trägt wieder diesen Duft, den sie schon bei Jens' Party aufgelegt hatte. »Pack dein Zeug zusammen. Wenn wir wiederkommen, brechen wir auf nach Accra.« Ein paar Minuten später höre ich das Aufheulen des Jeeps. Ich trotte zurück in die Hütte und lasse mich aufs Bett fallen. Die aktuelle Frage in der Quizshow lautet: »Wie viel Megawatt pro Stunde erzeugen die Turbinenkraftwerke des Volta-Stausees, der 1961 angelegt wurde?«

Die Sonne steht senkrecht am Himmel, als ich die Lodge verlasse. Ich laufe auf der sandigen Straße in Richtung des Dorfes. Ab und zu halte ich an, prüfe, ob ich Handyempfang habe. Nach einer halben Stunde ist mein Mund völlig ausgetrocknet, und der Schweiß tritt in großen Tropfen aus meinen Poren. Auf der Kuppe eines Hügels ruhe ich mich im Schatten eines hölzernen Wasserturms aus. Mir kommt der Gedanke, dass der Turm möglicherweise oben offen sein könnte, und schon klettere ich die Leiter empor, um mich kurz abzukühlen, aber Fehlanzeige. Vom Dach des Wasserturms habe ich einen traumhaften Blick über den Urwald. Soweit ich sehen kann, laufen tiefgrüne Hügel wie Wellen bis zum Horizont. Das stimmt natürlich überhaupt nicht. Überall fressen sich die lehmbraunen Flecken der illegalen Minen wie Geschwüre in den Wald. Für die Broschüre werden wir so einiges retuschieren müssen.

Eine Brücke aus grob behauenen Holzbalken führt über einen braunen Fluss, in dem ein paar Frauen Wäsche waschen. Die ans Wasser grenzenden Felder sind allesamt vertrocknet. Ich balanciere über die blauen Plastikrohre für das geplante Bewässerungssystem, die sich neben der Straße stapeln. Am Feldrand ist eine Schneise in das angrenzende Dickicht geschlagen. Dort sind die Rohre bereits ausgelegt und schlängeln sich wie ein Quellbach in den Urwald hinein. Ganz schön viel Aufwand für ein Projekt, das nur ein Alibi ist, denke ich, und plötzlich kann ich mir nicht mehr vorstellen, dass auch nur ein Wort von dem wahr ist, was Taylor mir gestern erzählt hat.

Das Dorf ist in der Mittagshitze wie ausgestorben. Ab und zu schaut eine Frau misstrauisch aus einer der Hütten hervor, Männer sehe ich keine. Unser Jeep parkt vor einem flachen Gebäude, dessen roter Anstrich zu einem Schweinchenrosa verwittert ist. *ODA ELEMENTARY SCHOOL* steht über dem Eingang. Gedämpft höre ich das Lärmen einiger Kinder auf dem angrenzenden Schulhof. Ich umrunde das Haus und blicke durch die vergitterten Fenster in die Klassenzimmer. Dort stehen antike Holzpulte mit integrierter Sitzbank, wie man sie aus diesen Schwarz-Weiß-Filmen aus der Nazizeit kennt und bei denen man das Pult aufklappen kann. Da sind dann immer ein Tintenfass und Diktathefte drin. An den Wänden hängen neben vergilbten Buchstaben- und Zahlentafeln großformatige Papierbögen mit Kinderzeichnungen. Darauf sind Schiffe, schwarze und weiße Strichmännchen, Gewehre, Löwen und blühende Baumwollfelder zu sehen; und in bunten Druckbuchstaben steht quer über alle Bögen geschrieben: *HISTORY OF SLAVERY.*

Die Fenster des nächsten Klassenraums sind notdürftig mit einer riesigen ghanaischen Flagge abgehängt. Am Rand ist jedoch ein Spalt frei geblieben, durch den ich mit einem Auge ins Zimmer blicken kann. Christina, Belz, Taylor sowie einige ältere Männer sitzen in einem Stuhlkreis um eine Karte, auf der mit dicken roten Strichen ein Gebiet eingezeichnet ist. Ab und zu steht Christina auf und schreibt mit Kreide ein paar Ziffern an die Schultafel und wischt andere aus. Belz hat die Hände über ihrem Bauch gefaltet. Immer, wenn einer der Männer etwas sagt, schüttelt sie den Kopf und starrt verzweifelt an die Decke. George sitzt im Hintergrund auf einem Plastikstuhl und starrt desinteressiert auf sein Handy, doch unter seinem Jeanshemd ist eine eindeutige Ausbeulung zu erkennen, just for safety. Die Stimmung ist ziemlich eisig, wie es sich für solche Verhandlungen gehört, auch wenn Christina die Runde immer wieder mit tiefen Einblicken in ihren Ausschnitt aufzulockern versucht, wenn sie sich bückt, um etwas auf der Karte einzuzeichnen. Sonst sieht alles ziemlich langweilig aus und unterscheidet sich nicht groß von den endlosen Sitzungen in deutschen Tagungshotels, außer dass Edelstahlkaffeekannen, 0,2-Orangensaftflaschen und Dauergebäck fehlen, weshalb ich fast froh bin, hier draußen in der Hitze zu stehen.

»Der Quecksilbergehalt des Flusses ist zehn Mal so hoch wie der Grenzwert! Sie sollten uns für den Brunnen danken«, sagt Christina gerade. »Wir sollten Ihnen danken?« Taylor öffnet die Klassentür und ruft einen jungen Mann in den Raum, der schüchtern seine Schultern nach oben zieht. »Das ist Kwame. Los, Kwame, erzähl uns, was dir passiert ist.« Stockend fängt der Junge an zu sprechen. »Unsere Vorfahren leben seit Jahrhunderten in Symbiose mit diesem Wald«, übersetzt Taylor. Christina schlägt ihre Beine übereinander und legt ihren Kopf schief. Am Zucken ihrer Lippen sehe ich aber, dass sie es kaum fassen kann, dass er diesen Winnetou-Satz wirklich sagt – doch hier im Busch kann sie natürlich nicht erwarten, dass ein Junge die einschlägige Abenteuerliteratur kennt. »Jetzt wird auf mich geschossen, wenn ich ihn betrete.« Kwame knöpft sein Hemd auf und präsentiert die Einschusswunde in seinem Oberarm, die ein bisschen wie so eine Impfnarbe aussieht, die die alten Leute in Deutschland alle noch haben. Taylor, alter Gutmensch, so hast du Christophs Geld also angelegt. »Das tut mir sehr leid. Aber faircycling Ghana hat eine hohe Summe für diesen Wald gezahlt und besteht jetzt darauf, dass er auch geschützt wird«, sagt Christina emotionslos.

»Warum machen Sie das eigentlich alles?«, fragt Taylor. Auf der Straße rast ein Motorrad vorbei. »Was meinen Sie mit: ›warum‹?«, fragt Christina. »Warum suchen Sie sich dieses Stück Wald in Ghana aus, obwohl fairtronics in Deutschland sitzt?« – »Irland«, korrigiert sie ihn und setzt dann zu einer Erklärung an. »Selbst eine vorbildliche Firma wie fairtronics verbraucht bei der Herstellung ihrer Geräte Rohstoffe und stößt CO_2 aus. Im Bemühen, die Auswirkungen auf die Umwelt möglichst gering zu halten, wird weltweit in ein Portfolio aus Umweltschutzmaßnahmen investiert, die nachhaltige Effekte auf Natur und Community haben. Wie bei Ihrem Dorf, wenn Sie sich denn zur nachhaltigen Landwirtschaft durchringen könnten …«

Ich setze mich auf eine Mauer und beobachte, wie die Kinder auf dem Schulhof Fangen spielen. Mit der Hand scheuche ich die Fliegen weg. Ich versuche noch einmal, Marina und Jens zu erreichen. Beide Male ertönt nur das Besetztzeichen. Wie ich so auf das Display meines Smartphones schaue und sehe, dass ich Jens nun schon 23 Mal ohne Antwort angerufen habe, kommt mir plötzlich der Gedanke, dass dies nur ein Test sein kann, ob ich auch in Extremsituationen und ohne Rücksprache eigenständig arbeiten kann. Die ganze Sache ist mit Marina abgesprochen, deshalb haben beide auch gleichzeitig meine Nummer geblockt. Und Taylors Info ist nur ein Köder mit Falschinfos. Adrenalin flutet durch meine Gefäße. Ich springe von der Mauer und laufe aufgepeitscht im Kreis herum. Ich bin jetzt ein One-Man-Team hinter feindlichen Linien. Die Anweisung ist klar: Die Sache erledigen, ohne Jens zu behelligen. Zuerst zerreiße ich die Fotos in tausend kleine Schnipsel und streue sie auf den Boden. Dann die Fotokopie der Konzession. Die Sonne brennt auf meinen Hinterkopf. *Make it happen*, sage ich mir immer wieder, *make it happen*. Aber mir fällt überhaupt nichts ein. Dann dringt wieder das Geschrei der Kinder an mein Ohr.

Ich ziehe ein paar Dollarnoten aus der Hosentasche und öffne das Gatter zum Schulhof. Obwohl es meinen Überzeugungen widerspricht, lasse ich die Kinder sich in einer Reihe aufstellen und suche mir die dürrsten heraus, soweit ich das in den lilafarbenen Schuluniformen beurteilen kann. Artig treten die ausgewählten Kinder hervor und nehmen ihre Dollarscheine in Empfang. Auf dem Weg zu den Feldern kaufe ich noch ein paar Flaschen Wasser in einem Lebensmittelladen und teile sie an die Kinder aus. Immer entlang der Rohre führe ich die Kinder in den Urwald hinein, bis wir die riesigen Bagger auf einer Lichtung erblicken.

Ich positioniere die Kinder so neben dem Brunnenloch, dass im Hintergrund die Maschinen noch als Schemen sichtbar sind. Ich schieße ein Test-Foto und merke, dass es so überhaupt noch nicht geht, denn die Schuluniformen suggerieren ein völlig falsches Bild. »Undress«, sage ich. Ich verteile noch ein Runde Dollarscheine und die Kinder ziehen sich bis auf ihre Unterhosen aus. Ich greife in den Lehm und schmiere ihn einem Jungen auf Arme und Brust. Nachdem die Kinder sich gegenseitig mit Matsch eingerieben haben, sehen sie zwar immer noch ein bisschen zu gut genährt aus, aber das kann man sicher mit Photoshop regeln, denke ich.

Ich bedeute den Kindern, dass sie ihre Hände zu Schalen formen sollen, und gieße das Wasser aus den Plastikflaschen hinein. Dann fotografiere ich sie aus allen Lagen. Zuallerletzt stelle ich die Kamera auf einem Baumstumpf ab, aktiviere den Selbstauslöser und laufe schnell zu den Kindern. Ich knie mich vor sie, wie so ein Footballcoach, und halte beide Daumen nach oben. Ich sende das Bild an Jens. »Erledigt«, schreibe ich pseudobescheiden darunter. »Exakt«, schreibt Jens nur Sekunden später zurück.

Gerade als ich die Kinder wieder an der Schule abliefere und sie den Zurückgelassenen stolz ihre Dollarnoten zeigen, treten die Verhandlungsführer aus der Schule. Belz zündet sich eine Zigarette an und hält Taylor ihr Feuerzeug hin, doch der ignoriert sie und zieht selbst seine Streichhölzer hervor. Auf seinem Gesicht liegt ein zufriedenes Lächeln. Wahrscheinlich hat Christina ihm einen neuen Kühlschrank oder Stabmixer versprochen. Als Taylor sieht, wie ich den verdreckten Kindern das Schulgatter aufhalte, gefriert seine Miene. Mit schnellen Schritten läuft er auf uns zu. Taylor ruft einen Namen und ein Junge, der sich bisher hinter den anderen versteckt hat, tritt hervor. Entgeistert blickt Taylor auf den lehmbeschmierten Körper in der Unterhose. Dann gibt er dem Jungen eine heftige Backpfeife und brüllt ihn an. Der Junge presst ein paar Worte hervor, dann rennt er heulend davon.

»Was hast du mit denen gemacht?«, zischt Christina mir zu. Plötzlich sind wir von Männern umringt. Unzählige Hände packen mich und drücken mich auf den Boden. Taylor zieht das

Smartphone aus meiner Hosentasche und hält es mir vor die Nase. Ich tue so, als würde ich nicht verstehen, was er von mir will, aber als mich ein Tritt hart in die Seite trifft, entsperre ich widerwillig das Display. Taylor wischt sich durch die Bildergalerie. Belz schaut ihm über die Schulter und lacht hysterisch. »Großartig!« Sie klatscht in die Hände. Ein paarmal erklingt das Tonsignal des virtuellen Papierkorbs, dann lässt Taylor das Handy neben meinem Gesicht auf den Boden prallen. Die Männer lassen mich wieder los. Taylors Schultern hängen herab. In seinen Augen stehen Tränen. Er dreht sich um und trottet auf das Schulgebäude zu. »Das sollte nicht unsere Übereinkunft schmälern«, ruft Christina ihm hinterher. »Wir geben noch fünf Hektar zu den bereits verhandelten hinzu!« Mit einem abschätzigen Blick auf mich fügt sie hinzu: »Der wurde heute Morgen sowieso schon gefeuert.«

37

Ich ziehe die Codekarte noch einmal durch das Schloss. Wieder leuchtet das rote Licht auf. Ich rüttele an der Klinke, aber die Tür bewegt sich keinen Zentimeter. Ich überprüfe noch mal Zimmernummer und Etage, aber ich erinnere mich genau daran, wie Marina bei unserer Ankunft die mit Blumen gefüllte Ethno-Vase neben dieser Tür mit ihrem Rollkoffer umgestoßen hat.

Die Rezeptionistin schiebt mir eine neue Codekarte über den Tresen. »Wir haben Ihr Gepäck bereits in das neue Zimmer gebracht«, sagt sie mit unbewegter Miene. Ich will gerade protestieren, da summt das Telefon auf dem Tresen irgend so eine furchtbar bekannte Melodie, wahrscheinlich Greensleeves. Die Rezeptionistin nimmt ab, legt aber ihre Hand noch für eine Sekunde auf die Sprechmuschel. »Tut mir leid. Mehr kann ich Ihnen nicht sagen«, sagt sie und spricht dann mit glockenklarem Singsang den Hotelnamen ins Telefon.

Ich bestelle ein eiskaltes Bier zu meinem Tranquilizer und fixiere die Aufzugtüren. Meist kommen irgendwelche weißen Geschäftsmänner in Begleitung hübscher afrikanischer Frauen heraus. Gemeinsam setzen sie sich auf die Ledermöbel in der Lobby, wo die Frauen so lange über die Witze der Männer lachen müssen, bis sie endlich bezahlt werden und durch die Schiebetüren ins Freie treten können. Die Rezeptionistin sortiert jetzt den Ansichtskartenständer, der neben ihrem Tresen steht, und mir fällt ein, dass ich Julian immer noch keine Postkarte geschickt habe.

Ich habe gerade eine wirklich schöne mit einer Elefantenfamilie gefunden, da betritt Marina die Lobby durch die Flügeltüren, die auf die Terrasse führen. Sie hat eins dieser riesigen Hotelhandtücher um den Körper geschlungen und der nasse Zopf liegt wie eine goldene Schlange um ihren Hals. Obwohl sie mich sieht, läuft sie schnurstracks auf den Aufzug zu. Ohne zu bezahlen, stecke ich die Postkarte in meine Sakkotasche und laufe ihr hinterher. »Hey!«, rufe ich, aber Marina reagiert nicht. Vor den geschlossenen Aufzugtüren bleibt sie stehen und starrt in das blank geputzte Metall. Dünne Bikinilinien laufen über ihre Schlüsselbeine. Obwohl er schon leuchtet, drückt sie mehrmals auf den Knopf mit dem Pfeil nach oben.

»Marina ...« Ich greife nach ihrer Hand. »Fass mich nicht an«, sagt sie viel zu laut. Ein paar asiatische Geschäftsmänner recken ihre blöden Hälse, und auch die Rezeptionistin blickt aufmerksam zu uns herüber, das Telefon bereits am Ohr. Ich lasse die Hand sinken. »Was ist los?«, frage ich leise. »Warum gehst du nicht ans Telefon?« – »Ich habe das Video gesehen«, sagt Marina. Ihre blaugrünen Augen sind von einem feuchten Film überzogen. »Du hast Christoph einfach im Stich gelassen.« Ich zucke mit den Schultern. »Ich musste es tun«, sage ich eindringlich. »Er wollte die Agentur verraten.« Marina lacht hysterisch auf. »Und die Kinder am Brunnen? Musstest du das auch tun?«

Ein Glockenton erklingt und die Aufzugtüren öffnen sich. Marina tritt in die Kabine. »Ich hatte Angst«, murmele ich, obwohl das genau genommen gar nicht stimmt. Ich war ja vollkommen auf Tranquilizern. Plötzlich muss ich an meinen Vater denken, der mir als Kind immer gesagt hat, dass Angst ganz normal und sogar lebensnotwendig ist, um Situationen und Gefahren richtig einzuschätzen. Und einerseits ist mir meine Verblendung in diesem Moment sonnenklar, doch andererseits beschleicht mich schon wieder das Gefühl, dass ich die Tragweite der Situation gerade nicht richtig erfasse, weil ich schon wieder völlig drauf bin. Marina schüttelt mitleidig den Kopf. »Eleven«, sagt sie zum Liftboy, der starr an mir vorbei in die Lobby blickt. Ohne hinzusehen, betätigt er den Knopf. »Ach ja«, sagt Marina und dreht sich noch einmal zu mir um. »Jens wartet am Strand auf dich.« Dann schließen sich die Aufzugtüren mit einem leisen Zischen.

Jens' Surfboard steckt senkrecht im Sand. Er hat seinen Neoprenanzug bis kurz über den Schambereich heruntergezogen und schnitzt irgendetwas in eine Palme. Die längliche Narbe ist mittlerweile deutlich heller als der Rest seines Oberkörpers, und ich frage mich, ob das am Narbengewebe liegt oder er sie gesondert mit Lichtschutzfaktor 50 eincremt. Auf seine Jochbeine und den Nasenrücken sind jedenfalls breite Streifen wasserfester Sonnencreme aufgetragen, was ein bisschen aussieht wie eine Kriegsbemalung. »Du hast Marina das Video gezeigt«, sage ich. Jens zuckt mit den Schultern. »Sie hätte es sowieso bald gesehen.« Er klappt das Messer ein und tritt einen Schritt von der Palme zurück. Er stemmt die Arme in die Hüften und betrachtet sein Werk. Ich gehe um den Baum herum. Die Buchstaben *M & J* sind tief in die Rinde geritzt.

»Neues Logo?«, frage ich. »Ist für die Außenwirkung aber nicht so klug, das in einen Baum zu schnitzen, oder?«, versuche ich einen Witz. »Nein«, sagt Jens und lächelt mich an. »Das heißt ›Marina und Jens‹.‹ Für einen Moment stehe ich wie betäubt da und sehe zu, wie ein paar Möwen wie Pfeile ins Meer stoßen, dann werfe ich Jens in den Sand und schlage blind auf ihn ein.

Ich weiß nicht, ob Jens sich nicht wehrt oder ich bloß seine Schläge nicht spüre, aber ich prügle so lange auf ihn ein, bis sein Kopf halb bewusstlos zur Seite knickt und ein bisschen Blut aus seiner Nase in den Sand rinnt. Ich knie mich auf seine Arme und öffne seine Faust, mit der er immer noch das Taschenmesser umklammert. Vorsichtig klappe ich die Klinge aus. Eine Lichtreflexion tanzt über Jens' Gesicht. Mit der freien Hand streiche ich über die Narbe auf seinem Schlüsselbein. »Ist die von Jung?«, frage ich. Und als er nicht antwortet: »Was habe ich falsch gemacht?« Jens dreht seinen Kopf und blickt mich mit trüben Augen an. »Leute wie Christoph halten ihren Kopf für die Agentur hin«, presst er hervor. »Ich habe meinen Kopf auch für dich hingehalten«, flüstere ich und Tränen treten in meine Augen. Jens verzieht verächtlich seinen Mund. »Du hast gar keinen Kopf mehr.«

Ich zittere am ganzen Körper, als ich die Tür zu meinem Hotelzimmer öffne. Ich ziehe das Büschel Haare aus meiner Hosentasche. Sie sind noch feucht und haben diese typische Konsistenz, die vom Salzwasser herrührt. Ich werfe sie auf das weiße Bettzeug. Ich blinzele die Tränen aus meinen Augen. Ich schnüre meine Joggingschuhe, die ich immer dabeihabe, obwohl es auf Reisen enorm schwierig ist, den Trainingsrhythmus beizubehalten. Ich stecke die Kopfhörer in meine Ohren und starte die Jogging-App. Als Erstes entkoppele ich Marinas und meine Konten. Ich starte einen schnellen Workout-Track und stecke das Smartphone in die Gesäßtasche meiner Joggingshorts. Dann sprinte ich aus dem Zimmer. Die Tür lasse ich offen stehen.

Ich renne die belebte Straße herab und scheuche schreiend die Straßenhändler aus dem Weg. Innerhalb von Minuten bin ich schweißüberströmt. Ich laufe über die Brücke, die über das ausgetrocknete Flussbett führt, und rotze über die Brüstung. Ich spüre ein heftiges Seitenstechen, aber ich laufe gnadenlos weiter. *No excuses!* Unter den Synthesizern und Bass Drums höre ich das Hupen und Zetern der Fahrer, als ich quer über die Hauptstraße sprinte. Schwarze Punkte tanzen vor meinen Augen. Ich biege wahllos in eine Gasse ein und rempele die Leute aus dem Weg. Unter meinen Füßen staubt der getrocknete Lehm. Ich ducke mich unter Wäscheleinen weg, die quer über die Straße gespannt sind. Die Hütten zu beiden Seiten kommen immer näher. Die Wellblechdächer stoßen über mir zusammen. Der dunstige Himmel ist nicht mehr zu sehen, es ist plötzlich richtig dunkel. Ich renne auf eine perspektivische Verengung zu, auf so einen kleinen Punkt, zu dem sich am Ende eines alten Films das Bild immer zusammenzieht, während alles andere schwarz wird.

Kurz bin ich wohl ohnmächtig. Ich öffne die Augen und sehe eine Ratte an mir vorbeihuschen, das Bild ist um 90 Grad gedreht. Der feine Lehmstaub wirbelt bei jedem Atemzug vor meinem Gesicht auf. Ich rappele mich auf und stütze mich auf die Knie. Ich ziehe mein Smartphone hervor. Der rote Pfeil, der meine Position auf der Karte anzeigen sollte, befindet sich inmitten eines weißen Flecks. Dieses Gebiet ist kartografisch noch nicht erschlossen. Ich blicke mich um. Auf allen Seiten bin ich von Wellblechhütten umgeben. Ein paar Kinder spielen mit einem Ball. Eine Frau schleift einen Wasserkanister durch den Staub. Zwei Jugendliche in Manchester-United-Trikots kommen auf mich zu.

Ich spüre einen scharfen Gegenstand in der Seite. Der dritte Junge, der mir das Messer an den Bauch hält, trägt ein FC-Barcelona-Trikot, Nummer 10, Lionel Messi. Die Jungs sind höchstens sechzehn Jahre alt und nicht besonders robust gebaut. In einem offenen Kampf würde ich sie windelweich prügeln und nachher noch bei ihren Eltern abliefern, damit die ihnen Manieren beibringen, aber jetzt haben die anderen auch noch Messer in den Händen. Ich mache eine leichte Bewegung. Sofort dringt eine Klinge durch mein Shirt und piekst in meine Haut. Die Jungen ziehen mir die Kopfhörer aus den Ohren und nehmen das Smartphone aus meiner Hand. Der eine deutet auf meine Schuhe. Dann tasten sie mich ab und ziehen ein paar gerollte Dollarscheine aus der Gesäßtasche meiner Joggingshorts. Sie sagen dabei kein Wort. Und spazieren dann einfach davon.

Ich bin verwundert, dass sie mich gehen lassen wie einen gewöhnlichen Touristen. Alle Weißen sind für sie gleich, aber das ist natürlich ein Irrtum – manche haben wirklich ein Messer zwischen die Rippen verdient. Ich laufe den Jungs hinterher und schubse Wayne Rooney in den Rücken. Ich weiß auch nicht genau, warum ich es tue, aber ich trete mit dem blanken Fuß auch noch Messi in die Kniekehlen, dass er mit einem Schrei zusammenknickt. Ich will gerade den dritten Jungen mit einem Faustschlag niederstrecken, da rammt er sein Messer in voller Länge in meinen rechten Oberschenkel und zieht es sofort wieder heraus. Ich schreie auf und sacke zusammen, während die Jungs hinter der nächsten Wellblechhütte verschwinden. Innerhalb von Sekunden ist mein Bein blutüberströmt. Das Blut fließt meine nackten Füße herab in den Lehm.

»Feiglinge!«, brülle ich ihnen hinterher, aber wahrscheinlich hören sie mich schon gar nicht mehr.

Die Frau mit dem Wasserkanister kommt zum zweiten Mal, nimmt aber keinerlei Notiz von mir, wie ich da blutüberströmt im Dreck hocke. Die Wunde klafft in meinem Bein wie ein offenes Fischmaul. Ich ziehe das Laufshirt aus und drücke es vorsichtig auf das Loch. Ich versuche mich irgendwie aufzurichten, ohne die Muskeln im rechten Oberschenkel anzuspannen, trotzdem zucken pulsierende Schmerzwellen durch das Bein. Als ich endlich stehe, greife ich instinktiv nach meinem Smartphone und will einen Arzt oder ein Taxi rufen, aber meine Gesäßtasche ist leer.

Ich humpele zwischen den Hütten entlang in die Richtung, von der ich vermute, dass ich aus ihr gekommen bin. Ein Mädchen kichert und zeigt mit dem Finger auf meine zerrissenen Joggingshorts. Die Vorhänge in den Türen werden einen Spalt aufgezogen und unsichtbare Augenpaare folgen mir. Ich habe keine Schuhe, kein Geld, kein Telefon mehr. Ich bin vollkommen hilflos. Gleichzeitig ist es irgendwie aber auch eine große Erleichterung, nun für niemanden mehr erreichbar zu sein. Jetzt, wo ich nackt durch den Dreck hinke, glaube ich diese ganzen Städter mit ihrem Sabbatjahr und Robinson-Crusoe-Fetisch zu verstehen. Und obwohl mein Bein wirklich sehr weh tut, stellt sich nun so etwas wie eine innere Ruhe in mir ein.

Zwischen den Hütten erhebt sich eine Holzkirche. Sie ist im viktorianischen Kolonialstil erbaut, mit ganz vielen kleinen runden Fenstern, die wie Bullaugen eines Schiffs aussehen, aber der rote Lack blättert überall schon von den Brettern. Mit letzter Kraft schleppe ich mich durch das Tor. Ich will mich gerade auf eine Bank fallen lassen, da merke ich, dass die Kirche bis auf den Altar vollkommen leer ist.

Auf dem Altar steht ein riesiges Kruzifix, das aus Eisen gegossen ist. Es ist verrostet und sieht deswegen so aus, als wäre es aus rotem Schlamm geformt. Der gekreuzigte Jesus ähnelt einem der verdreckten Galamsey Miner. Wahrscheinlich liegt es am Blutverlust und an den Schmerzen, aber plötzlich breche ich in Tränen aus. Laut schluchzend hinke ich auf das Kruzifix zu. Die Arme von Jesus sind weit geöffnet, und ich will mich von ihnen umschließen lassen. Doch dann halte ich irritiert inne. Jesus hat keine Hände. Die Nägel sind durch seine Unterarme in das Kreuz geschlagen, aber die Hände fehlen. Die Füße dagegen sind akkurat modelliert und einwandfrei von einem Nagel durchschlagen. Auf dem Sockel des Kruzifix' entdecke ich eine Inschrift: *I have no hands but your hands.* Ich habe keine Hände, außer euren Händen. Ich blicke auf meine. Sie sind wohlgebräunt, die Fingernägel akkurat und sauber geschnitten. Nur unter dem Nagel am kleinen Finger ist etwas Schmutz zu sehen, den ich schnell entferne.

Plötzlich komme ich mir albern vor und irgendwie schwach. Ich lasse mich auf den Boden sinken und lehne meinen Kopf an die kühlen Steine des Altars. Auf einmal sehe ich mich von außen, wie ich erschöpft unter dem Kruzifix liege, blutend und zitternd, mein Körper nur noch von zerfetzten Joggingshorts bedeckt, wie ein muskulöser, gebräunter, blauäugiger Jesus. Ich muss an meine Sünden denken. Ich schäme mich plötzlich dafür, dass ich die Kinder benutzt habe, obwohl dies meinen Grundsätzen widerspricht. Noch mehr Tränen laufen meine Wangen herab. Hungernde Kinder in der Wüste, das ist ein ästhetischer Rückfall ins Mittelalter. Mit diesen Bildern wollte ich den Betrachtern moralisierend das Elend aufzwingen und ihnen die freie Entscheidung nehmen. Ich bin angewidert von meinen Taten. Und ich weiß, ich muss jetzt mein Leben ändern.

Es erfordert viel Mut, sich Fehler einzugestehen. Und noch mehr Mut, aus diesen Fehlern zu lernen. Im Changemaker-Programm von Mars & Jung habe ich unzählige mutige Menschen und Unternehmen bei einem Neuanfang begleitet. Dabei habe ich nicht nur gesehen, wie aus schwarzen Schafen Musterschüler wurden, sondern mich auch selbst Schritt für Schritt verändert.
Bei Mars & Jung sind wir überzeugt: Es gibt nichts Stärkeres als die inspirierende Kraft der Veränderung. Jeder verdient eine zweite Chance. Jeder kann sich wandeln. Alles, was es dafür braucht, ist ein bisschen Mut. Und den richtigen Partner an seiner Seite.

Mars & Jung – We care for change.

SECHS

38

Die Wohnungstür summt. Ich humple über das Parkett. Im dunklen Flur trete ich gegen eine Weinflasche, die über den Boden rollt und an der Wand zersplittert. Ich fluche und hüpfe zwischen den Scherben hindurch. Im Spion sehe ich, dass der Pizzabote seine Mütze tief ins Gesicht gezogen hat, auch ein Bartansatz ist zu erkennen. Ich hänge die Türkette ein, die ich vor ein paar Tagen montiert habe, nachdem meine Privatadresse auf irgendeinem Hetzblog gepostet wurde und mir zwei schwarz vermummte Typen vor der Haustür aufgelauert haben. Zur Sicherheit bestelle ich auch nicht mehr bei vegetarischen Bringdiensten mit potenziell aktivistisch gesinnten Studenten als Lieferanten, sondern nur noch bei Fastfoodketten. Trotzdem beginnt mein Herz zu rasen, als ich die Tür öffne. Der Bote schiebt die Pizza senkrecht durch die Lücke. Dann klirrt es, und er reicht mir die Bierflaschen einzeln in die Wohnung, sie passen gerade so durch. »Guten Rutsch«, höre ich ihn noch murmeln, bevor ich die Tür zudrücke und den Schlüssel zweimal im Schloss drehe.

Ich lasse mich wieder aufs Sofa fallen. Den Pizzakarton lege ich auf meinen Bauch, obwohl die Pappe vom Fett schon ziemlich durchgeweicht ist. Auf dem Display meines Smartphones werden keine neuen Nachrichten angezeigt. Ich klicke mich durch die letzten Ereignisse. An Weihnachten hat meine Mutter angerufen, aber ich bin nicht drangegangen.

Ich habe ihr meine neue Nummer auch gar nicht mitgeteilt, doch wahrscheinlich hatte sie die von Marina, die ich damit noch einmal kurz erreicht habe. »Marina Bartsch, hallo?« Im Hintergrund war ein Plätschern zu hören, als ob sie immer noch am Strand oder in einem Schwimmbad wäre. »Leg nicht auf, ich kann dir alles erklären« war alles, was ich sagen konnte, bevor sie mich wieder geblockt hatte. Im Nachhinein ärgere ich mich, nur so eine Filmfloskel als letzte Worte benutzt zu haben, aber was sagt man sonst in so einer Situation? Ich habe Marina dann noch ein paarmal vor dem Büro in der Uni aufgelauert, einen Kapuzenpulli tief ins Gesicht gezogen, aber immer haben mich ihre Studenten erkannt und aus dem Gebäude getrieben wie einen räudigen Hund.

Ich schreibe meinem Bruder eine Nachricht: »Wollt ihr nicht morgen wieder groß feiern? Ich kann gerne auf Julian aufpassen. Wie letztes Jahr?« Nach ein paar Minuten vibriert mein Smartphone: »Nein danke.« Ich lasse den Pizzakarton auf den Boden gleiten, obwohl ich nicht mal ein Viertel gegessen habe. Ich öffne die WikiLeaks-Seite und schaue nach, ob neue Dokumente veröffentlicht wurden. Dann scrolle ich durch den Watchblog, auf dem alle Beiträge zum Thema »Greenwash, Inc.« gesammelt werden. Vor den Weihnachtstagen war ich kurz eine richtige Berühmtheit, und mein Gesicht schaffte es sogar auf ein paar Titelseiten, bevor die Gefühlsduselei des Fests seriöse Nachrichten unmöglich gemacht hat und die Reporter, die tagelang vor meiner Tür campiert haben, um ein Foto oder einen O-Ton von der »Lügenbestie« zu erhaschen, zu ihren Familien gefahren sind. Obwohl ich die Videos schon unzählige Male gesehen habe, öffne ich noch eine Flasche Bier und starte als Erstes die Talkshow mit Juana.

Ein Moderator mit einer Hasenscharte schaut halb in die

Kamera, halb auf seine Karte und plappert dabei auf Portugiesisch. Netterweise hat irgendein Aktivist das Video mit gelben Untertiteln versehen, die immer etwas zeitverzögert erscheinen. »Und jetzt begrüße ich eine Frau, die eine steile Karriere hingelegt hat. Erst war sie unfreiwilliger YouTube-Star, dann wurde sie zur Ikone unseres Kampfes gegen die Brandrodung. Heute engagiert sie sich für Waisenkinder und spielt eine Hauptrolle in der Telenovela ›Blutige Rosen‹. Heißen Sie mit uns willkommen: Bruna Buarque!« Es folgt eine Kamerafahrt durch das violett ausgeleuchtete Studio, das Publikum klatscht. Juana trägt ein langärmliges, eng anliegendes Shirt, das ihre wohlgeformten Brüste betont.

»Kennen Sie diesen Mann?«, fragt der Moderator. Ein Foto von mir wird eingeblendet. Juana nickt, und ihre Augen werden glasig. »Erzählen Sie uns Ihre Geschichte«, sagt der Moderator und tätschelt ihre Hand. Juana berichtet stockend, was damals alles in Brasilien passiert ist. »Können Sie uns Ihre Narben zeigen?«, fragt der Moderator. Juana zieht einen Ärmel zurück, und makellose Haut kommt zum Vorschein. »Sie haben mir eine Hauttransplantation bezahlt.« Die Kamera zoomt auf ihren Arm. Man sieht nur eine ganz dünne Linie, wie ein Bräunungsstreifen. Der Moderator scheint etwas enttäuscht, wahrscheinlich hatte er auf tiefe Fleischwunden gehofft, denn schnell wechselt er das Thema. »Sie haben gerade ›sie‹ gesagt. Waren da noch andere involviert?«, fragt er und grinst stolz, weil ihm das aufgefallen ist. Aber Juana schüttelt den Kopf. »Nein. Er war allein.«

Taylor kommt in so einer Investigativ-Sendung im Privatfernsehen zu Wort. Ich überspringe das Intro und steige dort ein, wo der Moderator nach seinem Satz »Wir haben Paul Taylor in seiner Schule besucht« viel zu lang bierernst gucken muss, weil die Regie den Beitrag nicht schnell genug einspielt. Taylor sitzt in einem Plastikstuhl vor der Schule, im Hintergrund spielen ein paar Kinder. Die Sonne scheint. Das Schulgebäude ist in einem strahlenden Rot frisch gestrichen worden, und drinnen stehen jetzt bestimmt reihenweise fairtronics-Computer. Von seiner Coltan-Verschwörung erwähnt er natürlich gar nichts, dafür scheint er einen neuen Goldring zu haben, den er immer wieder nervös um seinen Zeigefinger dreht. Schließlich ruft er einen Jungen zu sich, und der erzählt auch noch einmal, wie ich damals Schulkinder zu Verdurstenden gemacht habe. Dann wird unser Gruppenfoto eingeblendet, das Gesicht des Jungen ist darauf rot umkreist, um den Wahrheitsgehalt seiner Aussage zu unterstreichen. Die Kamera zoomt auf mein Gesicht, und man sieht meine fiebrig-wilden Augen, wie bei so einem wahnsinnig gewordenen Afrika-Entdecker, der den Ursprung des Nigers finden will.

»... heiße ich herzlich willkommen: den ehemaligen PR-Berater und Whistleblower Christoph Pries.« Christoph hat die Beine übereinander geschlagen und nickt freundlich ins klatschende Publikum. Er hat sich für einen casual look entschieden, ganz volksnah in Jeans und Sportjackett. Ihm gegenüber sitzt dieser eingebildete Moderator Robrecht, der mich damals im Medienhaus nie gegrüßt hat, weil er immer zu beschäftigt damit war, eine Literflasche französisches Quellwasser für seine Stimme herumzutragen.

Ein kurzer Vorspann wird eingespielt, der Christoph vor einem Laptop zeigt, neben ihm Aktenstapel und Fotos, von denen er immer mal wieder eins hervorzieht und prüfend gegen das Licht hält. Eine tiefe Sprecherstimme erklingt: »Christoph Pries ist Senior-PR-Berater in der angesehenen Agentur Mars & Jung. Er arbeitet für die größten Unternehmen der Welt. Er verdient gut, steht kurz vor einer Beförderung. Doch tagtäglich plagen ihn Gewissensbisse. Nachts kann er nicht schlafen. Denn ein Kollege überschreitet die Grenzen der Ethik-Codes mit menschenverachtenden PR-Aktionen.« Ein Zusammenschnitt meiner größten Erfolge wird eingeblendet, als Letztes wird das Überwachungsvideo vom Nachhaltigkeitstag gezeigt. Die Stimme setzt wieder ein: »Eines Tages wird Pries selbst zum Opfer dieser Machenschaften. Er entschließt sich, nicht mehr mitzuspielen, und veröffentlicht auf einer Whistleblower-Plattform vertrauliche Dokumente, die beweisen, wie verkommen die PR-Industrie ist.« Das Publikum bricht in tosenden Applaus aus. Sie stampfen sogar mit den Füßen auf den Boden, was die Regie mit einer Kamerafahrt durch die Reihen goutiert.

»Sie lagen wochenlang im Krankenhaus, konnten nur flüssige Nahrung zu sich nehmen …«, sagt der Moderator und beugt sich in Christophs Richtung. »Wie fühlen Sie sich jetzt?« Christoph reibt seinen Kiefer. »Das Kauen fällt noch etwas schwer, und jetzt, wo es draußen kalt ist, sind die Schrauben ein bisschen unangenehm«, sagt er beschwingt. »Aber mir geht es besser, als seit Jahren.« – »Sie haben gemeinsam mit ihrer … Lebensgefährtin – darf ich sie so nennen? – die blinden Flecken einer Branche offengelegt, in denen regelrechte Amokläufer unterwegs sind. Fühlt man sich da als Held?« Ronjas Gesicht wird kurz eingeblendet, die im Abendkleid in der ersten Reihe sitzt und schon ein Saalmikro auf dem Schoß liegen hat, weil sie jetzt auch gleich was sagen darf. Ich muss an Schneider denken und dass es mir ein bisschen leidtut, dass er sich meinen Skandal nicht in einer großen Print-Hintergrundrecherche auf die Fahnen schreiben konnte, sondern diese verdammte Generation-Y-Journalistin einfach alle Dokumente ins Netz hochgeladen hat. Ich klicke irgendwo auf die Zeitleiste, um diesen Teil bloß zu überspringen.

»Um noch mal auf Ihre Beweggründe zurückzukommen: Zur Entscheidung, auszusteigen, kam es erst, als Sie selbst Opfer wurden. Es war also keine moralische Entscheidung?« Die Kamera zeigt Christophs Gesicht in Großaufnahme. Seine Nasenflügel zittern. Jetzt wird er gegrillt. »Ich ...«, stottert er und reibt sich über den Nacken. Der Moderator legt im Gegenschnitt den Kopf schief. »War es ganz einfach Rache?«, fragt er. »Das war alles ein langer Prozess. Seine Aktionen wurden immer extremer ...«, windet sich Christoph. »Ist Hessel denn ein Einzelfall?« Christoph zögert. »Ich kann natürlich nur von der Agentur Mars & Jung sprechen, aber ...« Der Benachrichtigungston des Web-Browsers erklingt. Ich aktualisiere die Seite. Ein neues Video mit dem Titel »Pressekonferenz Mars & Jung, 30.12., 17.00 Uhr« wurde soeben hochgeladen. Ich drücke den Play-Button.

Jens tritt in einem Blitzlichtgewitter hinter ein Pult, das in der Eingangshalle der Agentur aufgestellt wurde. Seine Augen sind von Rändern umgeben, die Haut hängt schlaff von den Gesichtsknochen. Seine Haare hat er abrasiert, wahrscheinlich war ohne das Haarbüschel, das jetzt in meinem Portemonnaie liegt, keine anständige Frisur mehr möglich. Der oberste Hemdknopf ist zum ersten Mal geöffnet und man kann die ausgefranste Narbe sehen, die zu seinem Kehlkopf hinaufführt, wie von einer kürzlich stattgefundenen OP. Mit müder Stimme spricht er in die vor ihm aufgebauten Mikrofone. Einen Moment lang empfinde ich wirkliches Mitleid mit ihm, doch dann wird mir klar, dass diese Lungenkrebs-Inszenierung nur eine Masche ist, die er sich jahrelang aufgespart hat, für einen ganz besonderen Moment wie diesen.

»Sehr geehrte Damen und Herren, wir alle sind von den Erkenntnissen der letzten Wochen tief erschrocken«, setzt Jens zu einer zehnminütigen Rede an. Meinen Namen nennt er dabei erst gar nicht, er spricht immer nur vom »ehemaligen Angestellten«, als habe er mich gar nicht persönlich gekannt. Dabei gibt es eigentlich nur ein Wort, das mich korrekt beschreiben kann: Dings. Diese Behandlung macht mich ziemlich traurig, denn in einer Art dialektischen Wende habe ich ja nun doch meinen Kopf für die Agentur hingehalten. In den Medien ist nämlich überall nur von diesem durchgeknallten Typen die Rede, vom schwarzen Schaf, der faulen Frucht, dem Einzeltäter. Nie von der Agentur, nie von einer ganzen Industrie, für die ich als Märtyrer hingerichtet werde.

»Wir erschraken zutiefst, als wir erfuhren, was er jahrelang ohne unser Wissen getan hatte.« Jens benutzt absichtlich Präteritum, um schon in der Sprache die Abgeschlossenheit der Ereignisse zu verankern, wie bei einem Märchen, während die Benutzung von Perfekt eine Handlung andeuten würde, die noch bis in die Gegenwart hineinreicht. »Ich kann Ihnen versichern, dass dies ein Einzelfall war. Ein betäubungsmittelabhängiges, soziopathisches Individuum. Mars & Jung hat ihm selbstverständlich fristlos gekündigt. Wir haben beschlossen, lückenlos aufzuklären, und stellen ausgewählten Pressevertretern interne Dokumente zur Verfügung, die beweisen werden, dass die anderen Mitarbeiter der Agentur Mars & Jung nichts mit den Machenschaften dieses Mannes zu tun hatten.« Jens macht eine Pause, als hätte er die Zeile auf seinem Redeblatt verloren. »Trotzdem kann ich mich nicht von der Verantwortung reinwaschen. Deshalb habe ich mich entschlossen, die Agentur Mars & Jung aufzulösen.«

Geschockt stoppe ich das Video. Ich setze mich auf und nehme noch einen Schluck Bier. Dann spule ich ein paar Sekunden zurück und lasse Jens den letzten Satz noch einmal sagen. Seine Mundwinkel zucken leicht. Die Hände krallen sich in das Blatt mit der Rede. Ohne noch einmal in die Kameras zu blicken, tritt er vom Pult zurück und verschwindet unter Blitzlichtgewitter und dem Stimmengewirr der Reporter, die ihm ihre Fragen hinterherschreien, aus dem Bildausschnitt.

Wieder summt die Türglocke. Ich blicke durch den Spion. Marinas Vater steht vor der Tür, sein Schnauzbart wirkt durch die Verzerrung der Linse noch bizarrer. Vielleicht ist dies ein erstes Anzeichen für ein klärendes Gespräch, und Marina hat ihren Vater als Vermittler mitgebracht, denke ich und habe die Hand schon auf der Klinke, aber im nächsten Moment wird mir klar, wie unsinnig das ist. Ich habe in den letzten Tagen so oft gegen seine Haustür gehämmert, bis er irgendwann die Polizei gerufen hat. Es klingelt noch ein paarmal, dann dreht sich ein Schlüssel im Schloss und die Tür öffnet sich. Aber nur einen Spalt, weil die Kette eingehängt ist. Ich lächle. Marinas Vater rüttelt an der Tür, dann schiebt sich seine Hand durch den Spalt und versucht die Kette auszuhängen, doch dafür braucht man den kleinen Schlüssel, der auf dem Schuhschrank liegt. Die Hand verschwindet wieder. Eine Sekunde später splittert die Kette aus dem Rahmen und die Tür fliegt auf. Marinas Vater und ihr Bruder drängen sich an mir vorbei. Beide tragen billige Daunenjacken und riechen nach Zigaretten, die sie im Auto geraucht haben. Sie gehen zielstrebig in unser Schlafzimmer. Ich laufe ihnen hinterher. »Was wollt ihr?«, rufe ich. Stumm entfalten sie schwarze Plastiksäcke und werfen Marinas Kleidung hinein.

Während Marinas Bruder leidenschaftslos den Inhalt von Marinas Schreibtischschubladen, ihre Bücher und das Geschirr in Umzugskartons packt, geht ihr Vater mit einem Zettel in der Wohnung herum und drückt rote Klebepunkte auf Marinas Möbel. »Die werden später abgeholt«, sagt er. Meine Sicht verschwimmt. Ich drehe mich um und verlasse die Wohnung. Vor dem Fahrstuhl stapeln sich Umzugskartons, die Tür haben sie mit unserem Kleiderständer blockiert, mit Marinas Kleiderständer. Ich laufe zwei Treppenabsätze nach oben und kauere mich vor die Tür zum Dachboden. Ich höre jedes Wort, das sie über mich sagen.

Irgendwann später, als die Möbelpacker lange weg sind und ich auf dem übrig gebliebenen Sofa eingedöst bin, klingelt mein Smartphone. Erst reagiere ich gar nicht darauf, denn der neue Klingelton ist mir noch völlig unbekannt. »Brauchst du Hilfe?« Es ist mein Vater. Seine Stimme zittert. Ich richte mich vom Sofa auf und schubse aus Versehen den Aschenbecher auf den Boden. »Nein«, sage ich. Wir schweigen eine Weile. Ich starre auf die umherliegenden Bücher, Akten und Kleidungsstücke, dazwischen leere Bierflaschen und Staubflusen, die sich im Zug der geöffneten Fenster bewegen. Ich ziehe das zerknitterte Armani-Jackett über, das ich in den letzten Tagen als Kopfkissen benutzt habe. »Kann Schneider nicht irgendwas für dich tun? Der mochte dich doch immer«, sagt mein Vater. »Oder stimmt das, was sie schreiben?« Ich antworte nicht sofort, sondern lausche dem schweren Atmen meines Vaters am anderen Ende der Leitung. Dann sage ich: »Es stimmt alles«, und lege auf. Im selben Moment schießen mir die Tränen in die Augen.

Den Silvesterabend verbringe ich allein in der leeren Wohnung. So richtig merke ich erst, dass Silvester ist, als ich zufällig die Übertragung vom Brandenburger Tor einschalte, wo sich Millionen von Menschen um ein paar Wurstbuden drängen. Ab und zu zündet jemand mitten in der Menge einen Chinaböller, den er an der Security vorbeigeschmuggelt hat. An dem panischen Geschiebe nach dem Knall sieht man, dass alle wahnsinnig Angst vor einem Anschlag haben und es überhaupt nur mit Litern von Glühwein bis zwölf Uhr im Fadenkreuz des internationalen Terrorismus aushalten. Plötzlich bekomme ich auch Lust auf Glühwein. Ich kippe eine 30-Euro-Flasche Rotwein in einen Topf und schütte noch Orangensaft dazu. Nelken habe ich keine, dafür streue ich umso mehr Zimtpulver rein.

Mit einer Tasse Glühwein laufe ich durch die Wohnung. Auf dem Schlafzimmerboden liegen meine Anzüge in einer Lache Duftspenderflüssigkeit, den die Möbelpacker aus dem Schrank gerissen haben. Im Flur finde ich in einem Müllhaufen das Spray-Paint-Bild mit diesem Vogel, der in der Weltkugel herumpickt. Ich krame einen Nagel und einen Hammer hervor und hämmere es an die Haustür, denn jetzt, wo Marina weg ist, darf ich es endlich aufhängen. Einmal treffe ich den Nagel nicht richtig und haue ein quadratisches Loch in die Leinwand, aber scheiß drauf.

Um Mitternacht liege ich vollkommen betrunken im Bett und lausche den Detonationen der Böller und Raketen. Ab und zu sprühen bunte Funken in dem kleinen Ausschnitt des Nachthimmels, den ich durch das Schlafzimmerfenster sehen kann. Ich denke an das letzte Silvester und daran, wie ich mit Marina und Julian, der vom Feuerwerk wieder wach geworden war, erst am Fenster stand und das Leuchten über den Häusern angeschaut habe und wir dann Bleigießen mit Kerzenwachs gemacht haben. Ich weiß noch genau, welche Figuren dabei rauskamen, aber die Bedeutungen habe ich komplett vergessen. Marina hatte einen Nagel, Julian ein Auto und ich einen Adler.

Frühmorgens wache ich auf, weil mir unglaublich schlecht ist. Ich stolpere auf die Toilette, beuge mich über das Waschbecken und stecke mir den Finger in den Hals. Die rote Flüssigkeit spritzt über das Porzellan, als hätte mir einer die Kehle aufgeschlitzt. Ich würge, bis nur noch Spucke mit Blutfäden die Keramik herabrinnt. Meine Speiseröhre brennt von der Galle. Ich lasse mich auf die Toilette fallen und gurgele mit Mundwasser, das ich zwischen meinen Beinen hindurch in die Schüssel spucke. Als ich zurück ins Schlafzimmer komme, flackert die Zimmerdecke in einem hellen Orange. Ich reiße das Fenster auf und blicke runter auf die Straße. Flammen schlagen aus den gesprungenen Fensterscheiben meines Hybrids. Das verrußte Metall wellt sich unter der Hitze. Der Schnee ist konzentrisch um das Auto weggeschmolzen. In der Luft hängt noch der Schwefelgeruch des Feuerwerks, in den sich nun der Gestank von verbranntem Plastik mischt. Mit Benzin hat jemand riesige brennende Buchstaben auf die Straße gemalt: *SPRING*.

39

Langsam gleite ich auf dem Gitane am Kanal entlang. Im Wasser treiben noch ein paar Eisschollen, aber dazwischen schwimmen schon die ersten Enten. Unbeeindruckt von der Kälte stecken sie ihre Köpfe unter die Wasseroberfläche oder picken irgendwas aus den Schollen, eingefrorene Brotkrumen oder so. Ich fröstele. Der Schneematsch spritzt mir vom Hinterrad an den Rücken und dringt langsam durch meine Radfahrjacke.

Ich schlängele mich zwischen den Fahrzeugen verschiedener Handwerksbetriebe hindurch zum Fahrradständer. Mitarbeiter einer Reinigungsfirma schrubben gerade irgendwelche Anarcho-Graffiti von den Backsteinen des Agenturgebäudes. Eine Glaserei tauscht zwei Fenster aus, die zusammengefegten Scherben stehen noch in Plastikeimern herum. Mein Stammplatz im Fahrradständer ist natürlich schon vom silbernen Cinelli des Praktikanten belegt, das mit giftgrünen Schutzblechen nachgerüstet worden ist. Ich stelle mein Rad an einen anderen Platz. Dann lehne ich mich unauffällig gegen das Cinelli und drücke, bis das Vorderrad in einem 45-Grad-Winkel abgeknickt ist.

Vor dem Eingang zur Agentur stehen zwei Handwerker auf einem Gerüst und schrauben das Neonschild mit der Aufschrift *Mars & Jung* aus dem Backstein. Sie blicken sich kurz um und werfen das Schild dann nach unten auf den Kies, wo es krachend zersplittert. Die beiden wuchten ein neues an die Wand: *BEYOND GREEN. Plustainable Marketing.* Ich schaue zu, wie sie es mit einer Wasserwaage austarieren. »Ist schief«, rufe ich den beiden zu. »Links mehr nach oben!« Die beiden richten das Schild neu aus. »So?« – »Genau so!«, rufe ich und warte, bis sie das Schild schön schief an die Wand geschraubt haben. Dann trete ich durch die Drehtür.

Automatisch laufe ich an der Anmeldung vorbei zu den Umkleiden, um meine durchnässte Fahrradkleidung loszuwerden. Die Umkleide ist leer, nur aus den Duschräumen ist das Geräusch eines Föns zu hören. Ich lasse mich auf die Bank fallen und schaue mich um. Die Tür meines Spindes steht weit offen, aber vor Christophs prangt immer noch sein eigenes Schloss. Ich erkenne das sofort, weil es so ein rotes, hässliches ist, das er wohl einmal symbolisch mit Christina an einer Brücke befestigen wollte. An der Garderobenleiste hängt eine tropfende, blaue Regenjacke.

Der Fön verstummt. Ein Sekunde später öffnet der Praktikant die Tür und wuschelt sich durch die getrockneten Haare. Sie sehen immer noch aus wie Pisse. »Hallo«, sagt er, zieht sein Hemd über den Kopf und wirft es auf die Bank, genau unter die Regenjacke.

Der Körper des Praktikanten ist moderat gebräunt, und es zeigen sich deutliche Trainingseffekte. Er zieht auch noch seine Hose aus, und ich sehe, dass die Muskeln an seinem Po klar von den Oberschenkeln abgesetzt sind, zu beiden Seiten der Wirbelsäule erheben sich Muskelwulste. »Haben damit gerechnet, dass du irgendwann hier auftauchst«, sagt der Praktikant und schlüpft in eine blaue Stoffhose, die mir sehr bekannt vorkommt. Noch bevor er den Reißverschluss schließen kann, bin ich aufgesprungen und greife in seine Hose. »Nicht so stürmisch!«, ruft er, aber da habe ich auch schon die Hosentasche hervorgezogen, in die meine Initialen gestickt sind. Ich trete an seinen Spind und ziehe meine Armani-Hemden und den verknitterten Valentino-Anzug hervor. »Die Sachen passen objektiv nicht zu deinen Haaren«, sage ich kopfschüttelnd und packe das Zeug in eine Plastiktüte, die im Schuhfach liegt.

Der Praktikant blickt mich mitleidig an. »Du wirst immer ein Teil der Agentur sein.« Er nimmt sein Tablet aus dem Spind und wirft es mir zu. Auf dem Display ist die Homepage der Agentur BEYOND GREEN, ein schicker Onepager, zu sehen. »Geh mal auf ›Skills‹«, sagt er und knöpft sich das Hemd zu. Ich stöhne auf. Ganz oben ist dort »Event-based Communication« gelistet. »Jens' Standardwerk zum Thema kommt übrigens zur Leipziger Buchmesse raus.«

Der Praktikant drückt mich auf die Bank und setzt sich zu mir, so wie man sich neben ein kleines Kind setzt, um ihm zu erklären, warum die Großen jetzt mal alleine spielen wollen. Er klickt in der Video-Datenbank des Tablets herum. »High Quality, nur für interne Zwecke«, sagt er und drückt auf Play. Auf dem Display erscheint das Überwachungsvideo vom Nachhaltigkeitstag. Der Bildausschnitt ist auf Christophs am Boden liegenden Körper gezoomt, trotzdem ist die Qualität noch überraschend gut. Christoph windet sich in Zeitlupe auf dem Boden, aber seine Bewegungen passen überhaupt nicht zu den auf ihn eintretenden Füßen. »Das ist die beste Stelle!«, ruft der Praktikant. »Jetzt beißt er auf die Blutkapsel!« In Zeitlupe spritzt eine dunkle Flüssigkeit aus Christophs Mund. Der Praktikant klopft auf seine Schenkel, steht auf und bindet seine Krawatte vor dem Spiegel. So ein Anfänger, denke ich, und tippe meine Mailadresse ins Tablet, um mir das Video zuzuschicken. »So, ich muss los«, sagt der Praktikant und nimmt mir das Tablet weg. »Big News. Kommst du mit?«

In der Halle ist die Leinwand heruntergefahren worden, auf der wir früher immer Arthouse-Filme geschaut oder bekifft Ego-Shooter gespielt haben, wenn nachts keiner in der Agentur war. Zwischen den Glaskuben haben sich alle Mitarbeiter der Agentur versammelt und tippen auf ihren Smartphones herum oder schlürfen Milchkaffee. Niemand beachtet mich. Für einen Moment habe ich Blickkontakt mit der Auszubildenden, aber sie schaut gleich wieder weg. Heute wohl keine Muffins für mich. Ich recke meinen Kopf und blicke über die Kuben in Jens' Büro. Er steht in einem dunklen Anzug hinter der Scheibe, die Hände in den Hosentaschen, die ergrauten Haare in einer unauffälligen Kurzhaarfrisur. »Jens will in Zukunft mehr im Hintergrund bleiben und das Rampenlicht anderen überlassen«, sagt der Praktikant.

»Du hier?« Christina steht plötzlich lächelnd neben mir und drückt dem Praktikanten einen Kuss auf die Wange. »Du stagnierst«, sage ich, aber sie ignoriert meinen Kommentar. Sie streicht ihrem neuen Lieblingskollegen über die Brust und wendet sich ab. »Ich dachte, du hast Familie«, sage ich zu ihm. »Hattest du doch auch«, antwortet er und schaut zu, wie Christinas Hintern sich zwischen den anderen Mitarbeitern hindurchschlängelt. Die norwegischen Tageslichtlampen an der Decke erlöschen. Auf der Leinwand erscheint erst der blaue Ladescreen des Beamers, dann der Stream eines 24-Stunden-Nachrichtensenders. Unter dem Logo blinkt der Hinweis »LIVE«.

Mit federnden Schritten tritt Christoph hinter das Pult eines Tagungshotels. Er trägt einen dunkelblauen Comme-des-Garçons-Anzug, der oberste Knopf seines blütenweißen Hemdes steht offen. Er grinst sympathisch in die Kamera und offenbart seine makellosen Zähne. Er sieht wirklich sehr gut aus. Ich stoße den Praktikanten mit meinem Ellenbogen an. »Was...?«, flüstere ich. »Christoph hat ein 78% Approval Rating in der Bevölkerung. Die Menschen vertrauen ihm!«, sagt er aufgeregt. »Christoph ist das neue Gesicht von BEYOND GREEN.«

»Als designierter Vorsitzender des Ethikbeirats der Vereinigung deutscher Öffentlichkeitsarbeitender, Mitglied des Ethical Advisory Boards und CEO der Agentur BEYOND GREEN ...«, sagt Christoph, aber ich höre schon gar nicht mehr zu, denn mir wird auf einmal ganz schwindlig. Ich halte mich an einem der herumstehenden Stühle fest. Champagnerflaschen und -flöten werden herumgereicht. Ich gebe sie mechanisch nach hinten weiter. »Ich möchte ganz besonders Frau Ronja Zeiss danken, die stellvertretend für die Medien die Transparenzinitiative von BEYOND GREEN begleitet.« Christoph hält einen Moment inne und lächelt selig dorthin, wo ich die erste Reihe vermute.

»Wir haben die Ereignisse des letzten Jahres zum Anlass genommen, in enger Zusammenarbeit mit anderen führenden Agenturen einen neuen Code of Conduct zu erarbeiten. Besonders möchte ich Marina Bartsch und Professor Samida vom Institut für Ethnologie unserer Partneruniversität danken, die in unermüdlicher Arbeit dafür gesorgt haben, dass Belange der Genderforschung und der postcolonial studies im Verhaltenscodex verankert sind. Ich sage es ganz deutlich: Rassismus oder Misogynie sind in der PR nicht erwünscht.«

Marina und Professor Samida kommen mit einem großformatigen, in Leder gebundenen Buch auf die Bühne und legen es auf das Pult. Die Paragrafen des Codex werden im Hintergrund an die Wand gebeamt:

§1 Die Unterzeichner sollen zur Verwirklichung von geistigen und moralischen Grundbedingungen beitragen, die es dem Menschen erlauben, seine unveräußerlichen Rechte auszuüben, die ihm durch die weltweite »Erklärung der Menschenrechte« zugesichert sind. §2 Die Unterzeichner sollen die Schaffung von Kommunikationsformen und -mitteln fördern, die es durch Ermöglichung des freien Informationsflusses dem Einzelnen erlauben, sich unterrichtet, angesprochen und mitverantwortlich zu fühlen. §3 …

Christoph schraubt den Füllfederhalter auf. Nacheinander treten nun grauhaarige Männer in teuren Anzügen ans Pult, schütteln Christoph die Hand und unterschreiben den Codex mit dem Füllfederhalter, der sicher später in der Agentur ausgestellt werden wird. Das Knallen der Korken weckt mich aus der Schockstarre. Der Praktikant füllt zwei Flöten randvoll mit Champagner. Ich reiße ihm eine aus der Hand und leere sie in einem Zug, dann lasse ich sie auf dem Boden zerschellen. In diesem Moment bin ich gar nicht wütend auf Christoph oder Jens, die mich verraten haben. *A man's gotta do what a man's gotta do.* Mich selbst trifft die Schuld, denn ich habe die virulenteste Erzählform der Gegenwart nicht erkannt: den Whistleblower.

Dabei ist die Whistleblower-Erzählung sogar exemplarisch für eventbasierte Kommunikation, denn durch die Veröffentlichung vertraulicher Dokumente wird das Prinzip des Journalismus performativ vorgeführt: Die Dinge, die der Staat, die Kirche oder die Konzerne geheim halten wollen, werden aufgedeckt. Die Nachricht wird zum Ereignis. Nicht zufällig betonen die Nachrichtensprecher immer die Ereignishaftigkeit des Whistleblowing, und die Politiker fürchten sie: »Es sind neue WikiLeaks-Dokumente aufgetaucht« oder »WikiLeaks hat die Veröffentlichung neuer Dokumente angekündigt«. Unter normalen Umständen hätte sich nämlich kein Schwein dafür interessiert, dass mal wieder eine Agentur moralisch nicht einwandfrei handelt und gegen irgendeinen Codex verstößt. Und dass die Leaks ausgerechnet »Manning«- oder »Snowden«-Files heißen, ist auch kein Zufall. Ereignisse brauchen immer Helden, die bereit sind, sich für die Wahrheit zu opfern und ins Gefängnis oder ins Exil zu gehen oder, wie in Christophs Fall, als hochbezahlte Repräsentanten einer Agentur auf einer Bühne zu stehen und mit einem goldenen Stift ein völlig wertloses Dokument zu unterzeichnen.

Ich schubse die Agenturmitglieder zur Seite und laufe auf den Ausgang zu. »Schönen Feierabend!«, ruft mir der Praktikant hinterher, als ich gerade in die Drehtür trete.

40

Trotz der verstärkten Polizeipräsenz kann ich ohne Probleme das Medienhaus betreten. Vielleicht liegt das an meinem Radkurier-Outfit und der Plastiktüte in meiner Hand, aber die Beamten nicken mir nur freundlich zu, als ich durch den Metalldetektor laufe und es laut piept. In der gläsernen Eingangshalle nehme ich den Aufzug in den dritten Stock, wo die Redaktion untergebracht ist.

Ich drücke die schwere Holztür auf. Gerade will ich die Redaktionsassistentin mit einem breiten Lächeln überraschen, da sehe ich, dass sie gar nicht hinter ihrem Empfangstresen sitzt. Nur ein paar welk gewordene Blumen stehen da in einer Vase. Es ist merkwürdig still. Früher hat man immer das Klingeln irgendeines Telefons aus irgendeinem Büro gehört. Ich blicke den Korridor hinab, aber es ist niemand zu sehen. Vielleicht ist ja gerade Redaktionssitzung, denke ich, aber dann hätte man sicher die Tür abgeschlossen. Ich laufe den Gang hinunter zu Schneiders Büro. Das Schild an seiner Tür ist provisorisch überklebt worden, irgendein mir unbekannter Name steht jetzt da, mit dem Vermerk: *Chefredakteur.* Ich stoße die Tür auf, doch abgesehen von den Büromöbeln und Schneiders antiquiertem Desktop-PC ist der Raum leer.

Ich streife durch die übrigen Räume, aber alle sind bis auf ein vereinzeltes Blatt Papier oder ein zusammengeknülltes Taschentuch komplett verlassen. Ich streiche über meinen alten Schreibtisch im Großraumbüro. Auf dem Konferenztisch kleben noch die Kaffeeflecken, die nach der letzten Blattkritik wohl keine Putzfrau mehr weggewischt hat. Ich trete ans Fenster, ziehe die Gardinen ein Stück zur Seite und blicke nach draußen. Ein paar verirrte Gänse fliegen in Formation über den Himmel.

An der Information in der Eingangshalle frage ich nach der Redaktion. »Zum neuen Jahr mit den Onlinern zusammengelegt. Umgezogen ins Haus B«, murmelt die Pförtnerin, ohne von ihrem Sudoku-Rätsel aufzuschauen. »Und Schneider?«, frage ich. »In Rente.« Ich umklammere das Smartphone in meiner Hosentasche. »Verbinden Sie mich bitte mit dem Chefredakteur«, sage ich mit einem Zittern in der Stimme. Die Pförtnerin hebt für einen Moment den Kopf. »Wie gesagt. Haus B«, antwortet sie und widmet sich wieder ihrem Sudoku. »Ich habe früher mal hier gearbeitet.« Ich bewege mein Gesicht ganz nah an die Glasscheibe. »Ich kenne Sie doch. Sie essen ständig diesen Nussjoghurt.« Die Miene der Pförtnerin verdunkelt sich. Brav nimmt sie den Hörer ab, schielt dabei aber schon in Richtung der Security-Männer, um sich zu vergewissern, dass diese mich innerhalb von fünf Sekunden im Schwitzkasten haben, wenn sie den roten Knopf unter ihrem Tresen drückt.

»Und dann habe ich ihr einfach gesagt: Frau Ministerin, das ist meine Show, hier mache ich die Gesetze!« Lautes Lachen schallt durch die Eingangshalle. Ich drehe mich um und sehe Martin Robrecht mit seiner Entourage aus der Kantine zurückkehren, in seiner Hand die obligatorische Flasche französisches Quellwasser. »Hey!«, rufe ich und sprinte quer durch die Halle auf ihn zu. Robrecht weicht verschreckt zurück, denn seit er vor ein paar Monaten einen Flüchtling zu verständnisvoll interviewt hat, bekommt er ständig Morddrohungen aus dem rechten Spektrum. Dann hellt sich plötzlich sein Gesicht auf. »Mensch, ich habe Sie ja gar nicht erkannt!« Robrecht läuft mir mit ausgestreckter Hand entgegen. Um den Hals hat er so einen bunten Seidenschal gewickelt, wie ihn sonst nur Kunstsammler tragen. »Wissen Sie eigentlich, wie viele Einladungen für meine Sendung ich Ihnen schon geschickt habe?«, fragt er und schlägt mir mit der flachen Hand gegen den Oberarm. »Ich will in die Show, Robrecht«, sage ich.

Ich ziehe mein Smartphone hervor, um das Überwachungsvideo abzuspielen, aber Robrecht steckt schon den Kopf mit seinem Assistenten zusammen. »Bekommen wir ihn heute Abend noch dazwischen?«, murmelt er. Der Assistent schlägt eine lederne Mappe auf. »Heute ist mehr Personality, das könnte als Gegengewicht gut funktionieren.« Robrechts Wangen werden ganz rot, und er lockert aufgeregt seinen Seidenschal. Der Assistent blickt zweifelnd an mir herab. »Oder vielleicht doch besser morgen ...« Ich hebe die Plastiktüte, in der mein zerknitterter Anzug steckt. »Habe alles dabei.« Robrecht klatscht begeistert in die Hände. »Abgemacht. Toll. Wir müssen das nur gleich mit der Produktion absprechen.« Er schüttelt nochmal meine Hand. »Nenn mich doch einfach Martin.« Dann schiebt er eine rothaarige Frau in einem Nadelstreifenkostüm nach vorne, deren Lippen ein bisschen zerkaut sind. »Bianca kümmert sich um dich!«

Bianca setzt mich im Vorraum der Produktionsfirma ab und verschwindet hinter einer Milchglastür. Aus einem Watercooler zapfe ich eiskaltes Wasser in einen kegelförmigen Pappbecher. Neben einer Reihe Ledersessel stehen ein paar Zierpflanzen, deren Blätter schon ganz welk geworden sind. Mit dem Becher schöpfe ich Wasser in die Töpfe, aber dann fällt mir auf, dass der Raum keine Fenster hat und die Pflanzen wahrscheinlich eh nicht ohne Sonnenlicht überleben können. Ich setze mich in einen Sessel und beuge mich weit nach vorne. In den blank polierten Kacheln betrachte ich mein Spiegelbild. Ab und zu laufen ehemalige Kollegen an mir vorbei, die jetzt wohl als freie Mitarbeiter oder Wasserträger fürs Fernsehen arbeiten, und verschwinden durch die Milchglastür. Das Smartphone vibriert in meiner Hosentasche. Ich ziehe es hervor, aber es werden keine Neuigkeiten angezeigt. Phantomalarm. Ich beginne, das Überwachungsvideo bei YouTube hochzuladen, aber die Datei ist viel zu groß und der Empfang zu schlecht, sodass ich auf Abbrechen drücke und das Bubbleshooter-Spiel starte, das ich wieder installiert habe. Als das Eichhörnchen gerade kurz vor einem neuen Highscore steht, steckt eine Frau ihren Kopf aus der Milchglastür. »Sie können jetzt runter zum Shuttle.«

Als ich am Studio aus dem Fahrzeug steige, wartet Bianca bereits unter einem Regenschirm auf mich. »Ich bin für den heutigen Abend Ihre Ansprechpartnerin. Was immer Sie brauchen, fragen Sie einfach«, sagt sie und läuft so schnell auf das Studiogebäude zu, dass ich Mühe habe, unter dem Schirm zu bleiben. Ich folge ihr durch ein paar enge Gänge, während sie in Höchstgeschwindigkeit irgendwelche Informationen von ihrem Klemmbrett vorliest und mir die Papiere dann zur Unterzeichnung hinhält. In meiner Garderobe, an deren Tür ein handgeschriebener Zettel mit meinem Namen hängt, drückt Bianca mich in den Frisierstuhl. Auf dem Schminktisch stapeln sich allerlei Beauty-Produkte, und kein Scherz: Der riesige Spiegel ist wirklich von Glühbirnen eingerahmt.

»Der Visagist ist jeden Moment da.« Bianca läuft ziellos durch den Raum und tippt hastig auf ihrem Handy herum. Auf einem Tisch in der Ecke steht ein Tablett mit belegten Brötchenhälften und einer silbernen Kaffeekanne. Ich drehe mich auf dem Frisierstuhl im Kreis. »Kann ich vielleicht einen Drink haben?« Das Funkgerät an Biancas Hüfte quäkt. »Sie haben eben ein Video erwähnt …«, sagt sie und klickt auf ihrem Kugelschreiber herum. »Die Regie bräuchte es rechtzeitig, um das vorzubereiten.« Ich entsperre mein Smartphone und reiche es Bianca, die wortlos den Raum verlässt. »Am liebsten Gin Tonic«, rufe ich ihr hinterher.

»Hm.« Der Visagist greift nach meinem Kinn und dreht meinen Kopf hin und her. »Hm«, macht er wieder. Dann legt er mir einen Friseur-Umhang um den Hals, sprüht Wasser in meine Haare und setzt die Schere an. Zum Abgleich blickt er beim Schneiden immer wieder auf sein Smartphone, auf dem er das Afrikafoto hat, damit ich auch genau so aussehe wie auf dem Bild. »Was haben Sie denn hier gemacht?«, fragt er irgendwann entsetzt und hebt mein Kinn mit dem Daumen an. Im Spiegel sehe ich, dass in meinem Bart einige größere Löcher klaffen, wo ich mir die Haare ausgezupft habe, die Haut darunter ist gerötet und picklig. Es sieht aus wie bei einem Straßenhund. »Nass rasieren können wir leider nicht mehr«, sagt der Visagist mit einem Blick auf die Uhr. »Die Hautirritationen wären zu heftig.«

Als der Visagist gerade die Haare aus seinem elektrischen Trimmer pustet und ich mit der Hand über meinen frisch gestutzten Dreitagebart fahre, kommt Bianca zurück und stellt ein Longdrinkglas vor mir auf den Frisiertisch. Mein Smartphone legt sie daneben. Ein wenig später tritt eine Frau mit einem Bügelbrett herein, auf dem sie meinen Anzug ausbreitet. Ich strecke die Beine aus und nippe an meinem Drink. Ich grinse in den Spiegel. Zum ersten Mal seit Wochen fühle ich mich richtig gut. »Schuhgröße?«, fragt irgendwer, und nach einigen Minuten stehen schwarze Lacktreter vor meinen Füßen, völlig veraltet geschnitten, es sind richtige Boote, aber besser geeignet für meinen großen TV-Auftritt als die Rennradschuhe sind sie allemal.

Ich schlüpfe in den Anzug und betrachte mich im Spiegel. An den Schultern und den Oberarmen schlackert das Jackett, weil ich im letzten Monat ganz schön Muskelmasse verloren habe. Ich sehe ein bisschen aus wie diese alten Männer, die wegen eines unentdeckten Krebsleidens plötzlich abnehmen, aber trotzdem noch die Anzüge von früher tragen. Ich stürze den Rest des Drinks hinunter und bitte Bianca, mir einen neuen zu holen. Als ich mich wieder auf den Frisierstuhl fallen lasse, spüre ich etwas Rundes unter meinem Bein. In der Hosentasche steckt immer noch die Kastanie, die ich vor dem Haus meiner Sprechtrainerin gefunden habe. Sie ist zwar schon etwas verschrumpelt, aber ich freue mich darüber wie über das Wiedersehen mit einem alten Freund oder so. Ich stecke die Kastanie zurück in die Tasche und schließe meine Hand fest um sie. Der Visagist tupft mir die Stirn ab und kaschiert meine Augenringe mit Make-up. Dann trägt er so viel mattierendes Puder auf mein Gesicht auf, dass es sich wie eine schützende Maske anfühlt.

Kurz vor Beginn der Sendung kommt Robrecht noch mal vorbei. Er setzt sich mit einem Bein auf den Frisiertisch und legt mir seine Hand auf die Schulter. »Ich will dich nicht in die

Pfanne hauen. Ich interessiere mich für beide Seiten der Medaille«, sagt er. »Wir machen es ein bisschen personalitymäßig. Vielleicht hast du ja eine traurige Geschichte aus deiner Kindheit, die das Ganze allegorisch erklärt, okay?«, fährt er fort. »Ich muss Ihnen was zeigen.« Ich hole mein Smartphone hervor und starte das Video. Robrecht schaut aber gar nicht hin, sondern intensiviert den Druck auf meine Schulter. »Okay?«, wiederholt er. »Okay«, sage ich.

Ich stehe hinter dem schwarzen Vorhang und warte auf meinen Auftritt. Bianca schaut immer wieder nervös auf den Ablaufplan. Ich soll während des Einspielers reinlaufen und mich auf den linken Stuhl setzen, so viel kann ich mir gerade noch merken. Ein Typ in schwarzen Klamotten zählt von zehn herunter. Die Maskenbildnerin sprintet noch einmal kurz auf die Bühne und tupft Robrechts Gesicht ab. Dann fahren die Kameras in einer programmierten Choreografie durch das Studio, und die Titelmusik ertönt. Sie klingt natürlich viel schlechter als im Fernsehen, denn dort ist sie perfekt mit dem Klatschen des Publikums abgemischt, hier kommt sie viel zu leise aus den halligen Boxen, damit sie nicht mit den Richtmikrofonen, die das Klatschen aufnehmen, interferiert.

Während Robrecht das Publikum und die Zuschauer begrüßt, tupft mir der Visagist noch einmal das Gesicht ab. Die Assistentin fordert mich auf, leise etwas ins Mikro zu sagen, damit die Technik testen kann, ob alles funktioniert. Als der Einspieler anfängt und Bianca ihre Hand in meinen Rücken drückt, laufe ich los. Die Buh-Rufe und Pfiffe des Publikums übertönen die mit dröhnender Stimme vorgetragenen Zeitungs-Zitate. Ich setze mich in den linken Stuhl, gegenüber von Robrecht, der noch schnell seine Moderationskarten sortiert. Den Schluss des Clips kann ich in einem kleinen Monitor am Boden sehen. Natürlich endet er mit dem ikonischen Bild aus Afrika.

»Ich stelle gleich die Frage, die sicher all unseren Zuschauern und den Menschen in diesem Land seit Wochen unter den Nägeln brennt: Was treibt einen Menschen dazu, so etwas zu tun?«, sagt Robrecht, als das Publikum verstummt ist. Er will es mir wirklich leicht machen, das merkt man. »Sehen Sie ...«, fange ich an, werde aber sofort von Buh-Rufen unterbrochen. Robrecht hebt die Hände. »Meine Damen und Herren, lassen Sie ihn ausreden. Er hat sich endlich gestellt. Jetzt müssen wir ihn auch anhören.« Hat er gerade wirklich *gestellt* gesagt? Ich richte mich auf und starte einen neuen Versuch, dem Publikum zu vermitteln, dass es bei meinen Aktionen nicht vorrangig um Moral gegangen sei, sondern um Ästhetik. Immer wieder werde ich von irgendwelchen Schreihälsen aus dem Publikum unterbrochen, und je länger ich rede, desto wütender werden die Rufe. Ich hätte versucht eine neue Form der PR voranzutreiben, ereignisbasierte Kommunikation, und die Aktionen seien genau genommen experimentelle Forschung gewesen, sage ich. Ich wüsste, damit machte ich mir jetzt keine Freunde, aber ich müsste jetzt mal den Standpunkt des Wissenschaftlers einnehmen, und aus dieser Perspektive seien Kollateralschäden nun mal nicht zu vermeiden, das sei wie beim Manhattan-Projekt. Robrecht nimmt einen tiefen Schluck aus seinem Wasserglas.

»Wollen Sie sich vielleicht bei den Opfern entschuldigen?«, fragt er. Plötzlich ist es vollkommen still im Studio. »Sie haben jetzt die Chance dazu.« Robrecht will die Sendung also zu so einer Bekenntnisshow machen, denn bei ihm hat schließlich auch schon der ehemalige Landesvater von Thüringen seine außereheliche Affäre gestanden. Das Aufnahmelicht der Kamera, die mich im Close-up zeigt, leuchtet auf. Ich spüre auf einmal so eine tiefe Rührung im Bauch und einen richtigen Kloß im Hals. Mein Körper zuckt unter den Vorboten eines Weinkrampfes. Ich weiß zwar, dass meine Emotionen nur von den Fernsehkameras und dem Millionenpublikum getriggert werden, aber gleichzeitig ist mein Gefühlsausbruch nicht nur inszeniert, ich fühle das wirklich. Als mir dann einfällt, dass vielleicht auch Marina und meine Eltern und Schneider und vielleicht sogar Julian, wenn er so lange aufbleiben durfte, zuschauen, wird meine Stimme ganz brüchig, und ich sage: »Ja, das will ich.«

Und dann entschuldige ich mich unter Tränen bei Juana und ihrem Dorf, bei Patil und ganz Indien, bei Paul Taylor und den Kindern. Und bei meinem Neffen und meiner lieben Freundin, und in diesem Moment blicke ich ernsthaft flehend in die Kamera, und natürlich bei meinen Eltern und allen, die mich kennen. Als ich fertig bin und mir die Tränen aus den Augen wische, fühle ich mich merkwürdig leicht und beschwingt, und das Publikum ist auch ganz still, denn dafür ist es schließlich hergekommen, für die ganz großen Gefühle.

»Haben Sie denn noch Kontakt zu Ihrer Familie?«, fragt Robrecht und zwinkert mir unmerklich zu. »Selbstverständlich. Alles in Ordnung. Hallo, Mama, hallo, Papa«, sage ich ironisch und winke in die Kamera. Dann erzähle ich die Geschichte, die ich mir zurechtgelegt habe und die ja auch wirklich so passiert ist, von dem unentdeckten Zeckenbiss meines Bruders und dass er dann mit einer Hirnhautentzündung ins Krankenhaus kam, weil er nicht gegen FSME geimpft worden war, obwohl das in Süddeutschland dringend empfohlen wird. Das Publikum bleibt ganz still, keine Buh-Rufe mehr. Robrecht legt seinen Zeigefinger verständnisvoll an die Lippen und nickt ständig. Und weil das so gut funktioniert und ich weiß, jetzt habe ich sie, erzähle ich auch noch, dass mein Bruder deswegen mental retardiert ist und mit einer Frau zusammenleben muss, die ihn terrorisiert und der einzige Lichtblick Julian sei, mein Patenkind, das ich aber jetzt auch nicht mehr sehen darf, was mir das Herz bricht und letztlich auch eine Spätfolge dieser ganzen Meningitis-Sache sei. Und dann lege ich noch eine Schippe drauf und komme endlich zur Schlussfolgerung, die ich jetzt emotional so gut vorbereitet habe: Das alles sei nur passiert, weil mein Vater trotz Arztberuf ein Impfgegner sei, und daran sehe man doch schon, warum man alle Ökos hassen müsse: weil sie ihre Prinzipien über das Wohl ihrer eigenen Kinder stellten.

Ich merke, wie sich die Worte in meinem Mund verselbstständigen und ich irgendwie den Faden verliere, aber ich höre nicht auf, denn jetzt habe ich endlich mal die Chance, allen zu sagen, wie ich die Dinge sehe. Ich sage, dass ich genau aus diesem Grund auch die ganzen Gentechnik-Gegner verachte, weil zum Beispiel Goldener Reis Tausende Todesfälle durch Vitamin-A-Mangel verhindern könne, da sehe man mal, wie herzlos diese ganzen Gutmenschen in Wirklichkeit seien, die sich zwar auf ihre verkrüppelten Bio-Tomaten einen runterholen, aber den Kindern in Indien keinen biologisch optimierten Reis gönnen.

»Was tun Sie da?«, unterbricht mich Robrecht, als ich kurz Luft hole. Ich blicke in den Monitor und sehe, wie ich mir meine Barthaare aus der Haut zupfe. Jetzt spüre ich auch die angenehmen, leicht schmerzhaften Stiche am Hals, die ich vorher gar nicht wahrgenommen habe. »Ist das ein nervöser Tick?«, fragt Robrecht. »Hat das etwas mit Ihrem Betäubungsmittelmissbrauch zu tun? Sind das die Entzugserscheinungen?« Ich wische mir mit der Hand über die Stirn, die plötzlich schweißnass ist. Ich greife nach meinem Glas Wasser und nehme einen tiefen Schluck. »Nein, das ist, äh, so eine richtige Krankheit«, stottere ich.

»Wie war Ihr Verhältnis zu Christoph Pries?«, wechselt Robrecht das Thema, denn jetzt merkt er, dass ich weich gekocht bin. »Er war mein Freund ...«, sage ich. Ich fange an zu erzählen, dass Christoph jetzt für BEYOND GREEN arbeitet, im gleichen Gebäude wie früher, mit dem gleichen Chef wie früher, Jens Mars. Und dass die ganze Whistleblower-Geschichte ein Fake war, um alles auf mich abzuwälzen und zu vertuschen, wie viel Dreck die Agentur am Stecken hat. »Die Branche hat sehr strenge neue Richtlinien beschlossen«, unterbricht mich Robrecht. »Dabei hat Christoph Pries eine wichtige Rolle gespielt ...« Meinem Mund entweicht ein hysterisches Lachen. »Sie glauben ernsthaft, dass Menschen sich bessern können, was?«, sage ich halb amüsiert, halb verzweifelt. Ich kann es kaum fassen, wie weit wir mit unseren Hollywood-Narrativen in die Tiefenstrukturen des menschlichen Gehirns vorgedrungen sind. Ich richte meinen Blick ins Publikum. Dann spucke ich jede Silbe einzeln aus: »Aber es ist alles nur eine durchschaubare, billige Lüge.« Die Leute in der ersten Reihe starren mich dämlich an. Offenbar brauchen die für alles Beweise. »Spielen Sie das Video ab, Robrecht!«, rufe ich und starre gespannt auf den Monitor im Boden. Im Publikum beginnt es zu rumoren. Robrecht greift sich ans Ohr und lauscht den Anweisungen der Regie. Er schüttelt den Kopf. »Ich höre grad, wir müssen mit dem nächsten Gast weitermachen. Vielen Dank, Thomas Hessel!« Ich springe auf und kralle mich in die Armlehne von Robrechts Sessel. »Das können

Sie nicht bringen ...«, sage ich. Meine Stimme klingt furchtbar schrill. Doch er schaut nicht einmal zu mir auf.

Als ich sehe, wie sich die Security-Typen langsam aus ihrer Ecke lösen und auf mich zulaufen, reiße ich mir das Mikrofon aus dem Hemd und schmeiße Robrecht wütend das Übertragungsgerät auf den Schoß.

Ich irre durch dunkle Gänge, in denen ich ständig über Kabel stolpere oder junge Mädchen mit Klemmbrettern anremple, bis ich irgendwann im Treppenhaus lande. Der Bewegungsmelder registriert meine Bewegungen und das Neonlicht flackert auf. Ich sprinte die Stufen hinab, immer zwei nehme ich auf einmal. Hinter mir höre ich Schritte. Das ganze Treppenhaus hallt von den Tritten wider, wie eine Echokammer. Kurz denke ich, es könnte auch bloß das Echo meiner Schritte sein und ich verfolge mich selbst, aber dann höre ich das Rufen der Security-Männer und sehe den schwarzen Schatten eines Lederstiefels nur einen Treppenabsatz über mir. Am Fuß der Treppe werfe ich mich gegen eine Glastür, auf der *Kein Ausgang* steht, und stürze nach draußen.

Im strömenden Regen renne ich auf die Schnellstraße zu. Dicke Tropfen laufen mein Gesicht herab. Ich schwinge erst mein linkes, dann mein rechtes Bein über die Leitplanke. Die Autos rasen mit aufgeblendeten Scheinwerfern nur einen halben Meter an mir vorbei. Fontänen spritzen von ihren Reifen gegen meinen Körper. Ich umfasse die Kastanie in meiner Hosentasche und schließe die Augen.

41

Als ich die Augen wieder öffne, hält eine schwarze Limousine neben mir. Unter aggressivem Hupen weichen die von hinten kommenden Autos auf eine andere Spur aus. Der Warnblinker des Wagens leuchtet rhythmisch auf, fast beruhigend. Eine Tür wird geöffnet, und eine Frau lehnt sich zu mir heraus. »Beeindruckender Auftritt, Thomas«, sagt sie.

Das Innere der Limousine ist komplett in cremefarbenem Leder und dunklem Tropenholz gehalten. Ich traue mich kaum, mich hinzusetzen, weil ich so nass bin, aber die Frau macht eine ungeduldige Bewegung, und ich lasse mich neben ihr auf das Polster fallen. Ich schätze sie auf Mitte fünfzig, aber ihre Züge wirken immer noch mädchenhaft und weich. Nur ihre Lippen sind etwas schmal und zeigen nach unten. Sie blickt mich aus eisblauen Augen an, die original so aussehen wie diese Hustenbonbons, und wenn sie mich nicht so kühl durchbohren würden, dass mir ein Schauer über den Rücken läuft, würde ich gern mal daran lutschen. Ihre schlanken Beine hat sie übereinandergeschlagen, und über den Zehen baumelt ihr hochhackiger Schuh.

Ich ziehe mein durchnässtes Jackett aus, und die Frau legt mir ein flauschiges Handtuch um die Schultern. »Machen Sie bitte etwas wärmer«, ruft sie nach vorne zum Fahrer, und gleich strömt heiße Luft aus den Düsen über meinem Kopf. Ihre Stimme ist sanft, aber bestimmt, als sei sie es gewohnt, dass ihren Anordnungen Folge geleistet wird. Sie zieht ebenfalls das Jackett ihres schwarzen Businesskostüms aus. Das weiße Hemd, das sie darunter trägt, wölbt sich über ihrer Brust. Zwischen zwei Knöpfen ist der Stoff ein bisschen aufgeworfen, und ich kann durch den Schlitz auf ihre gebräunte Haut schauen.

Mir gegenüber sitzt ein Mann mit einer Glatze, der mir vage bekannt vorkommt, sein Gesicht aber über einen Laptop gebeugt hält und auch sonst nicht so besonders wichtig zu sein scheint. »Was wollen Sie?«, frage ich. Die Frau formt ein dünnes Lächeln mit ihren Lippen. »Cornelius sagte mir, Sie würden gerne für mich arbeiten«, antwortet sie, und plötzlich erkenne ich den Typen mit der miesen Frisur von EinsZwei-Schneider, der jetzt sein Haar abrasiert hat und einen teuren Versace-Anzug trägt. Ich muss ihn ziemlich verblüfft anstarren, denn die Frau und er fangen unwillkürlich an zu lachen. Sie streckt mir die Hand entgegen. Ihre Finger sind grazil und die Haut wunderbar weich, ihr Griff ist fest. »Alexandra Jung. Aber du kannst mich gerne Alex nennen.«

Meine Hand schließt sich wieder um die Kastanie in meiner Hosentasche. Ich stottere irgendetwas vor mich hin, und Alexandra Jung sieht amüsiert dabei zu, wie ich versuche, Ordnung in meine Gedanken zu bringen. »Aber das Bild ....«, sage ich. Jung lacht auf. »Das zeigt Jens jedem Neuling. Ist auch eine bessere Story, als einfach verlassen worden zu sein. Oder?« Ich nicke verwirrt und murmele irgendetwas vor mich hin. »Hat Jens dir das Bild nicht damals auch schon gezeigt?«, fragt sie den Mann mit der Glatze, der offensichtlich Cornelius heißt. Er dreht den Laptop auf seinen Knien um, auf dessen Bildschirm ein Artikel mit der Überschrift »World-Championship-Winner Pete Thompson Killed by Shark« zu sehen ist. Mit einem Klick vergrößert Cornelius das schwarz umrahmte Foto des Mannes, den ich für Alexander Jung gehalten habe.

»Du hast mir eine Trophäe mitgebracht«, sagt Jung. Erst verstehe ich überhaupt nicht, was sie meint, aber dann zerre ich mein Portemonnaie aus der Hosentasche und nehme die Locke aus dem Münzfach. Ich lege sie in Jungs geöffnete Handfläche. Jung hält die Locke unter ihre Nase und zieht geräuschvoll die Luft ein. Dann betätigt sie den elektrischen Fensterheber und wirft Jens' Haare auf die Straße.

Jung nimmt eine Champagnerflasche aus einem Kühler und entkorkt sie fast lautlos. Benommen nehme ich das Glas von ihr entgegen. »Auf erfolgreiche Zusammenarbeit!«, ruft sie und prostet mir zu. »Auf erfolgreiche Zusammenarbeit!«, wiederholen Cornelius und ich synchron.

»Wo fahren wir eigentlich hin?«, frage ich, als ich durch die Scheibe sehe, dass wir die Stadt längst verlassen haben. »Zum Flughafen«, sagt Jung. Mein Smartphone vibriert in meiner Hosentasche. Auf dem Display erscheint das elektronische Ticket für einen Flug nach Ho-Chi-Minh-Stadt, gebucht auf meinen Namen. »Ein Klient hat Probleme mit den Behörden. Cornelius wird dich begleiten.«

Der feuchte Anzug trocknet langsam auf meiner Haut. Sanft vibriert die Limousine unter meinem Po. Draußen kann ich schon das Blinken der Landebahnen erkennen. Ich schenke mir noch einen Schluck Champagner nach und lehne mich zurück. Ich beobachte, wie die Blasen in meinem Champagner senkrecht nach oben steigen und an der Luft zerplatzen. Plötzlich muss ich daran denken, wie ich als Kind immer mit meinem Bruder in der Badewanne saß und die Schaumblasen mit dem Finger zerdrückt habe. An das seltsame Gefühl, wenn die Finger so aufgeweicht und schrumpelig werden. An unser Feuerwehrlöschboot von Playmobil, den kleinen angekauten Gummihai.

Ich nehme noch einen tiefen Schluck Champagner und betrachte mein blasses Spiegelbild in der Scheibe. Auch wenn eine Blase platzt, es bilden sich immer wieder neue.

Raum für Ihre eigene Hope Story

MARS & JUNG

MARS & JUNG

MARS & JUNG